开放教育与高职教育一体化办学理念与实践

Kaifang Jiaoyu Yu
Gaozhi Jiaoyu Yitihua Banxue Linian Yu Shijian

肖　坤◇著

人民出版社

目　录

序

上世纪末，为促进我国广播电视大学改革发展，为普通大众提供更多的接受高等教育的机会，教育部决定利用广播、电视、网络等方式，在中央广播电视大学（现更名为国家开放大学）推进以学习者“宽进严出”为主要特征的“开放教育”试点工作。14年来，在中央广播电视大学和各地广播电视大学的共同努力下，试点探索实践不断深入发展，积累了不少值得进一步总结推广的经验，为我国高等教育大众化发展、国民素质提升等作出了重大贡献。

2010年，《国家教育规划纲要》正式颁布实施，明确提出要“办好开放大学”。所谓“办好开放大学”，就是要求各级广播电视大学适应新的经济社会发展需要，进行战略转型和升级，成为名副其实的开放大学。为此，教育部于2012年批准在中央广播电视大学基础上建立国家开放大学，将北京、上海、江苏、广东、云南五所广播电视大学更名为北京、上海、江苏、广东、云南开放大学。并以此为试点，引领整个广播电视大学系统的转型升级。

辽宁广播电视大学是我国广播电视大学系统中实力较强的一所大学，且在推进开放教育的同时，还兴办了一所高职学校，并着力探索两者间的相互支撑、融合，取得了不少成绩，积累了不少经验。作为一校之长，肖坤同志不仅全身心投入工作，还勤于思考，善于总结，历经艰辛，终于写成这本《开放教育与高职教育一体化办学理念与实践》一书。

本书提出的“一体两翼、资源共享、多元发展、互动提升”方针，

“发展定位、办学理念、培养模式、队伍建设、教学手段、日常管理、工作方式等一体化”思路，以及“向思路要出路、向改革要发展、向管理要效能、向服务要质量、向资源要政策、向项目要资金、向实干要成果、向宣传要影响”原则等，对于促进辽宁广播电视大学的转型升级，建成名副其实的现代开放大学具有重大的理论和实践意义。

对于20多所同样兴办了高职学校的广播电视大学来说，本书也具有重要的参考价值和启发意义。

国家开放大学校长　杨志坚

2015年1月1日

前　　言

近年来，党和国家对我国终身教育、职业教育发展作出了一系列重大战略部署，提出了明确的奋斗目标和落实要求，从而对推动我国远程开放教育、职业教育转型升级、加快发展指明了方向，提供了动力。党的十八大提出，要积极发展继续教育，完善终身教育体系，建设学习型社会。《国家中长期教育改革和发展规划纲要（2010—2020 年）》提出，“到 2020 年，基本实现教育现代化，基本形成学习型社会，进入人力资源强国行列”。《国务院关于加快发展现代职业教育的决定》提出，“加快现代职业教育体系建设，深化产教融合、校企合作，培养数以亿计的高素质劳动者和技术技能人才”。目前，全国广播电视大学系统正在努力向开放大学进行转型升级，全国职业教育系统也正在积极构建现代职业教育体系。

笔者于 2012 年 10 月来到辽宁广播电视大学（以下简称“辽宁电大”）和辽宁装备制造职业技术学院（以下简称“辽宁装备学院”）工作，有幸成为远程教育、职业教育战线中的一员。面对迅猛发展的教育新形势和国家提出的目标要求，深感使命光荣、责任重大。在主持学校工作的实践中，笔者感悟到要引领学校开拓、创新发展，一是必须全面了解和准确把握当代远程开放教育、职业教育改革发展的基本趋势和动态，把学校发展置于国家战略部署和地方发展大局中进行研究思考；二是必须通过凝聚集体智慧，制订和实施科学的工作方针来指引学校的建设与发展；三是必须充分发挥远程开放教育与高职教育的各自优势，推进资源共享、优势互补，从而实现互动提升、服务社会。

辽宁电大于 1979 年成立，以举办远程开放教育为主，为辽宁经济社会发展培养了大量优秀的应用型、实用型人才。2006年，辽宁电大在省政府的支持下创办辽宁装备学院，重点举办高等职业教育，为辽宁老工业基地振兴和装备制造业发展培养高素质技能型人才。辽宁电大与辽宁装备学院实行“一套人马，两块牌子”管理体制，是全国多所既举办远程开放教育、又举办高职教育的省级电大之一，如何实现开放教育与高职教育的融合发展、互动提升是学校必须重视且亟须研究的现实问题。鉴于学校发展的实际需要，笔者提出要开展开放教育与高职教育一体化办学研究，得到了国家开放大学领导的充分认可和大力支持，于2014年8月以科研立项的形式委托笔者主持开展“基于开放教育和高职教育一体化办学工作方针的理论与实践研究”，并给予了经费支持。

在总结、凝练历届领导班子办学思想，客观认知学校办学实际，充分学习借鉴兄弟院校实践经验的基础上，学校将“开放教育与高职教育一体化办学工作方针”核心思想概括为了“一体两翼、资源共享、多元发展、互动提升”，将其实践体系概括为“八个一体化”。同时，在工作实践中，笔者根据学校办学实际及发展需要，创新提出了“八向八要”工作原则，即“向思路要出路、向改革要发展、向管理要效能、向服务要质量、向资源要政策、向项目要资金、向实干要成果、向宣传要影响”，这一原则是“开放教育与高职教育一体化办学工作方针”和“八个一体化”实践体系的具体实施策略，是符合学校实际的科学工作方法，是较为完整并统一运作的整体工作链条。

本书的撰写和出版，是对辽宁电大及辽宁装备学院多年来的办学理念、办学思想以及“开放教育和高职教育一体化办学工作方针”课题的前期研究成果加以汇总、归纳、提炼而成的，主要供指导学校发展和后期深化课题研究之用。

因时间紧迫、能力有限，深知本书多有不周之处。敬请各位专家和同仁多多指正，在此一并表示衷心感谢！

肖　坤

2014年12月于沈阳

绪　论

目前，广播电视大学的建设与发展已进入一个新的更高层面的发展阶段，面对新的工作任务和工作目标，以科研为先导，探索发展路径，将具有开创性的工作实践从科研角度加以研究论证，是广播电视大学向开放大学战略转型提升各项工作路径清晰，发展顺畅的需要。以辽宁广播电视大学为案例，实施开放教育与高职教育一体化办学工作方针理论与实践研究，是开放大学建设创新研究的重要组成部分，其研究方向和研究目标是一致的。研究确立开放教育与高职教育一体化办学工作方针，既是开放大学建设创新研究的综合体现，也是开放大学管理创新核心问题的创新点和切入点，更是扎实推进广播电视大学向开放大学战略转型提升的迫切需要。

一、研究依据和研究意义

开放教育与高职教育一体化办学工作方针理论与实践研究是开放大学建设创新和现代高职教育发展战略创新研究的重要课题，是国家开放大学和各省（市）开放大学建设应着重思考的问题，是推动现代远程开放教育与现代高职教育改革进入更新、更高层次的核心问题，是开放大学建设创新实践中迫切需要解决的问题。研究确立开放教育与高职教育一体化办学工作方针，可推动开放大学建设和创建新型高职院校建设；可有效整合开放教育与高职教育的教育资源，实现相互支撑、互动提升；可破解开放大学系统建设与教学改革等一系列问题；可切实把握开放大学战略转型提升的方向性核心问题。

（一）研究依据

1. 依据开放大学建设创新和现代高职教育发展战略创新的客观需要

开放教育与高职教育一体化办学工作方针理论与实践研究是开放大学建设创新和现代高职教育发展战略创新研究的重要课题。《国家中长期教育改革和发展规划纲要（2010—2020年）》（以下简称《纲要》）明确提出，要继续大力发展职业教育和开放教育，构建终身教育体系和现代职业教育体系，促进二者深度融合。教育部对高等教育改革的意向显示，如何整合开放教育与高职教育资源，使其形成构建符合我国国情与需求的终身教育体系的主体教育结构，是当前具有方向性研究的重点内容。从广播电视大学向开放大学战略转型的视角考量，开放大学教育资源整合和系统结构建设的基点是广播电视大学现有教育资源和办学系统；从开放大学发展的长远目标来考量，在转型提升广播电视学教育资源和系统网络资源的基础上，还要逐步实现远程开放教育、网络教育、自学考试等临近教育类别的资源整合，还要注重利用高等职业技术教育资源和普通高等教育资源，只有如此，才能有利于突破开放大学资源整合和系统结构建设这一难题；才能有利于汇集和发挥现代远程教育资源的作用；才能有利于远程开放教育与高职教育及普通高等教育的对接；才能有利于充分体现开放大学的功能特征。

2. 依据国家开放大学和各省（市）开放大学建设与发展的客观需要

开放教育与高职教育一体化办学工作方针理论与实践研究是国家开放大学和各省（市）开放大学建设应着重思考的问题。目前，我国44所省级广播电视大学（开放大学）中有27所省级广播电视大学（开放大学），举办全日制中、高等职业技术教育，占全国省级广播电视大学（开放大学）总数的61.4%。这种广播电视大学（开放大学）办学模式与中、高等职业技术教育办学模式并存，呈现出“一体两校”独特的现象，是我国高等教育办学模式在改革和发展中出现的新变化。国家开放大学在办学系统建设中，目前，面临的重点问题是如何构建起符合我国国情的远程开放教育体系和系统结构；尤其是如何看待现内含高等职业技术教育的省级广播电视大学（开放大学），如何正视历史发展的必然，创新思维，集各类教育资源于大成，这是国家开放大学建设和省级开放大学建设应着重思考的问题。从广播电视大学向开放大学战略转型视角考量，开放大学教育功能升级和管理升级的着眼点不仅是远程教育功能齐全、管理体制和运行机制能适应当代社会经济发展的需要，而且还应该着眼于开放大学未来价值，能承担起实施全民教育和终身教育的责任，为实现学习型社会和能力型社会提供教育支撑，这是广播电视大学向开放大学战略转型的根本目的，是构建开放大学核心能力的关键，是开放大学应具有和遵循的历史使命与发展战略。

3. 依据推动开放教育与高职教育向更新、更高层次发展的客观需要

开放教育与高职教育一体化办学工作方针理论与实践研究，是推动开放教育与高职教育改革进入更新、更高层次的核心问题。随着工业生产和现代科技的迅猛发展，高职教育的功能也逐步发生着变化，它对经济、政治、文化和人的发展所产生的重要作用也在越发凸显。在现代职业教育体系中，高职教育发挥着承上启下的重要作用，它与普通教育、社会教育横向融合，与中职教育、本科层次以上教育纵向沟通，是构建现代职业教育体系的关键环节。随着社会需求的不断变化，高职教育正逐渐向满足多种社会功能于一体的综合性教育发展。从开放教育和高职教育比较研究来看，开放教育与高职教育在办学理念、价值取向、发展趋势上是最为接近和趋同的，是构建终身教育体系的两大支柱。

以辽宁广播电视大学为案例，辽宁省委省政府根据国家振兴老工业基

地发展战略，研究决策在辽宁广播电视大学的基础上，内设辽宁装备制造职业技术学院，建制是“一套班子、两个牌子”，开办高职教育，充分发挥辽宁广播电视大学教育资源作用，为振兴辽宁老工业基地培养装备制造业技能型应用人才，这是辽宁省委省政府的英明之举。辽宁广播电视大学在实施开放教育与高职教育“一体两校”，即“一体化办学”过程中，为振兴辽宁老工业基地在技能型应用人才支撑上发挥了重大作用，也得到了辽宁省委省政府和教育主管部门的大力支持和高度关注。辽宁省委省政府对这种学校建制与办学模式的决策和扶持，可以说是广播电视大学（开放大学）教育与高等职业技术教育“一体化办学”的典范。无论从理论上讲，还是从实践上看，建设中国特色的开放大学，都应是多需求、多形式、多规格、多模式办学。旨在实现全民终身学习的目标，整合各类教育资源，形成更具规模、更据特色、更加开放、更加综合的开放大学办学实体。“一体两翼”“一体化办学”是实现“两个转型升级”，即广播电视大学向开放大学转型升级和传统高职教育向现代高职教育转型升级的现实选择；是走独具特色开放大学建设的内在要求。“一体两翼”“一体化办学”在理论与实践上都有其坚实的基础，从国际远程教育发展趋势来看，传统面授与现代教育技术手段必须相互交叉运用，教育发展需求各类教育相互衔接搭建“立交桥”。开放教育与高职教育一体化办学这一模式对开放大学建设具有一定的前瞻性意义和作用。从构建终身教育体系来讲，可试行以远程教育与职业教育一体化办学为突破口，逐步拓展实现自学考试、成人教育、普通教育等多种教育资源的整合，形成具有“社会化导向人才培养模式”功能的中国特色终身教育体系。

4. 依据开放大学建设创新实践中迫切需要解决实际问题的客观需要

开放教育与高职教育一体化办学工作方针理论与实践研究，是基于开放大学建设创新实践中迫切需要解决的实际问题而立项研究的。综观全国各省市电大对开放教育与高职教育一体化办学的研究，目前，还仅是局限在其必要性的论证，并没有形成一个切实可行的工作方针。以辽宁广播电视大学为例，辽宁广播电视大学在开放大学建设管理方法创新研究与实践中，根据开放大学建设与发展方向和学校资源整合的实际需要，采取适当的管理方式、方法和措施，将开放教育与高职教育两种办学形式有机地融合为一个整体，形成全面互动提升的协同效力。为充分调动和发挥教育资源主体教师队伍的作用，实现整合与共享教育资源，学校在管理组织结构上实行“学院制”和“一岗双责”责任制。按学校现有主干专业设置了机械工程、材料工程、自动控制工程、信息工程、工商、人文、政法、农科8个学院和开放教育、网络教育、成人高职、继续教育4个办学实体学院，由学院负责组织教学管理。明确教师作为学校主要教育资源，既要承担开放教育教学管理职责，也要承担高职教育教学管理职责，倡导提高教师队伍综合素质和业务能力，努力打造一支“一岗多责”“一专多能”的教学管理队伍。辽宁开放大学建设在创新实践中，虽然在将开放教育与高职教育资源进行有机整合与优化配置的实际运作上迈出了一大步，但从现实与长远发展需要来讲，很有必要形成一个较为完善且具有科学性、实用性、可行性并具有普遍意义和特定意义的开放教育与高职教育一体化办学工作指导方针，使开放大学系统建设更加具有地方区域性特征；更加符合地方区域性社会经济发展的需求，更加符合地方区域性人才培养的需求。

（二）研究意义

1. 推动开放大学建设和创建新型高职院校建设

开放教育与高职教育一体化办学工作方针理论与实践研究，其出发点是为了推动开放大学建设和创建新型高职院校建设。开放大学建设是随着现代教育信息技术的发展，依托广播电视大学而产生的一种新型教育形式，是构筑知识经济时代人们终身学习体系的主要载体。无论是国际还是国内，开放式教育已然成为了国际之间教育发展的一种新模式。现代远程开放教育必然会有助于我们进一步从教育、人、社会三者关系中理解教育传递文化培养人的本质。同时，随着社会需求的不断变化，高职教育正逐渐向满足多种社会功能于一体的综合性教育发展。教育部在《关于加快发展现代职业教育的决定》中明确提出，到2020年，形成适应发展需求、产教深度融合、中职高职衔接、职业教育与普通教育相互沟通，体现终身教育理念，具有中国特色、世界水平的现代职业教育体系。在现代职业教育体系中，高职教育充满活力和能量，在我国终身教育体系构建中，高职教育必然起着重要的桥梁和纽带作用。因此，开放教育与高职教育都必须适应社会经济发展需求，不断改革创新，走内涵式发展、特色式发展、创新式发展的道路，实现广播电视大学向开放大学的转型提升和传统高职教育向现代高职教育转型提升。以辽宁广播电视大学为案例，学校根据教育部关于广播电视大学整体转型升级的最新部署和辽宁省政府要求，按照"打好基础、练好内功，强化特色、提高质量，提升内涵、扩大影响"的方针，调整开放大学建设思路，积极推进内涵建设。为实现向开放大学转型提升和向现代高职教育转型提升，学校以开放大学建设创新为契机，全力推进特色高职建设，提出"四个质量年"活动目标，大力强化"质量立校、管理强校、项目育校和实干兴校"。加快实施人才培养模式改革，加强实质性校企合作，加强产学研深入融合，把立德树人作为育人根本要求，为辽宁装备制造业发展培养高素质技能型人才。通过推进开放大学社会化导向人才培养模式创新，进而推动辽宁开放大学建设创新和辽宁装备制造职业技术学院的建设创新。

2. 有效整合教育资源，实现相互支撑、互动提升

开放教育与高职教育一体化办学工作方针理论与实践研究，其宗旨是为了有效整合教育资源，实现相互支撑、互动提升。这一课题研究，关系到开放大学建设创新与现代高职教育发展的方向性问题和教学改革等一系列问题，也是辽宁开放大学和辽宁装备制造职业技术学院建设与发展创新研究的核心问题。此课题研究成果不仅对辽宁省开放教育与现代高职教育的发展具有指导意义，还对国家开放大学建设和兄弟省市开放大学建设，

尤其是现行开放教育与高职教育合署办学的开放大学建设均有借鉴和参考价值。从广播电视大学向开放大学战略转型和开放大学的本质特征、发展方向发展趋势视角考量，将开放教育与高职教育乃至普通教育、成人教育资源有效整合、相互支撑、互动提升，是开放大学人才培养模式创新的基点；基于世情、国情、省情，有效整合教育资源，实现相互支撑、互动提升，是构建新时代具有中国特色开放大学高校管理工作方针理论体系的基本要素，这不仅具有逻辑上的合理性和与时俱进的必然性，还在开放大学建设创新实践上更具有其客观必要性。

3. 破解开放大学教学改革等一系列问题

开放教育与高职教育一体化办学工作方针的理论与实践研究，其具体目标是破解开放大学教学改革等一系列问题。深化现代远程开放教育教学领域改革，全面贯彻党的教育方针，坚持立德树人，加强社会主义核心价值体系教育；完善中华优秀传统文化教育，形成爱学习、爱劳动、爱祖国活动的有效形式和长效机制，增强学生社会责任感、创新精神、实践能力；构建利用信息化手段扩大优质教育资源覆盖面的有效机制，统筹教育资源均衡配置，促进教育公平；加快现代职业教育体系建设，深化产教融合、校企合作，培养高素质劳动者和技能型人才；创新高校人才培养机制，促进高校办出特色争创一流。这些都是开放大学建设亟待破解的现实问题。《开放教育与高职教育一体化办学工作方针理论与实践研究》，旨在研究确立现代远程开放教育办学理念、管理理念、管理方式、管理制度，这是破解开放大学教学改革等一系列问题的基础和突破口。实施开放教育与高职教育一体化办学，有利于改变传统的教学手段和方法，促进教学内容的更新与课程体系优化；有利于推动实践教学的实施和实践教学体系的建设与学生支持服务系统的建设及引导学生获取职业资格证书；有利于推动高职师资队伍结构的优化和教学资源优化整合共享，提高教学资源利用率；有利于构建校园文化，推进素质教育。

4. 切实把握开放大学建设创新的方向性核心问题

开放教育与高职教育一体化办学工作方针的理论与实践研究，其根本目标是切实把握开放大学建设创新的方向性核心问题。准确把握开放大学的价值定位和价值取向是开放大学建设至关重要的第一步，关系到开放大学建设行动和决策判断的总体信念。开放大学应是现代远程教育的新型大学，开放大学与广播电视大学相比，开放大学在形态上要更高级、在结构上要更合理，在功能上要更强大，具有广播电视大学所不可比拟的优越性和强大的生命力。找准开放大学的价值定位和价值取向还需要在思维创新中加以考量，探索开放大学的内涵建设。国家教育规划纲要提出的“基本实现教育现代化，基本形成学习型社会，进入人力资源强国行列”三大战略目标是我们探索开放大学价值定位和价值取向的方向。以辽宁广播电视大学为案例，立项开展开放教育与高职教育一体化办学工作方针研究，就辽宁开放大学建设而言，总体上讲，有利于把握辽宁广播电视大学向辽宁开放大学战略转型的方向性核心问题；有利于把握辽宁开放大学建设和现代高职教育创新的着眼点问题；有利于把握辽宁开放大学和辽宁装备制造职业技术学院在其建设与发展中形成共同价值取向问题；有利于实现开放教育与高职教育相互支撑、相互衔接、互动提升、特色发展。由此，开放教育与高职教育一体化办学工作方针研究的成果，对其他各省市广播电视大学（开放大学）建设，也会起到一定的参考和借鉴作用。

二、研究内容和研究价值

开放教育与高职教育一体化办学工作方针的理论与实践研究，以开放教育与高职教育一体化办学为研发点；以“一体两翼、资源共享、多元发展、互动提升”主体方针和理念特征为着眼点；以开放大学社会化导向人才培养模式为中心；以提升办学潜能和人才培养质量为基本点；以推进开放大学建设更加开放、更具特色的创新发展为研究宗旨。其研究过程，主要以辽宁广播电视大学为案例，研究论证开放教育与高职教育一体化办学工作方针的理论依据和实践基础，进而研究开放教育与高职教育一体化办学工作方针的科学内涵、核心理念、运作机制、实践原则等具体工作方针的基本要素，归纳提炼具有理论性与实践性、时代性与先进性的开放教育与高职教育一体化办学工作方针的理论体系与实践模式。

（一）研究内容

1. 研究开放教育与高职教育两个主体之间共同的功能与定位

开放教育与高职教育一体化办学工作方针的理论与实践研究，从研究开放教育与高职教育两个主体之间共同的功能与发展定位和价值取向切入。

（1）从研究开放大学的人才培养功能、经济推动功能、文化导向功能、信息传播功能等社会功能和个体主体化功能、个体个性化功能、个体过程化功能等找到开放教育的性质定位、目标定位、任务定位、对象定位、类型定位、模式定位、体系定位、规模定位、服务定位、质量定位等开放教育应有的功能定位。从高职教育人才培养功能、经济推动功能、社会服务功能、终身教育功能、技术创新功能等找到其类型定位、层次定位、目标定位等高职教育应有的功能定位，从中分析概括出开放教育与高职教育在功能与定位上的共同点。

（2）从现代远程开放教育演变进程和现代远程开放教育本质定义分析现代远程开放教育的内涵；从服务面向的大众化、网络资源的共享化、专业设置的市场化、教育形式的包容化、系统联盟的产业化、教育体系的终身化分析开放教育的特征。从培养对象、培养目标、培养周期、培养形式分析高职教育内涵；从高级性和专门性、职业性与技术性、区域性与行业性、合作性与互动性、实践性和创新性分析高职教育的特征。

（3）从开放教育与高职教育两个主体的比较研究，找到开放教育与高职教育在培养对象、培养目标、培养制度等的相同之处；找到开放教育与高职教育有其共同的价值取向：一是根本的价值取向——构建终身教育体系、实现学习型社会，推动社会化进程，即促进人的全面发展；二是现实的价值取向——继续教育、知识更新，扩展劳动者技能，即促进社会就业；三是应有价值取向——社会化导向、按社会需求办学，培养技能型和应用型人才，即促进经济社会发展；四是特有的价值取向——整合必要教育资源、运用现代（网络教育与工学结合）教育手段，适应人的学习需求，即促进社会教育公平。

2. 研究开放教育与高职教育一体化办学的现状及其必要性和可行性

在文献调研基础上，总结国际国际国内远程开放教育与职业教育一体化办学经验和实践探索，论证开放教育与高职教育一体化办学资源整合与科学配置的必要性、可行性和方向性问题。

（1）总结美国、澳大利亚、英国、德国等国家远程教育与职业教育的办学典型经验，以及美国、澳大利亚、英国和韩国所建立的服务于远程教育与职业教育合作办学的学分互认制度。

（2）总结我国开放大学和省级电大围绕着两种教育一体化建设中形成的一些较为成功的案例，并总结我国支持一体化办学的学分银行制度及建设进展情况。

（3）从符合网络时代教育发展的必然趋势，符合教育大众化和终身化的要求，是我国教育改革的必然趋势，满足两种教育资源共享、互动提升需要几方面论证开放教育与高职教育一体化办学的必要性。

（4）从政府的政策支持、适合的办学格局、良好的办学条件高素质的教师队伍、特色鲜明的专业设置、多样化的课程模块几方面论证开放教育与高职教育一体化办学的可行性。

（5）从办学格局的模式、办学实践的内容、改革机制的目标和人才立交桥的搭建特色等方面论证开放教育与高职教育一体化办学的方向性。

3. 研究开放教育与高职教育一体化办学工作方针科学内涵的界定

开放教育与高职教育一体化办学工作方针的理论与实践研究，主要内容是研究论证一体化办学工作方针科学内涵的界定和理论体系的构建及相互关系。一体化办学工作方针究其实质，是将开放教育与高职教育两种办学形式，采取适当的方式、方法或措施，将其有机地融合为一个整体，形成全面互动提升的协同效力，以实现开放大学的建设创新发展目标的具体工作方向。

（1）科学内涵。开放教育与高职教育一体化办学工作方针的基本内涵是：以开放大学社会化导向人才培养模式为中心；以开放教育与高职教育"一体两翼、资源共享、多元发展、互动提升"办学思想理念为出发点；以提升办学潜能和人才培养质量为落脚点；推进开放大学建设更加开放、更具特色的创新发展。

（2）工作方针。开放教育与高职教育一体化办学工作方针可概括为"一体两翼、资源共享、多元发展、互动提升"。这既是一体化办学工作方针整体内涵的凝缩，也是一体化办学工作方针的核心理念。这一方针理念从组织结构、系统建设、资源整合、任务使命、发展目标等方面综合体现了开放大学建设的本质特征。

4. 研究开放教育与高职教育一体化办学工作方针的理论依据和实践基础与实践价值

（1）开放教育与高职教育一体化办学是"整体大于部分之和"系统论的科学运用，是"系统从无序到有序的演化规律"协同学的创新应用，是唯物辩证法基本原理及其方法论的基本要求，是唯物辩证法三大规律的科学实践，由此可见，开放教育与高职教育一体化办学工作方针的研究有其一定的理论依据。

（2）基于构建终身学习教育体系、创建学习型社会的时代要求，基于适应地方经济社会发展和现代职业教育体系构建的需要，基于开放教育与高职教育在不同时期得以生存与发展并具有旺盛生命力知源泉的认识，研究论证开放教育与高职教育一体化办学工作方针有其坚实的实践基础。

(3) 转变传统的职业教育观念，促进高职教育观念、模式的变革，形成开放性高职教育新模式；增强办学潜能与办学特色，推动高职办学规模与质量向更高层次迈进；改变传统的教学手段和方法，促进教学内容的更新与课程体系优化，是研究开放教育与高职教育一体化办学工作方针对高职教育的实践价值。

(4) 借助高职教育建立开放教育学生支持服务系统，共建教学辅导资源，弥补实践教学不足，构建校园文化，推进素质教育，引导学生获取职业资格证书等是研究论证开放教育与高职教育一体化办学工作方针对开放教育的实践价值。

5. 研究开放教育与高职教育一体化办学工作方针理论体系的构建

开放教育与高职教育一体化办学工作方针理论体系的构思是“八个一体化”。“八个一体化”涵盖了开放教育与高职教育一体化办学的主要环节要素，顺序上有一定的规程和逻辑关系。

(1) 发展定位一体化——这是一体化办学的方向，即：与普通高校实行错位发展，承担普通高校不可替代的教育功能。按社会需求培养相关行业应用型人才，注重提高教育质量，为辽宁省社会经济发展服务。推进开放教育现代科技、教育内容与高职教育的深度融合，依靠现代综合网络教育平台和数字化学习资源库，为学习者学习需求提供各种服务；助推我省知识化、技能化、大众化终身教育体系的构建。

(2) 办学理念一体化——这是一体化办学的动力，即：要将一体化办学工作方针及其核心理念成为全校师生的共识。在开放教育与高职教育各项工作中要注重一体化工作方针的导向性、明晰性、独特性、渗透性、相对稳定性。

(3) 教育资源一体化——这是一体化办学的基础，即：人力（教师、管理、技术）资源、办学场地、物质资源、课程资源、专业资源等必须整合共享。

（4）培养模式一体化——这是一体化办学的目标，即：开放教育与高职教育在人才培养目标和人才培养规格、教学内容和课程体系、管理制度和评估方式等方面，都要以“社会化导向人才培养模式”为中心。按社会需求和要求培养合格人才。

（5）队伍建设一体化——这是一体化办学的关键（核心要素），即：实施“一岗双责”“一岗多责”，逐步提高队伍的综合素质和业务能力，实现其教师、管理人员、教育技术人员既能承担开放教育任务，也能承担起高职教育任务。打造一支“一技多能”的队伍。

（6）教学手段一体化——这是一体化办学的趋势，即：现代远程开放教育具有覆盖面广、学习形式灵活、教学方式多样等优势，高职教育具有重视岗位需求、强化专业建设、实践性教学环节扎实等优势。要扬长避短，优势互补；要全面推行现代远程教育技术与传统面授教育的有机结合与运用。这是开放教育与现代高职教育发展的动向和趋势，是一体化办学优势与特色的集中体现。

（7）日常管理一体化——这是一体化办学的保障，即：学校管理组织机构和规章制度、管理手段和措施要体现一体化办学的目标、原则、内容、过程、方法、制度等；要充分利用校内外的资源和条件，整体优化学校一体化办学工作效能，有效提升学校一体化办学工作方针的执行力，实现其学校发展目标。

（8）工作方式一体化——这是一体化办学的实施策略（基本工作方针），即：为实现一体化办学目标，根据现实与发展需求，制订的行动方针和工作方式。具体内容以“八向八要”工作方针及其“知行合一、互动提升”核心理念为切入点。

6. 研究践行开放教育与高职教育一体化办学工作方针的原则

践行开放教育与高职教育一体化办学工作方针要注重把握以下四项基本原则。

（1）要坚持凝聚智慧、群策群力原则。即广大教职工是智慧和力量的源泉，只有充分动员广大教职工、依靠广大教职工、发挥广大教职工的积极作用，才能有利于凝聚成一个共识的使命、责任、奉献价值观；才能有利于切实保障“一体化办学”工作方针在贯彻和践行中成为每个人自觉行为准则。

（2）要坚持全员参与、逐级负责原则。即广大教职工主动自觉地积极参与管理，是贯彻践行“一体化办学”工作方针的基础；逐级负责是实现学校现代管理的最基本原则和有效方式；是抓落实、考核、评价的基础。只有形成全员参与、逐级负责的工作氛围与运作机制，才能有利于切实保障“一体化办学”工作方针的贯彻和践行。

（3）要坚持整体把握、逐项实施原则。即“一体化办学”工作方针是一个有机整体，只有首先从整体上理解和把握其主旨及基本要求，力求在逐项实施中具有“临绝顶览众山”的境界，才能有利于切实保障“一体化办学”工作方针在贯彻和践行中达到更大的成效。

（4）要坚持实事求是、与时俱进原则。即我们的认识要随着客观事物的变化而变化，要持续保持先进性和创造力，使我们的思想认识具有宏观性、战略性、前瞻性，既立足实际，又放眼未来，不断地扩宽我们的视野，准确判断和把握时代赋予我们学校的使命和发展的要求。只有站在这一高度，才能有利于切实保障“一体化办学”工作方针在贯彻和践行中不断充实与完善，形成一个更加理论化、系统化且更加具有长效指导意义和作用的学校工作方针。

7. 研究践行开放教育与高职教育一体化办学工作方针的实施方略

（1）开放教育与高职教育一体化办学工作方针的实践模式，即“主张资源共享、优势互补、多元发展、互动提升”，践行一体化办学工作方针解决某些具体问题的方法，从实践中总结归纳，再提升到理论高度，形成一个较完整的实践模式；扬现代远程开放教育覆盖面广、学习形式灵活、教学方式多样之长；扬高职教育重视岗位需求、强化专业建设、实践性教学环节扎实之长。倡导教师队伍建设“三个坚持”：一要坚持科学态度与创造热情相结合，立德树人，脚踏实地、淡泊明志，做一个文以载道、知行合一的本色教师；二要坚持终身学习与寻求突破相结合，持之以恒，躬身实践，与时俱进，做一个开拓创新、上下求索的活力教师；三要坚持见贤思齐与无私奉献相结合，爱岗敬业，爱校如家，爱生如子，做一个求真务实、致力事业的有为教师。

（2）开放教育与高职教育一体化办学工作方针的实践方略，是以“一体两翼、资源共享、多元发展、互动提升”为开放教育与高职教育一体化办学总体工作方针和学校发展目标，是以“向思路要出路、向改革要发展、向管理要效能、向服务要质量、向资源要政策、向项目要资金、向实干要成果、向宣传要影响”的“八向八要”工作原则作为贯彻开放教育与高职教育一体化办学总体工作方针的切入点和行动准则，推动开放大学建设和高职学院建设创新发展。

8. 研究践行开放教育与高职教育一体化办学工作方针实践成效

以辽宁广播电视大学为案例，阐述开放教育与高职教育一体化办学总体工作方针和“八向八要”工作原则的践行成效，论证一体化办学工作方针的科学性和可行性与成效性。

辽宁广播电视大学与内设的辽宁装备制造职业技术学院在一体化办学工作方针的指引下，稳步推进“两大战略转型”，全校教职工以学校第一次党代会和七届三次教代会精神为指导，以建设更加开放、更具特色的“活力、实力、合力、魅力”高校为目标，以开放大学和特色高职建设为重点，坚持“八向八要”工作原则，团结拼搏，改革创新，真抓实干，攻坚克难，开放大学建设稳步推进，省职教改革发展示范学校申办成功，办学规模质量效益均衡增长，各项事业取得了长足发展。

（1）积极申办建设开放大学，内涵建设取得新进展。开放大学建设思路得到省政府肯定，系统凝聚力有效增强，信息化平台建设有序推进，开放教育教学改革稳步开展，资源建设取得突破，学习支持服务能力得以提升。

（2）成功申办省级职教改革发展示范学校，现代高职建设迈出新步伐。省级示范校建设顺利开展，世行职教改革项目统筹推进，财政支持项目顺利开展，高职特色教学改革不断深化，毕业生就业工作难中求进。

（3）大力推进多元办学，规模与效益再结新硕果。学历教育招生再创新高，非学历项目取得新突破。

（4）强化目标绩效管理，综合改革取得新突破。推进学院制改革和“一岗双责”，理顺工作机制，修订出台部门工作职责和岗位职责，解决了分工不清晰、职责不明确等问题。强化以文辅政，加大督办力度，政务类文件规范清理取得成果，服务能力有效提高；档案、印鉴、合同管理更加规范，对外合作交流实现新突破。试行教师教学工作量管理办法，加强教学团队建设，设立了院士学者工作站，聘请长江学者对学校发展提出建议，强化专业带头人、骨干教师管理，推进系统师资共建共享。加强师德师风建设，坚持人才培养与引进并举，技能培训和企业实践并进，自身内涵得以提升。

（二）研究价值

（1）研究论证开放教育与高职教育一体化办学工作方针的理论与实践，可拓宽开放大学建设创新理论体系的构建思路和开放教育与现代高职教育建设与发展的创新点；可从实践运作中推进广播电视大学向开放大学战略转型升级和传统高职教育向现代高职教育转型升级中一系列关键性问题的破解。

（2）从开放教育与高职教育一体化办学工作方针理论与实践研究中提炼出的“一体两翼、资源共享、多元发展、互动提升”办学思想理念，可填充开放大学建设创新中实施开放教育与高职教育一体化办学的理论依据与思想方法及实施途径。

（3）开放教育与高职教育一体化办学工作方针的理论体系与相互关系和践行原则与运作模式是一个不可分割的整体链条，在开放教育和高职教育各主要方面工作和主要教学环节改革中必然会充分发挥其特有的理论与实践统领性指导作用。有助于形成开放大学和高职学院建设与发展的最佳方案，找到解决现实问题的最佳办法。

（4）综观省内外研究状况，对开放教育与高职教育一体化办学工作方针的理论与实践研究还是空白，其研究成果可在学术方面为开放教育与高职教育的发展提供一些借鉴，也可为兄弟省市开放大学建设乃至国家开放大学建设提供有益的学术参考，其研究成果可填充或扩展我国现代教育理论。

三、研究思路和研究方法

（一）研究思路

（1）以辽宁广播电视大学在开放大学建设创新实践中，实施开放教育与高职教育一体化办学工作方针的践行成效为案例，本着创新思维原则，在总结开放教育与高职教育一体化办学工作方针践行经验的基础上，从推动广播电视大学向开放大学战略转型升级和传统高职教育向现代高职教育转型升级视角考量，找准开放教育与高职教育一体化办学工作方针的关键性要素。

（2）以开放大学建设创新研究为基点，从开放教育与高职教育本质特征出发，将开放大学建设管理创新的管理思想创新、制度创新、管理方法创新运用于实际管理工作之中研究归纳开放教育与高职教育一体化办学工作方针的科学内涵、理论依据和实践基础。

（3）结合广播电视大学系统建设状况和现行办学模式，抓住开放大学建设和高职教育发展的关键性环节和发展趋势，研究论证开放教育与高职教育一体化办学工作方针的理论体系和作为开放大学建设创新重要途径的“一体化办学”科学性内涵的阐述。

（4）研究结果拟从理论与实践两个层面上得出结论：即开放教育与高职教育一体化办学工作方针是推动开放大学建设创新和高职教育发展的重要指导方针；是推动开放大学建设和高职教育发展的重要抓手；是理顺开

放教育与高职教育两大主体之间关系、实现其优势互补和互动提升成效与建立长效机制的主要依据；对加速开放大学建设与高职教育发展具有着重大的引领性指导作用及意义。

（二）研究方法

开放教育与高职教育一体化办学工作方针理论与实践研究采取文献、调查、比较、分析、论证等综合方法。

（1）文献法。通过搜集、查阅相关的文献资料，研究确定开放教育和高职教育的本质特征和建设与发展的中长期目标，作为本课题研究的着眼点和出发点。

（2）调查法。通过对教师和学生及社区的问卷、访谈，收集相关信息，提炼出支撑数据。

（3）比较法。通过对省内外开放大学建设和高职教育发展现状与经验的比较，寻找和归纳开放教育与高职教育合署办学的成功经验和科学管理方式。

（4）分析法。通过对已有信息和资料的分析来考量开放教育与高职教育一体化办学工作方针的可行性和科学性。

（5）论证法。通过以上研究成果论证开放教育与高职教育一体化办学工作方针理论体系和在实践中的重大指导意义和作用。

（6）实验法。通过本校对开放教育与高职教育一体化办学工作方针的践行成效佐证研究成果的应用成效和价值。

四、研究基础和技术路线

（一）理论基础

开放教育与高职教育一体化办学工作方针理论与实践研究的前期研究

成果，在其理论层面上已经奠定了一定的理论基础。相关省市广播电视大学（开放大学）在开放教育与高职教育一体化办学的必要性和可行性等方面已有了较为充分的阐述和论证。以辽宁广播电视大学为案例，前期的理论基础性研究已取得初步成果。

（1）初步阐明了“开放教育与高职教育一体化办学工作方针”这一命题的缘由、核心理念、理论依据与实践价值。

（2）初步论证了“开放教育与高职教育一体化办学工作方针”的基本内涵、理论体系和内在关系及实施方略。

（3）初步论证了“开放教育与高职教育一体化办学工作方针”在开放大学建设创新与发展中的意义和作用。阐明了这一工作方针是开放大学建设与高职学院建设的总体工作方针，其核心内容和思想理念是开放教育高职教育共同的价值取向。

（二）实践基础

开放教育与高职教育一体化办学工作方针理论与实践研究的前期实践成果，在其实践层面上已经奠定了一定的实践基础。相关省市广播电视大学（开放大学）在开放教育与高职教育一体化办学的实践中积累总结了很多宝贵的经验。以辽宁广播电视大学为案例，在前期运行的开放大学的建设管理创新实践中，为深化研究开放教育与高职教育一体化办学工作方针奠定了一定的实践基础。

（1）辽宁广播电视大学的“八向八要”工作原则，作为学校建设与发展的基本价值取向和文化精神，在其推进与实施过程中，形成了师生员工的共识，并取得了一定的成效。“八向八要”工作原则，为开放教育与高职教育一体化办学工作方针理论与实践研究奠定了实践基础，开放教育与高职教育一体化办学工作方针理论与实践研究是“八向八要”工作原则的扩展和深化。

（2）辽宁广播电视大学向开放大学转型提升、辽宁装备制造职业技术学院传统高职教育向现代高职教育转型提升取得了阶段性成果，多项工作荣获省级先进称号，定为省级高职示范校。

（3）辽宁广播电视大学与辽宁装备制造职业技术学院深度融合全面推进，实行“一体两翼”“学院建制”“一岗双责”等制度改革，收到了显著成效，学校荣获2013年度辽宁省直机关目标绩效管理先进单位。

（4）辽宁广播电视大学开放教育与高职教育、学历教育与非学历教育“两类增长”持续升温，办学项目多元发展，招生规模连创历史新高。2014年在开放教育招生总数略有下滑的情况下，高职招生总数却有上升。

（三）技术路线

确立研究背景及价值──→收集、查阅信息资料──→研究开放教育与高职教育共同的价值取向──→研究开放教育与高职教育一体化办学工作方针相关的核心理念──→归纳开放教育与高职教育一体化办学工作方针内涵的基本点──→研究开放教育与高职教育一体化办学工作方针的理论依据与实践基础──→研究开放教育与高职教育一体化办学工作方针理论体系构成的基本框架──→践行开放教育与高职教育一体化办学工作方针──→总结归纳开放教育与高职教育一体化办学工作方针在推动高职教育发展和开放大学建设中的实践成效──→佐证开放教育与高职教育一体化办学工作方针的科学性、适用性、可行性、前瞻性。

五、研究目标和研究成果

（一）研究目标

1. 以开放大学建设创新研究为基点，以构建“社会化导向”人才培养模式为中心，从理论与实践两个层面上研究论证开放教育与高职教育一体化办学工作方针的科学性、实用性、可行性。

2. 以开放大学建设创新为目标，形成一个较为完善的理论化、系统化且符合开放大学建设现实与长远发展需要的开放教育与高职教育一体化办学工作指导方针，为开放大学建设管理创新在其办学指导思想、办学理念、发展定位、工作思路等方面奠定坚实的基础。

3. 以开放大学建设与发展趋势为依据，探索既符合现代开放教育和现代高职教育发展需求，又有利于坚持正确的办学方向、本质特征、特色发展、互动提升的建设创新路径。

（二）研究成果

1. 研究成果要达到的创新之处

（1）研究论证开放教育与高职教育一体化办学工作方针的“一体两翼、资源共享、多元发展、互动提升”办学思想理念，使广播电视大学向开放大学战略转型和传统高职教育向现代高职教育转型找到关键性的突破点。

（2）挖掘开辟开放教育与高职教育一体化办学工作方针的理论与实践研究新路径，阐明开放大学与高职学院的办学功能和发展定位、历史使命、办学宗旨，人才培养模式等核心问题。通过实践，总结归纳出开放教育与高职教育一体化办学工作方针的科学内涵和实施方略，并使其具有较强的应用性和一定的前瞻性。

（3）初步建构起开放教育与高职教育一体化办学工作方针的理论体系框架，并结合试点实践检验成果，较充分地论证了开放教育与高职教育一体化办学工作方针在推动广播电视大学向开放大学转型和传统高职教育向现代高职教育转型中的引领性作用。

（4）较充分地论证开放教育与高职教育一体化办学工作方针的理论依据和实践基础，为我国教育资源整合与开发利用，为构建终身教育体系提供具有一定价值的参考理论依据和实践途径。

2. 研究成果的应用价值

开放教育与高职教育一体化办学工作方针理论与实践研究的成果，可在辽宁和兄弟省市开放教育与高职教育发展中乃至国家开放大学建设中彰显其特有的实践价值和意义。

（1）可更加明确开放大学和高职学院建设的创新目标和实现这些创新目标的着眼点和落脚点；

（2）可更加明确开放大学和高职学院建设的关键性问题和特色之所在；

（3）可更加明确开放教育和高职教育共同的价值取向和构建人才培养“立交桥”的必然趋势；

（4）可更加明确实现广播电视教育向开放教育战略转型升级、传统高职教育向现代高职教育战略转型升级，加速开放大学和高职学院建设的根本途径。

总之，为贯彻落实教育部关于要加速实现广播电视大学向开放大学整体转型提升的工作部署精神，立项开展开放教育与高职教育一体化办学工作方针理论与实践研究这一重大课题，无论是从学术价值上讲，还是从开放大学建设与高职教育学院建设的实践价值上讲，研究意义都是重大的。后续的研究与实践任务艰巨，从理论上讲，教育要与社会经济相适应，随着社会经济的发展，教育也必然要不断发展。因此，开放大学建设与管理是动态的，开放教育与高职教育一体化办学工作方针理论与实践研究也要逐步深化。

第一章
开放教育与高职教育的功能与定位

开放教育与高职教育作为我国高等应用型人才培养和高等教育大众化的两条途径，两者之间存在着很强的共性和互补性。目前，在我国44所省级广播电视大学中，存在27所拥有全日制的普通中等、高等职业技术学院，占全国广播电视大学总数的61.4%。这种开放大学（广播电视大学）办学模式与高职高专办学模式并存的独特“一体两校”现象，是我国高等教育办学模式在改革和发展中出现的新变化。《国家中长期教育改革和发展规划纲要（2010—2020年）》明确提出，要继续大力发展职业教育和开放教育，构建终身教育体系和现代职业教育体系，促进两者深度融合。而在我国广播电视大学系统教育资源比较缺乏的情况下，充分利用“一体两校”形成的资源建设开放大学，无疑是中国开放大学建设的理想选择。

一、开放教育的功能与定位

现代远程开放教育是随着现代信息技术的发展依托广播电视大学而产生的一种新型教育形式，是构筑知识经济时代终身学习体系的主要手段。无论是国际还是国内，开放式教育已然成为了国际之间教育发展的一种新模式。因此，对开放教育功能与定位的认识，有助于我们进一步从教育、人、社会三者关系中理解教育传递文化培养人的本质。

（一）开放教育的功能

开放教育的功能是指开放教育教学活动和开放教育系统对个体发展和社会发展产生的作用与影响。开放教育的功能究竟有哪些？从不同的视角出发，对开放教育的功能就会有不同的理解。但是概而言之，开放教育的功能不外乎社会功能和个体功能两大方面。现代远程开放教育的社会功能是培养和教育人才、选拔和发现人才相结合的整体功能，是该整体功能在政治、经济、文化教育和科学技术等社会各方面的具体反映。个体功能更符合新时代的人才培养标准，有助于培养具有独立思考能力、学习能力和创造能力的综合性人才。

1. 社会功能

（1）政治影响功能

第一，开放教育是构建终身教育体系的重要支撑。

20 世纪 90 年代初，英国政府提出“终身学习关系到英国的命运和前途”，标志着进入一个“新的学习时代”；日本 1990 年颁布实施《终身教育振兴法》；韩国 1999 年施行《终身教育法》；台湾 1998 年颁布《终身学习“白皮书”》。2009 年，我国全面启动《终身学习法》的起草工作，《国家中长期教育改革和发展规划纲要（2010—2020 年）》（以下简称《纲要》）将构建体系完备的终身教育，基本形成学习型社会确定为战略目标。广泛而深入地推进全民终身学习和人力资源开发，是广播电视大学开放教育办学的神圣使命。《纲要》还围绕构建终身教育体系、建成学习型社会，作出“办好开放大学”的战略决策，国家教育部把广播电视大学系统作为开放大学建设基础，并列入国家 20 个重大教育改革项目之一。终身教育具有对象和内容的广泛性和时间空间的无限性，开放大学具有辐射广阔、覆盖全面、机制灵活、运行便捷的优势，是实现终身教育目标的重要支撑。

第二，开放教育是促进社会教育公平的重要途径。

《国家中长期教育改革和发展规划纲要（2010—2020年）》（以下简称《纲要》）明确要求，“促进各级各类教育纵向衔接、横向沟通，提供多次选择机会，满足个人多样化的学习和发展需要”，三十多年中，广播电视大学始终肩负着“扩大高等教育机会，努力使人人享有优质教育”的使命，广播电视大学开放教育合理整合配置教育资源、坚持教育公益性和普惠性原则的有效途径，坚持“有教无类”“因需施教”的原则，适应广大求学者的需要，面向地方、面向基层、面向农村、面向边远和民族地区办学，整合社会优质资源，为所有学习者提供学习机会，实现社会公共教育资源由全体社会成员共享。开放教育作为学历教育和非学历教育的综合载体，为劳动者训练技能、更新知识、提高素质搭建了一个灵活、开放、多元的学习平台，使高效率、低成本、多样化、大规模培养人才成为可能。

（2）经济推动功能

第一，开放教育是服务区域经济振兴的重要力量。

任何地区的经济若处于持续高速发展的状态，其所在地高等学校的人才培养、科学研究、社会服务功能便越加得到加强，自身发展就更为活跃、更为快速，对区域经济发展作出的贡献也就会有所加强。2000年，国家实施西部大开发战略，要求西部地区的教育必须承担重要使命；2003年，党中央、国务院作出了振兴东北地区老工业基地的战略决策；2014年8月，国务院印发了《关于近期支持东北振兴若干重大政策举措的意见》，要求教育部门为东北老工业振兴提供人才智力支持；2005年，中央提出了建设社会主义新农村的目标，指出发展现代农业，教育是基础，人才是保证。然而，观念传统、观念落后、各方面人才短缺是亟待解决的问题。低成本、高效益的现代远程开放教育，是目前最具活力和发展潜力的教育形式，是多快好省地提高劳动者素质和培养各类专门人才的重要途径。电大开放教育的普及、“新型产业工人培养和发展助力计划”和“一村一大学生”的实施必将更有力地推动全国各地区经济的快速发展。

第二，开放教育是促进社会资源优化配置的重要手段。

以辽宁省为例，辽宁2012年的高等教育毛入学率是48%，主要劳动年龄人口中受过高等教育的比例是16.9%。《辽宁省中长期教育改革和发展规划纲要（2010—2020年）》提出：到2020年，高等教育毛入学率达到65%以上，主要劳动年龄人口中受过高等教育的比例达到29%左右，分别高于国家提出的40%和20%的规划目标。但仅靠普通高校资源是难以完成的，必须与面向大众进行学历继续教育的成人高校共同承担。远程开放教育系统具有提高劳动者素质、开发人力资源、降低劳动力投资成本、导引人才合理流动、调节社会人才结构、促进社会资源特别是教育资源的优化配置和经济健康快速增长的功能。据统计，普通院校培养一名大专毕业生差不多要耗资近万元，而远程开放教育培养一名大专毕业生一般只需几千元。学习者既可以利用业余时间学习，也可坚持正常工作，个人经济收入不受影响，为国家和社会创造财富。同时，也可以充分开发社会成员的智力和创造能力，缓解国家办大教育的压力，成为发展经济、增强国际竞争力的有利手段。

（3）文化导向功能

第一，开放教育是建设学习型社会的重要形式。

现代远程开放教育具有扩大全民受教育的机会，调动社会力量办学积极性，推动教育改革和发展的功能。远程开放教育系统的建构，特别是该系统所具有的教育开放性，不仅使教育在内容和结构上发生了根本性的变革，还充分体现了“学习社会”“终身学习”和“终身教育”等现代教育思想，使广大学习者身心得到全面发展和教育。另外，在远程开放教育系统中，学历教育具有主导性，其教育标准从某种程度上确立了高等教育学历水平的评价标准，不仅导引广大学习者的学习方向，还对普通高校、成人高校和民办高校等教学部门，也具有导向与评价作用。对于通过现代远程开放教育学习而取得的文凭，国家承认其学历、享受普通高校毕业生同等待遇等，这极大地鼓舞和激励了广大学习者的学习热情，既有利于营造全民学习的氛围，也有利于我国学习化社会的形成。

第二，开放教育是现代教育观内涵的重要体现。

远程开放教育的内涵体现了素质教育、终身教育、创新教育、双主体教育、情商教育等现代主要教育观。一是具有学科知识的教育功能。现有的开放教育已涉及大专、本科、研究生各个层次。它成为我国高等教育从精英教育阶段走向大众化、普及化的一支重要的力量；二是具有意会知识的教育功能。意会知识也称经验知识，主要是关于生活的经验、关于周围社会背景等方面的基本知识。体现的是人的生活技能和适应环境的能力。远程开放教育是实现终身教育的重要途径，它是一种帮助学生学会学习和学会共同生活的好形式；三是具有能力知识的教育功能。培养自学能力和创新能力，在巨大的网上信息库中选择对自己有用的信息，有助于决策思维和批判性思维的提高；四是具有信息知识的教育功能。从建构主义角度看，通过现代远程开放教育可以实现学习过程个性化，有利于建构有效的个体知识结构。远程开放教育具有多种形式的及时与非及时的交互性，能发挥主观能动性。

（4）信息传播功能

第一，开放教育是教育工业化和技术化的重要产物。

彼得斯工业化理论是在远程开放教育和网络教育思想界有深远影响的一种理论学说。他强调机械化的、大量的产品与远程开放教育的本质和原则相吻合，其核心是将远程开放教育比作教育的工业化和技术化的形态。由于运用技术媒体（信函或者广播电视、计算机），远程教育的教学结构业已发生变化，发展为“一种间接的教育形式”，使现代远程开放教育充满了工业化和技术化特征。“机械化”特征表现在大规模生产远程开放教育，如同工业生产流水线一样，教材及数据库的建设类似于流水线操作，“大批产品”则是用来解释现代远程开放教育培养的大批学生，远程开放教育的组织、实施等活动环节也就有了工业化生产的特色。因此，如果没有技术工具，就无法进行远程开放教育。

第二，开放教育是信息技术与教育深度融合的重要标志。

2012 年 3 月 13 日教育部印发了《教育信息化十年发展规划（2011—2020 年）》，指出：“以教育信息化带动教育现代化，破解制约我国教育发展的难题，促进教育的创新与变革，是我国教育事业发展的战略选择。”

虽然我国现在高等学校的毛入学率已经达到30%，但是这也说明我们还有70%适龄人口不能接受高等教育。开放教育可以通过信息技术手段让更多人口接受高质量的教育，同时社会终身学习是全社会的需求，那么，如何利用信息技术手段支持终身学习也是个重要任务。信息技术与教学深度融合中的每一步都离不开资源的支持参与，通过开放网络课程，扩大社会培训在线教学资源，引导学生主动学习，支持终身学习。通过信息化建设，网络技术可以帮助学校延伸职业教育空间，打破时间和空间上对学习环境的束缚，学生无论在校内、校外，无论毕业前、毕业后，都可以享有持续学习的机会。

2. 个体功能

（1）个体主体化功能

第一，开放教育具有师与生角色转换的功能。

作为一种新型的教育模式，开放教育与传统教育最大的区别是学习方式的改变和师生所处位置的转换，教师的角色从“教师”转变为“导师”，从“教”学习者，转变为“导”学习者，而学生则从被支配的位置转换到核心位置，变过去书本知识的复制者为学生创新意识创新能力的培养者。教师应具备系统的观念、资源共享的观念、媒体教学的观念以及支持服务的观念，从专业设计、网络课程、多媒体运用，到报名注册、教学辅导、电话答疑、组织各种活动，一切以学生为中心，以为学生全身心服务、完美服务为出发点和归宿点。

第二，开放教育具有教与学方式改变的功能。

相对于传统固定的教师、固定的学生、固定的教学内容来说，开放教育在教学方式上不拘泥于形式，在网络环境下的教学过程包含四个因素：教师、学生、网络教学材料和网络学习环境。教学过程具体体现在引导、指导、诱导、辅导、督导五个方面。由课堂教学为主转变为以学生自主学习为主，学生在学习内容上具有一定的自主选择权，学生可以根据自己的知识结构和需要，进行课堂知识的选择，上课地点可以是教室、实践基地，还可以通过网络进行远程教学。学校鼓励用电子邮件、电话传真等普遍被使用并为人们所接受的手段进行教学交互，积极引导学生开展自我管理，利用网上教学平台进行学习，同时组织小组学习、社会实践、经验交流的活动，共同探讨，互相促进。

（2）个体个性化功能

第一，开放教育具有提供个性服务的功能。

开放教育变过去整齐划一的教育形式为根据不同的个性特点、学习类型、学习风格和学习进度进行个性化教育，树立新的学生观，真正做到因材施教。针对社会对人才的需求状况，灵活地进行专业设置、课程设置，及时制订教学计划，安排教学进程，进行各种层次的学历教育和非学历教育，尽快满足社会对紧缺人才的需求。对于受教育者，可以根据自己的意愿制订学习计划、选择学习方式确定学习内容以便提高学习效率，变被动学习为主动学习。学生根据自身的特点（工作需要、学历基础、家庭经济情况、作息安排、兴趣爱好等）选择专业、课程、安排学习进度、调节各项学习活动，同时通过多种渠道接受多种媒体课程材料和各类辅导咨询答疑等学习支助服务。

第二，开放教育具有培养个性人才的功能。

开放教育主要是针对学生对各学科问题的分析能力和解决能力进行教学，注重培养学生自主学习的能力，将学习方法的思路和分析能力传授给学生。正是由于教学内容和教学方式的开放性，使得学生在具体学习的内容、时间和方式上可以根据自己的爱好和基础进行重点的选择，这样有利于发挥学生的个性潜能和优势，培养出各类的优秀人才，而不像传统的教育模式，培养出的学生基本没有太突出的个性优势，基本都是统一标准的知识储备。因此，开放教育可以在基本素质教育的基础上，培养出各行的拔尖人才，有利于推动我国各行业的迅速发展。

（3）个体过程化功能

第一，开放教育具有学习输入——转化——输出功能。

现代远程开放教育流程包括以学习者学习要求为输入，以一系列相互作用的学习活动、学习支持服务为转化，以学习者学习满足为输出三个部分。对于学习者学习的要求，学习者可以选择最适合的现成的专业模式；也可以运用知识模块方式量身定做，灵活地重新组合。学习活动、学习支持服务，是核心环节，这个过程含有三种信息流：一是资源流，学生从教师处获得一切教学资源；二是反馈流，教师从学生那里获得学生学习过程中的反馈信息、学习效果与教学目的的差异信息；三是协作流，学生、教师、家长和社团等两两或两两以上作用于学习过程的协作与交流。学习满足分为三个类型：心理满足、工作满足和证书满足。因此，这种以学习者为导向的流程管理模式，具有提升快速反应和及时满足个体学习者需求的能力。

第二，开放教育具有教考对立——分离——统一功能。

从中国现行的高等教育管理体制来看，无论是普通高等教育系统，还是成人高等教育系统，都具有教育和考试两人职能，且教育和考试两大职能是具有独立性的，一般都不应集中在同一教育机构或教学单位之内。现代远程开放教育系统正是顺应了这一基本要求，它的教学的实时与非实时性传播均体现出教和考的既分离又统一性，即它的教与考呈现出一种对立统一规律。现代远程开放教育系统的教学包括实时与非实时的授课系统，课后辅导、答疑、作业、自测等子系统，所有这些子系统互相配合，构成完整的现代远程教学系统。

（二）开放教育的定位

我国的广播电视大学系统现处于由广播电视大学向开放大学迈进的转型期。2012 年 6 月，中央广播电视大学已更名为国家开放大学，上海、北京、广东、江苏、云南也已成立了省（市）级开放大学，其他广播电视大学均在积极加强内涵建设，努力创建地方开放大学。关于开放大学开放教育的定位问题是当前的热点问题。

1. 性质定位

开放教育是专属于开放大学（广播电视大学）的学历教育，是开放大学（广播电视大学）的伟大创造，有自己一整套组织体系、教学设备、师资队伍和管理模式。开放教育依托于开放大学（广播电视大学）系统为学习者实现真正意义上的开放，而不是形式上的开放，符合现代远程教育的规律，具备现代远程教育的特点，为建设全民学习、终身学习的学习型社会服务，是构建终身教育体系的重要组成部分。是没有围墙，不受时空限制，实现人人、时时、处处学习、宽进严出的高等学历继续教育。

2. 目标定位

探索面向基层人才的培养目标和规格，保证学生在知识、能力和素质方面的要求；探索现代远程开放教育的教学模式、管理模式和运行机制；探索运用现代化手段搞好教学内容、方法改革和学习支持服务的经验。培养适合地方经济建设和社会发展要求的技术应用型、实用性人才，提高在职人员适应职业需要的技术、技能水平，为各类人群提供多样化需求。

3. 任务定位

开放教育与高职教育实行错位发展，承担着高职教育不可替代的教育功能。转变教育观念，明确远程开放教育的目标和改革思路，根据现实经济建设的人才需求设置专业，整合社会教育资源，兼收并蓄，不求所有，但求所用，力求更优；搞好基础设施、多种媒体教学资源和队伍建设，适应网络环境下交互式教学需要；用好现代信息技术实施多种媒体教学与现代化的管理，形成学生自主学习、个性化和协作式学习的模式。

4. 对象定位

开放教育对入学者的年龄、性别、职业、婚姻、身体、地区、学习资历没有太多限制，没有入学考试门槛和招生“独木桥”，凡有志向学习者，具备一定文化基础，即可免试入学，开放教育由原来主要面向从业人员和脱产学生，扩展到全体社会成员，特别要更加关注本省农村劳动力、企业职工、农村剩余劳动力、65岁以上老龄人口以及贫困边远地区的民众和弱势群体。

5. 类型定位

教育形式和规格主要是专科、本科、专升本开放学历继续教育，教育形式和学制年限等方面比较灵活，实行学分制度，毕业年限最长可达8年，不需要脱产、离岗学习。同时，开展适应民众各类学习需求的开放非学历继续教育，特别要办好“职工素质和技能培训”“普惠制”“贫困大学生就业培训”“农民工岗位培训和转岗培训”、社区教育、老年人教育、残疾人教育等直接关系民生的非学历继续教育项目，具有与其他高等院校终身教育成果同等效力。创建“学分银行”，搭建“立交桥”，实现不同学习成果之间互认、互联、衔接和转换，构建多元开放的高等技术教育新体系。

6. 模式定位

逐步改变课堂面授为主的传统，推进现代信息技术与教育教学的深度融合，按“遵循规律、创新模式、宽进严出、保证质量”的基本要求，适应个性化、多样性、移动式教育教学新特点，在人才培养过程中推行办学项目社会化、人才标准社会化、培养过程社会化、技术手段社会化、教育资源社会化、管理服务社会化、质量评价社会化、学习成果社会化。与此相适应，进一步完善“中心型互动”教学模式，实现以学生自主学习为中心，开展师生互动、人机互动、生生互动、学生与社会互动的教学过程。创建集过程开放、环节控制、个性服务“三位一体”的教学管理模式。

7. 体系定位

充分发挥开放教育系统优势，以“纵向到底、横向到边”为目标，依据开放大学办学定位和任务使命，完善开放教育组织体系，尤其在办学网络要无缝对接，实现市级电大无空白、县级电大全覆盖、行业机构可增加，达到上下贯通、纵横相连、内外兼顾，真正形成省、市、县、行业完善的开放教育办学体系。

8. 规模定位

按“项目联手、平等合作、风险共担、互利共赢”的基本要求，用社会化方式，壮大开放教育办学力量，逐步调整开放教育招生结构，积极创造条件承揽开放教育项目，做到“项目无盲区、招生无死角”，努力提高市场竞争激烈情况下开放教育在继续教育市场的占有率，并保持优势办学地位。依托开放大学（广播电视大学）办成世界规模最大的一流开放大学的办学定位，办成世界最大规模的学历教育。

9. 服务定位

现代远程开放教育以“因材施教、个性服务”的理念，根据接受服务的群体和个人因为经历、所处环境、知识层次等不同而表现出对服务要求的差异化，构建“一站式”学习支持服务体系，实施个性化、精细化的高效服务。要求时下正在进行“人才培养模式改革”项目研究工作的电大人应努力把握因材施教的要求，走出一条类似企业个性化服务的教育之路。

10. 质量定位

按照大众化教育的质量标准来确定教育目标，既要考虑同类教育的共性要求，更要注重自身办学的个性和特色。注重系统教师团队和教学督导队伍建设，对教育指导思想、培养目标、办学条件、教学要素和教学过程优化程度综合评价，加强质量控制的有效监控，努力营造良好的校风、教风和学风，实现规模、效益、质量和结构的协调发展。

二、高职教育的功能与定位

在现代职业教育体系中，高职教育发挥着承上启下的重要作用，它与普通教育、社会教育横向融合，与中职教育、本科层次以上教育纵向沟通，是构建现代职业教育体系的关键环节。随着社会需求的不断变化，高职教育正逐渐向满足多种社会功能于一体的综合性教育发展。

（一）高职教育的功能

高职教育与社会发展有着多角度、多方面、多层次的联系，特别是随着工业生产和现代科技的迅猛发展，高职教育的功能也逐步发生着变化，它对经济、政治、文化和人的发展所产生的重要作用越发凸显。新形势下，高职教育被赋予新的内涵，对其功能也有必要进行新的审视与定位。从本质上来讲，高职教育兼具高等性、技术性及职业性，因而它既有高等教育的一般功能，也有职业教育的特定功能。新形势下，高职教育应具备以下五大功能：

1. 人才培养功能

高职教育的基本功能即人才培养功能，其根本任务是培养生产、建设、管理、服务第一线所需的高素质技术技能型人才。国务院《关于加快发展现代职业教育的决定》指出：近年来，我国职业教育事业快速发展，体系建设稳步推进，培养了大批中高级技能型人才，为提高劳动者素质、推动经济社会发展和促进就业作出重要贡献。近年来，高职教育蓬勃发展的直接动因也源于生产一线所亟须的高素质技术技能型人才的持续缺乏。技术型人才严重短缺，劳动力整体素质偏差，也正制约着我国当前产业转型升级和高新技术产业发展。毋庸置疑，高职教育是弥补技术型人才匮乏的有效抓手。在现代职业教育大体系中，高职教育要积极发挥“立交桥”

作用，为广大学生多样化选择和多路径成长提供更多机会，真正彰显高职教育的高素质技术技能型人才的培育功能。

2. 经济推动功能

当前，我国产业转型升级进入关键期，劳动密集型向技术密集型的转变也逐步加快，这必然对劳动力结构也提出更高要求。新形势下，高素质技术技能型人才的需求量持续提升，供需矛盾日益突出，这也深刻影响区域经济可持续发展。根据人力资源和社会保障部《高技能人才队伍建设中长期规划（2010—2020 年）》的预测，2015 年和 2020 年高技能人才需求相比 2009 年的规模将分别增加约 540 万人和 990 万人①。高素质技术技能型人才，一方面具备较高的专业技能、职业能力；另一方面具备对先进技术与先进设备的适应能力、良好的职业沟通与合作能力、思维创新能力等综合能力。在深圳、上海等一线城市的调研显示，高新技术企业的一线劳动者中需要本科层次的技术技能人才占比已达 90% 以上。然而，当前我国本科层次职业教育体系还未全面普及，因此培养高素质技术技能型人才的重任势必要落在高职教育的肩上，这也促使高职教育必须不断创新、努力探索以顺应我国经济社会从“人口红利”向“人才红利”转型的现实需求，力争解决就业结构性矛盾，促进社会经济发展。

3. 社会服务功能

《国家中长期教育改革和发展规划纲要（2010—2020 年）》明确提出，“高校要牢固树立主动为社会服务的意识，全方位开展服务”。《关于加快发展现代职业教育的决定》也指出，要“服务经济社会发展和人的全面发展”。实践表明，高职教育与区域经济发展有着密不可分的关系，高职教育的繁荣发展极大促进区域经济的快速发展，高职教育通过人才培养、职业培训和资格认证等方式服务区域发展，与社会经济形成一种良性互动。

① 王振洪：《高职如何打造“中国教育升级版”》，光明日报 2013 年 11 月 27 日。

因而，高职教育更应义不容辞地承担起社会责任、发挥服务功能、提升服务能力。大力发展高职教育，培养出高层次的技术、技能及管理人才，是服务区域经济快速发展的当务之急。

4. 终身教育功能

《关于加快发展现代职业教育的决定》中提出：到2020年，形成适应发展需求、产教深度融合、中职高职衔接、职业教育与普通教育相互沟通，体现终身教育理念，具有中国特色、世界水平的现代职业教育体系。一直以来，终身教育理念对我国职业教育有着巨大的影响。构建现代职业教育体系，首当其冲应树立起面向全社会、面向人人的终身教育观。当前发展趋势表明，人的一生职业变换的机遇增多，培训需求呈正比增长趋势，高职教育是多数技术人才终身学习的重要基地。将职业教育覆盖整个社会，将职业教育贯彻到人的日益增长的职业教育需求当中，满足人的终身教育需求，为人的终身教育提供层次不等的职业教育机会。毋庸置疑，职业教育是建立和完善终身教育体系中重要的一环，而其中高职教育的作用尤为重要。

5. 技术创新功能

一直以来，我国高职教育主要集中在专科层次，其自身的教育水平并不高，因而，科学研究与技术创新功能主要依附于普通高等教育和科研院所来完成。但是，随着教育科研活动在社会经济发展和社会生活中的作用越来越突出，高职教育也必须要与时俱进，逐渐拓展本科、研究生层次，使高职教育在国家科技创新体系中占有一席之地，发挥技术创新的作用。《关于加快发展现代职业教育的决定》中也指出，“推动职业院校与行业企业共建技术工艺和产品开发中心、实验实训平台、技能大师工作室等，成为国家技术积累与创新的重要载体”。同时，我们也必须清楚认识到没有一定的技术研究与开发能力，高职教育的人才培养质量就不能有质的飞跃和提高，服务地方经济建设也会缺少一个重要的渠道和途径。

在现代职业教育体系建设大形势下，高职教育所体现的人才培养功能、经济推动功能、社会服务功能、终身教育功能和技术创新功能等也会相互交叉、渗透与融合，这些功能也会融入现代职业教育整个体系，促进现代职业教育的内涵式发展。

（二）高职教育的定位

高职教育定位，实质是明晰高职教育在整个社会系统和高等教育体系中所处的位置。高职教育定位通常涵盖类型、层次、目标、理念、专业和课程等多个方面，其中办学类型、层次和目标的定位是高职教育定位中最为基本的方向，而办学理念、专业和课程的定位是高职教育未来发展的特色之路。

1. 类型定位

从某种意义上说，类型定位是对身份的确认。当前，支撑我国社会经济发展的人才类型主要有四种，即学术型、工程型、技术型和技能型人才①。李华从分析联合国教科文组织《国际教育分类标准》得出："普通高校与高职属于同一层次，不是学术层次上的差别，只是学术类型上的差异。"② 袭云也认为，"高职教育与其他教育的本质区别在于其类型上的特异性，而非层次上的特异性"③。依据人才类型的不同，对其培养方式也是有着较大的差别。高职教育定位于培养高素质技术技能型人才是符合现实需要也较为科学合理的。我国高新技术产业发展迅猛，从国外引进的先进

---

① 杨国祥、丁钢：《高等职业教育发展的战略与实践》，机械工业出版社 2006 年版，第 176 页。

② 李福华：《高等学校资源利用效率研究》，北京范大学出版社 2002 年版，第 49—56 页。

③ 《袭云对高职教育本质的解析》，《扬州大学学报》（高教研究版）2003 年第 1 期。

技术和设备需要大量技术人员去掌握和应用，因而培养符合社会发展所亟须的高素质技术技能型人才是当务之急。

2. 层次定位

高职教育以培养高素质技术技能型人才为己任，在层次上属于“高等教育”，以招收高中或者具有高中同等水平的中专、职高和技工学校毕业生为主。与普通高等教育相比，高职教育的课程设置、专业构建和培养目标方面都有较强的针对性和目的性。当前，我国高职教育主要被定位于专科层次，但随着社会需求的不断提升，高职教育也在正不断优化和升级，由终结教育向开放教育转化，由一次教育向终身教育转型。在我国当前高等教育体系中，高职教育作为一种独特的教育类型，应具有培养初、中、高级人才的层次，也就是有高中阶段职业教育，高中之后的专科层次、本科层次及研究生层次的职业教育，才能构成完整的职业教育体系，同时高职教育要承担起调整国家教育结构的历史使命。我国社会经济发展迅速，产业升级决定了必须要有本科层次的高素质技术技能型人才。

3. 目标定位

培养目标是人才培养模式的顶层，是构建人才培养模式的核心。随着社会需求的不断变化，我国高职教育人才培养目标定位也在发生变化。2012 年《国家教育事业发展第十二个五年规划》用“发展型、复合型和创新型”界定了高职教育培养技术技能型人才的要求，区别于以往“高层次”“高等”“高端”等相对模糊的概念性要求。进一步解析，“发展型”要求为高职学生可持续发展夯实基础，侧重于培养学生的自我学习能力和社会竞争能力；“复合型”要求开拓高职学生就业范围，培养其“一专多能”的职业岗位技术技能；“创新型”要求培养高职学生的创新理念、创新精神和创新能力，是学生可持续发展的动力源泉，也是社会不断前进、不断发展的根本所在。

“发展型、复合型和创新型”是对高职学生提出的最新要求，那么在新要求下我国高职教育更应明晰自己的教育目标。当前，我国高等教育由于教育目标和要求的不同，可分为：研究探索型教育、工程开发型教育及技术实施型教育①。普通高等教育主要培养从事研究和发现客观事物规律的学术研究型人才以及工程型人才，多采用研究探索型教育、工程开发型教育。高职教育主要培养为生产过程提供技术保障和技术支持的技术技能型人才。技术实施型教育，以实施技术知识为主导框架，其他知识作为基础和辅助的教育，培养为实施过程提供技术保障和技术支持、最终完成项目的人才。因而，高职教育定位于技术实施型教育是有着坚实的理论基础和现实依据的，更符合我国国情。

4. 理念定位

高职教育办学理念定位，决定着高职教育未来发展的道路。在构建现代职业教育体系的大背景下，高职教育要适应现实发展需要，就必须从根源上进行改变，由传统高职理念向现代高职理念转变，树立现代教育意识、终身教育意识、质量意识和品牌意识。高职院校要切实将素质教育作为教学工作的重中之重，强化学生在学习中的主体地位，注重学生的创新精神和实践能力的培养，真正提升学生的综合素质。与此同时，在激烈的市场竞争中高职教育只有树立品牌发展意识，明晰品牌发展定位，建立品牌发展策略，才能独树一帜并站稳脚跟。

5. 专业定位

高职教育专业定位，是驱动高职教育特色发展的有效途径。高职教育专业培养目标定位于培养生产、经营、服务、管理第一线的高素质技术技能型专门人才，这与普通高校培养学术型、研究型人才有着本质的区别。因而，高职教育专业定位要以社会需求为前提，培养既具有专业知识又具

---

① 李景元等著：《中国灰领——高职教育定位：动脑与动手技能人才》（第二版），中国经济出版社 2013 年版，第 75—76 页。

有高级技能，能在现场进行技术操作、指导和管理的应用型技术人才和管理人才。高职教育专业培养目标的应用性，也决定了高职院校必须以市场变化为依据，以岗位需求为导向，以学校自身具备的条件为基础，科学合理地进行专业定位和专业设置，做到贴近市场、与时俱进。高职院校要明确自身在经济社会中的作用，要和本区域、本行业的经济发展密切结合起来，才能抓住特色专业建设的切入点。高职院校专业定位要通过开展广泛的社会调查、深入的产业现状分析、把脉行业发展趋势，并充分考虑对人才的现实要求和未来需要，科学地进行预测，使专业定位更具针对性、适用性和前瞻性。

6. 课程定位

课程是人才培养的重要载体。高职教育在课程设计上，必须以职业岗位群的需要为核心，突出职业性、适用性和实践性。在构建课程体系上，要引入行业、企业的先进技术标准，融入当前职业技能鉴定要求。在教学内容和方法上，要强化技能培养，以学生掌握职业岗位能力为要求，全面实施“教学做”一体化的教育教学新模式，着力加强实训课程教学的改革和建设。高职院校必须把实训课程的改革作为重点，提高复合型实训教学的比例，通过一系列综合实训项目的开展，指导学生把不同专业所涵盖的知识点有机地结合在一起。高职院校加大复合实训力度不仅可加强对学生综合技能的培养，还有利于充分发挥学生的主观能动性和创造性，提高学生的就业能力。

三、开放教育与高职教育的功能与定位的相同点

开放教育与高职教育作为我国高等应用型人才培养和高等教育大众化的两条途径，两者之间存在着很强的共性和互补性，这也是二者融合发展的重要前提条件。

（一）开放教育与高职教育功能相同点

开放教育和高职教育功能上的共同点和交叉点，促使两类教育能够协同发展，并各扬其长为社会发展起到良好的促进作用。

1. 构建终身教育体系的重要支撑

一直以来，终身教育理念对我国开放教育和职业教育都产生了巨大影响，《国家中长期教育改革和发展规划纲要（2010—2020 年）》中明确提出，将构建体系完备的终身教育，促进全体人民学有所教、学有所成、学有所用。开放教育和职业教育都应树立起面向全社会、面向人人的终身教育观。随着社会竞争的日益激烈，每个人职业变换的机遇也随之增多，开放教育和高职教育都将毫无疑问地成为终身学习的重要基地。开放教育和高职教育的覆盖面将遍及整个社会，二者也都将不遗余力地去满足人们的终身教育需求，为人的终身教育提供层次不等的教育机会。

2. 推动区域经济发展的有力抓手

开放教育和高职教育的出发点和落脚点，都是为推动区域经济建设、社会发展以及行业发展服务，为受教者就业服务。开放教育和高职教育只有本着为地方和行业、企业提供人才服务、技术服务和外延服务，贴近地方经济发展及行业、企业的发展需要，开放教育和职业教育也才能够真正获得地方和行业的支持和重视，才会展现出旺盛的生命力，也只有这样才能彰显两者对于助力区域经济发展所发挥的重要作用。

3. 促进社会教育公平的重要途径

《国家中长期教育改革和发展规划纲要（2010—2020 年）》明确要求，“促进各级各类教育纵向衔接、横向沟通，提供多次选择机会，满足个人多样化的学习和发展需要”。开放教育和高职教育都秉承以人为本的教育理念，并依据自身教育的特点，着力为受教者提供更多选择的学习机会、更为适用的学习模式和更加优质的学习服务，因而毋庸置疑，开放教育和高职教育都是促进社会教育公平的重要途径。

4. 提升个体自身价值的有效渠道

为满足社会发展更为多变的需求，开放教育和高职教育都根据受教者不同的个性特点、学习意愿和学习方式进行个性化教育，树立新的学生观，真正做到因材施教。根据市场需求的变化，灵活地进行专业设置、课程设置，及时制订教学计划，安排教学进程，尽快满足社会对紧缺人才的需求。对于受教育者，可以根据自己的意愿制订学习计划，确定学习内容，提高学习效率，应用学习成果，二者都变被动学习为主动学习，使受教者能有效地提升个体自身的价值。

（二）开放教育与高职教育定位相同点

开放教育和高职教育定位上的相同点和相似点，为二者融合发展提供了良好的现实基础和重要的实现途径，使二者间互融互促并协调发展。

1. 人才培养目标趋同

开放教育和高职教育将人才培养目标一致定位于培养适应区域经济建设和地方社会发展所需的发展型和复合型人才，日常教学过程中都注重强化学生的实践操作能力和职业适应能力。例如，开放教育物流管理专业学生，培养过程中一方面让学生掌握更多实用的物流管理理论知识；另一方面又十分重视培养其面向一线岗位的操作、管理和服务的能力；而高职教育的培养目标是在保证学生获得相应理论知识基础上，侧重于实践性教学，培养学生的职业能力和就业能力，使其进入工作岗位后可从事一线物流运输、配送、系统化管理等工作。基于此，在人才培养目标上可以说二者存在共性和相同点。

2. 专业定位选择趋同

开放教育和高职教育的专业设置都离不开“需求”二字，两者都是以市场需求为前提，以职业岗位群需求为导向，以学校自身具备的条件为基础，科学合理地进行专业定位和专业设置，做到贴近市场、适应需求、与时俱进。此外，开放教育和高职教育都要明确自身在经济社会发展中的重要作用，要和本地区、本行业的经济发展密切结合起来，才能抓住专业建设的切入点，找准专业定位的聚焦点。

3. 师资队伍建设趋同

开放教育和高职教育一致将培养学生职业能力作为主要目标之一，这也要求从事开放教育和高职教育的教师，要对培养发展型和复合型人才的理论知识结构和职业技能结构都有较为深入的理解和现实的应用。因而，从事两者教育教学工作的教师应熟练掌握现代化的教学手段，具有较强的教学能力，更具备较强的动手能力和解决实际问题的能力，这也表明开放教育和高职教育对师资队伍建设的标准是趋同的。

4. 教学管理及资源利用趋同

开放教育和高职教育的教学管理都是以教学质量、学习质量和服务质量的管理为中心环节，规范管理，优化服务。同时两者也都是以学生为本，秉承“因材施教、个性服务”的理念，构建“一站式”学习支持服务体系，实施精细化的优质服务。在教学资源方面，开放教育的教学资源，包括课程大纲、主教材、辅导资料、IP 课件等；高职教育教学资源，包括教材、辅导资料、讲义、网络课件及教师建设的精品课程等，两类教育是可以探索共建共享共用教学资源的有益模式，一方面可以增强教学资源的丰富程度；另一方面也可以提高教学场所、教学设备和网络资源的有效利用率，二者既是互相独立但又互为补充。

综上所述，科学合理的功能定位是开放教育和高职教育可持续发展的重要前提与基础，关系着开放教育和高职教育未来发展的成败得失。通过对二者功能和定位的系统研究，发现其功能定位的相同点，旨在为今后开放教育与高职教育开展一体化办学提供重要的理论依据和必要的学术参考。

第二章
开放教育与高职教育的比较研究

研究开放教育与高职教育一体化办学工作方针，要阐述和论证从开放教育与高职教育前提和基础比较、价值取向比较、办学理念和发展趋势比较，两者存在着很强的共性和互补性，是构建我国终身教育体系的两大支柱。我国在《国家中长期教育改革和发展规划纲要（2010—2020年）》中提出，要通过继续大力发展职业教育和开放教育，促进二者融合，构筑终身教育体系。开放教育是以克服旧有的封闭教育缺点为特征的一种教育模式，开放教育核心思想是学习资源和学校建设都是以学生为中心展开，学校的管理体制、教学过程和支持服务过程以充分满足每个学生的学习要求为己任，注重充分发挥学生的学习主动性和创造性。高职教育是以社会需求职业为教育导向，以实践教学和技术能力培养为重点、注重培养学生的职业理想；以培养社会需求的技术型和应用型人才为己任。开放教育与高职教育既各有短长，又有其共同和相同之处。

一、开放教育与高职教育的前提和基础比较

开放教育与高职教育在许多方面存在着很强的共性和互补性。在教育目标方面，二者可以互为补充，各扬其长；在教学内容方面，二者可以互相融合，共同发展；在教学资源方面，二者可以资源共享，互补所短。研究开放教育和高职教育的教育目标、教学内容、教学资源等问题，也就是

对它们的前提和基础进行研究。

（一）教育目标比较

开放教育和高等职业教育的最终教育目标都是强调应用型和职业型人才的培养①。学生步入工作岗位后主要从事一线生产工作。因此，高职院校在保证学生理论学习够用的基础上，突出实践性教学环节，以培养大量优秀的实践性人才作为教育目标。而开放教育的最终目标是提高学生的实践工作能力，使学生掌握更多实用的技能，为今后的工作提供更多的知识储备。可见，二者在教育目标上存在共性。

（二）教育内容比较

开放教育与高职教育的教育目标一致，使根据教育目标制订的两类教育的教学大纲和教学内容具有一定的相似性，体现在教学大纲的设定和教学内容的安排上。但由于学生的年龄和学习方法存在差异，开放教育教学内容的设置更适合自学，高职教育则更适合课堂教学，但两类教育的教学内容都是以保证学生在今后的工作中够用、实用为主。

（三）教学对象比较

开放教育教学对象是面向全社会各类成员提供学习的条件和机会，对入学者的年龄、职业、地区等方面没有限制。年满18岁的公民都可以报名参加开放教育的学习，通过各省级电大按照中央电大统一要求组织的入学水平测试即可注册入学，不需要参加全国统一的普通和成人高等学校招生

---

① 冯凌云：《高等职业技术教育和开放教育教学模式比较研究》，《中国校外教育：理论》，2008年第11期。

考试。高职教育教学对象是面向普通高中毕业生和具有与高中同等学历的学生进行招生，学生必须参加全国统一的招生考试。无论是开放教育还是高职教育所面对教学对象都是求知的学习者，都存在着怎么教、教什么的问题。

（四）教育资源比较

开放教育的教育资源主要包括教学大纲、教学实施方案、教学辅导、自检自测、IP 课件、教学录像、微视频等，此外，还包括现实的和虚拟的实验设备以及辅导教师的实验指导等；另外，一些学校也设置了实验的硬件设备供学生完成实践环节的学习。开放教育具有覆盖面广、学习形式灵活、教学方法多样、教育设施先进的特点。

近些年，国家大力支持高职教育的发展，高职院校的教育资源得到了极大提高，除了理论教育资源不断完善，还设置了很多的实验实训设备。2003 年，教育部启动了《高等学校教学质量和教学改革工程》，其中“精品课程建设工程”在 2003—2007 年间建成了 1500 门国家级精品课程，利用现代化的教育信息技术手段将精品课程上网并免费向社会开放，以实现优质教学资源共享①，其中包括很多优秀的高职课程。高职教育的实践性教学环节抓得比较扎实，一般具有相当规模的校园，其师资力量相对比较稳定、数量比较充足②。因此，开放教育和高职教育资源的优化整合存在一定的可行性，两类教育可以共享教育资源，师资资源、教学设备、教学场地和网络教学资源。开放教育和高职教育的整合，即可以弥补高职院校办学层次单一、教学形式较为传统等缺陷；又可以弥补开放教育实验实训

① 贾义敏：《国际高等教育开放课程的现状、问题与趋势》，《现代远距离教育》2008 年第 1 期。

② 潘天华、唐祥金、易向阳等：《现代远程开放教育与高职教育的沟通和合作》，《镇江高专学报》2004 年第 2 期。

设备不全、师资力量薄弱的弱点，从而能促进两类教育的协调发展和共同进步。

（五）教学模式比较

开放教育教学是随着计算机网络技术的发展而产生的一种新型教育方式，在整个教学过程中强调学生以自主学习为主，学校导学为辅。教师通过网络，利用在线教学平台，建设并利用多媒体教学资源，为学生提供导学和教学支持服务。学生通过网络，进入在线教学平台，选择并利用多媒体教学资源，进行个体化自主学习和网上形成性考核以及答疑解惑等。

高职教育教学模式是采用传统的封闭教育，教师是主体，以教师为中心。根据工作岗位的实际要求，参照相关的国家职业资格标准，安排课程和选择教学内容；以实践教学为主，理论教学与实验、实训、实习紧密结合，企业参与教学方案设计和教学过程的实施；以双师型教师团队为主导，教学手段灵活多样，能有效应用现代教学技术进行教学。

通过对开放教育与高职教育前提和基础比较分析，虽热在学习形式和教学方法上略有侧重，但可见，开放教育和高职教育在教育目标、教学内容和教育资源等方面存在着共性，两者教育目标都是培养应用型人才；两者都注重实践、实训教学环节；两者两者可以相互融合，优势互补；两者的教育资源可以实现整合共享，在构建我国终身教育体系中发挥共同的作用。

二、开放教育与高职教育的价值取向比较

所谓的价值取向是指主体面对矛盾、冲突时基于价值观的判断和选择。这种判断和选择包含着主体对某种行为或者某个事物的价值预期、价值评价，影响着主体自身、主体和主体之间的关系。普遍来说，学校的价值取向是学校作为主体对学校的运行、管理、教学、发展、社会关系、经

济关系等过程，根据价值观作出的选择。也即是基于学校各个方面的事物、过程及人员是否有价值和价值大小看法和观点，作出相应的判断和选择，这是学校文化的核心部分。它完全表现了学校的运行方向和发展目标，它体现了学校的全体成员对学校的期望和理想，是学校作为主体的灵魂部分的外在表现，它是学校生存、运行和发展方向的指南针。

（一）开放教育价值取向

开放教育包括非远程开放教育和远程开放教育两种类型。非远程开放教育价值取向，使其克服了封闭教育的僵化和教室、学校、教科书的限制，使得学生充分享有各学校的教育资源，以及学习教科书之外的对自身有益的知识。远程开放教育不但具有非远程开放教育的价值取向，而且它还有自身的一些特有价值取向。对于每个学校个体而言，它的价值取向呈现出多元化，主要有以下三个方面：

1. 社会公平的价值取向

我党在十七大上明确提出“教育公平是社会公平的基础”，即社会公平包含着教育的公平。教育公平作为当前社会核心价值观的一部分，对体现社会公平具有重要意义。因此解决教育不公平问题，做到教育机会公平，教育质量公平，教育过程公平是当今教育价值取向之一。现代远程开放教育作为一种有效的终身教育手段，最大限度地呈现出的就是教育公平的价值取向。它可以通过连续性的教育消除机会的不平等，促进教育公平进而促进社会公平。

2. 社会经济值取向

开放教育在实现受教育机会的公平，需要接受的教育的人都可以接受相应的教育，使大范围、大量的公众接受到没有时间和空间限制的教育，从而这些公众的自身的文化素质、知识、技能都得到了进一步提高。如此对社会经济的发展起到巨大的影响和贡献。根据20世纪60年代美国经济学家舒尔茨和贝克尔创立的“人力资本理论”可知，教育能为经济发展培养所需人才的功能，教育具有提高劳动者职业素质和职业技能的功能，以至于教育具有促使经济增长的功能。社会经济价值取向就是指开放教育通过提高劳动者的知识文化水平，提高职业人员的职业技能和职业素质来促使人力资本的提升，进而产生巨大的经济效益，从而推动经济、社会的发展。进入到21世纪以来，社会生产逐渐由劳动密集型向知识密集型转变，知识在生产当中占有越来越重要的位置，具有越来越大的比重。作为实现终身教育手段的开放教育对人力资本的提高，促进经济发展和国民财富增长起着越来越重要的作用。

3. 个体身心培养的价值取向

开放教育对个体身体培养主要包括两个方面：一方面是知识能力的培养，即自身的培养。就知识能力培养来说，与普通教育没有任何差别。开放教育的目的同样是为了提高学习者的知识能力；另一方面是思想情感培养，即心的培养。经济的发展，物质生活水平的提高，人们越来越注重精神生活的质量。科技的发展，物质的充裕，都为人们精神生活的追求提供了物质保障。开放教育就可以为受教育的精神方面追求提供适合的东西，例如，有些城市开办的远程教育社区大学，就是集合了身和心的培养内容。

（二）高职教育价值取向

高职教育设立之初就是为了社会各行各业输送合格的才人为目标的。高职教育在实现其目标的前提下同样具有普通高等教育对人的培养作用。因此，高职教育的价值既有对社会的意义也有对人的意义。高职教育通过为社会培养大批的知识工人来满足各行各业对高素质实用型人才的需求，进而推动社会经济和政治的发展进步，充分体现了高职教育的社会价值；高职教育使受教育者受到职业教育的同时，还是使受教育者学习到一定的知识，文化，能力也有提高，使其成为身心全面和谐发展的人，从而实现受教育者的理想，满足了受教育者的个人需求，体现了高职教育的人的价值。

1. 高职教育的社会价值取向

随着经济高速发展，科技的进步和向生产过程转化速度加快，生产逐渐由劳动密集型向着技术密集型，知识密集型转变，这些情况都使生产过程中的新技术，新理念，新办法快速增长，这要求从业人员要具备的技能，能力也要不断的提升。随着改革开放的深化和市场经济政策的具体化，国内和国外的交流、交往、联系日渐增多，并且日常化。这些情况都要求培养复合型的人才，既培养出来的人不但要熟悉国内有关情况，又要熟悉国际通用的规则，不仅要了解国内相关行业的情况，还要了解国外相关行业的情况。中职教育已经不能完全满足这些情况；只有通过高职教育来培养出更多、更好的熟悉各种技术和国内外发展的复合型人才。一些生产领域的人，这些复合型人才是技术型的又是较高层次的，需要通过较高层次的职业教育来实现体力技能转向智力技能，对他们的培养必须增加相应的理论和智力训练培养。另一部分是高技术生产企业的高级技术工人，这种工人的培养需要提升培养层次。

当前，很多国家都把技术型人才的培养层次提升到大学专科水平，甚至有些国家和地区把培养层次提升到本科或者研究生水平。通过培养层次的提升，高职教育为生产、管理、服务第一线的各个领域提供各种类型的高级技术型人才和应用型人才，由于这些人才的存在，充分发挥了现代生产工具，生产工艺的潜能，使得生产效率和生产质量、管理质量、服务质量等得到显著的提高，从而推动了社会的进步和经济的发展。由于高职教育是为社会行业需求为导向，以培养人才的职业能力和职业素质为目标的教育，高职教育在技术转化为经济效益方面具有更加直接、快速的作用。高职教育通过培养适合社会行业需求的人才来实现社会经济价值。

2. 高职教育人的价值取向

职业出现在社会分工之后。社会分工导致了行业的分化，每个人进入社会，参加到某个行业中，在其中负责一定的职能形成职业。职业对于个人来说是安身立命，获取生活资料的手段，是获得生存、温饱、生活的工具。因此职业对个人来说是一个重要的问题，就业的解决不但是个人的事情还是社会的问题，只有解决好就业才可以实现个人的价值、实现社会的安定团结、实现社会向前快速发展。通过职业，人们可以找到归属感和社会尊重感。职业上的成就可以满足人的成就感。由于我国目前在企事业用人存在着以学历取人，学历越高就业机会越多、就业前景越好的现象。这对于那些没能接受高等普通教育的人是不公平的。这种现象一方面导致了千军万马要通过高考这个独木桥；另一方面，社会的进步、经济的发展需要每个人都要接受更多的教育，个人的思想观念也随着社会经济的发展发生着显著的变化，渴望能接受更多的教育以提高自身的知识、能力等。但是每个人不是都适合过高考这个独木桥，这就需要社会为那些不适合高考这个独木桥的人们提供受教育的机会，使他们发挥出他们自身的特长和潜在的素质。高职教育就可以给没有考上大学的和希望继续教育的人以教育机会。当他们选择了高职院校后，由于方向明确，专业适合其特点，他们的学习积极性得到充分地调动，自身价值得到了实现，自身水平得到了提升。国家政策的允许和鼓励，个人求学愿望的强烈，使很多学生能够升入本科院校学习，最后考上研究生。高职教育为选择高职院校的学生提供了就业需要的必要职业训练之外，还提供了进一步学习的机会，这是高职教育具有帮助受教育的人实现个人需要的价值取向的体现。如果学生无法向就业市场转移，抑或不能进入本科院校学习，高职招生必将受到影响，进而影响到高职教育的可持续发展。只有高职教育实现其人的价值取向，帮助个人实现职业理想或者学习理想，人们才会认可高职教育对个人的价值。

通过对开放教育和高职教育价值取向的梳理、研究，可见开放教育和高职教育在价值取向上有共同之处，开放教育和高职教育都具有社会经济的价值取向，也就是高职教育和开放教育都能通过人才的培养，促进社会经济的发展；高职教育和开放教育在人才培养目标商业有相同之处，都是通过教育促进人的身心发展，促进人的职业技术和技能与人的综合素质的提高。

三、开放教育与高职教育的办学理念比较

办学理念，通俗的说就是办学的出发点，具有一定的价值观。办学理念是学校的灵魂，它包括学校的办学宗旨、办学目标、办学策略，具体体现在校训、校风、校规等方面。

（一）开放教育的办学理念

开放教育从古发展到今天，虽然教育的手段和教育内容发生着翻天覆地的变化，但是其核心的理念并没有改变。无论是孔子的有教无类，抑或保罗对基督教的宣扬方式都在表明只要愿意接受教育，都可以自由、自主的学习。通过过分析不难发现，开放教育是把现有的优质教育资源通过信件、广播、电视、网络、计算机、移动终端等方便快捷的通信手段在任意时间传播到任意地点。使那些想要学习的人们可以方便地获取这些优质的教育资源。因此开放教育中的开放的意思是：首先是指教和学有关的资源能够实现时间和空间上最大范围的共享；其次是指学习者在学习的过程中拥有完全的自主权和自由度。与封闭教育比较可以看出，开放教育的本质是以人为中心，使得每一个学习者能够最大限度地享有符合本身特点，能够使自身得到最大发展的教育，总结起来开放教育有以下显著特点：

1. 开放性理念

开放性主要体现在：（1）开放的教育对象。相比于封闭教育对入学的

严格限制，开放教育本着宽进严出的原则，对全体社会成员，无论其年龄、职业、婚否等都可以凭借有效的相关学历证明免试入学。如此，使得只要符合基本条件的求学者都能够得到合适自己的学习机会。（2）开放的教育资源。封闭教育的教育资源只对在校的学生开放，只对已经入学的学生开放。而开放教育提供的教育资源可以对所有想要学习的学习者开放。只要想学习的人，不受身份的限制，不管其是不是入学了或者注册了，都可以获得开放的教育资源；只要想学习的人，不管其身在何方，只要有获得教育资源的通信手段都能获得开放的教育资源；只要是想学习，不管什么时间，可以访问开放的教育资源；只要想学习，都可以通过各种通信手段获得开放教育资源，并且和其他学习的人进行讨论。（3）开放的教学过程性。封闭教育对学生的求学年限有严格的规定，超过年限将受到惩罚。封闭教育对学生的学习模式也有比较严格的限制。而开放教育的学生注册后只要在一个相对较长的时间内取得有效地足够的学习成绩即可。这期间可以中断后在继续学习，这为那些没有固定时间学习的学生提供了最大的方便，也使得他们的求学成为可能。开放教育对注册的学生的学习模式没有严格限制，学生可以自学，可以定期听老师讲授，也可以使用音像资料学习，学生可以通过网络讨论。学习方式自由、时间自由。（4）开放的教育管理。封闭教育要求入学的学生在求学的年限内，全日都参加学习，要求学生按时到学校，按时上课下课，按时参加学校的活动，总之封闭教育对教育的过程管理严格。而开放教育从分考虑求学者的实际情况和求学者的心理，对要与过程实行开放的管理。开放的管理首先体现学习地点和时间可以根据学生的情况灵活变通。成绩的评定也具有灵活性，多元化的评定标准，非一考定终身式评定。知识的教授不是单一的教科书，实际生活中任一有益于身心成长的内容度是开放教育学习的内容。

2. 以学生为中心理念

在教育理论上有两类规律：一类是教育一定要满足社会发展的需要，即教育的外部规律；另一类为教育要充分满足学习者身心发展的需要，即为内部规律。传统上，由于封建社会和计划经济的社会背景，外部规律占据主导地位，内部规律为人所忽视。随着改革开放以及西方教育理念的引入，内部规律即以人为本，以学生为中心的教育理念逐渐引起教育者重视。以学生为中心的教育理念充分体现了学生的主体地位，即学校的规章制度，管理，课程等的安排、设置都要以学生的需要出发，都要符合学生身心成长为前提条件。开放教育模式充分地体现了教育的内部规律，即以人为本，以学生为中心的理念。开放教育中，学生的学习时间是开放的，不是要在规定的时间内上、下课，完成所有学科的学习，而是学生根据自己学习的快慢进行自主学习。开放教育中的各种要素都是为满足学生需求而设置的，学籍的设置、考试注册、学习资源都以及一切的教学活动都是以满足学生身心发展的需要为前提的。充分体现了学生是学习的主体，学生可以根据自己的实际情况来安排学习时间和选择学习方式及学习内容，突出以学生为中心，避免传统教育中以教师为中心，教师讲授什么学生学习什么的被动情况。学生有学习的自主权，教师是学习的主导者。学校为学生提供自主学习的各种支持服务。在开放教育中学校为学生的自主学习提供丰富的学习资源便于学生选择适合自己的学习资料，提供便捷的网络技术手段方便学生获取网络资源和互相交流，建立自主学习互助组加强学生的互助。

3. 构建终身教育体系理念

随着社会发展速度的加快，科技的日新月异，人们面临着越来越多的新事物、新职业。这些都要求人们不断地更新自己的知识，不断地学习新的职业技能。这种情况要求人们不断地学习和接受教育、培训。“活到老，学到老”就成为人们唯一的选择。开放教育提供的不受空间和时间的限制的学习模式正好满足了“活到老，学到老”的要求。这也给了开放教育发展的历史机遇，不仅要大力发展学历教育，还应积极开拓其他教育模式，例如职业资格教育、岗位技能培训、在职培训及与此相关的职前培训和换职培训等非学历教育，为开放教育的发展开拓出广阔的空间，使其成为我国终身教育体系的重要支柱。

（二）高职教育办学理念

高职教育在我国发展很快，已占据我国高等教育的半壁江山。研究高职教育办学理念为高职教育的发展指明了方向。

1. 开放性教育理念

高职教育的根本目标是为我国培养面向生产、建设、服务和管理第一线高技能人才，而这个根本目标的实现是以突破传统的教育理念，实行开放式教育为前提的。高职教育只有坚持开放教育理念，才能够最大限度地体现教育的全民性和民主性，体现教育公平，在提高全民族素质，推进社会主义现代化建设，构建和谐社会中发挥更大的作用。

2. 强化实践性教学理念

高职教育虽然是高等教育，但不同于普通高等教育。高职教育的出发点是为社会服务，为学生服务，是以学生就业为导向，并且注重职业技能训练的教育。高等职业应突出职业教育特点，加强社会大量需求职业的培养。因此，教学目标的出发点是使受教育者具备从事某一特定的职业所必需的能力，所以它成为一种谋生教育。

3. 以培养技术型、技能型、应用技术型人才为目标的教育理念

高职人才培养目标是培养具有知识的、社会需求的高级技术工人，也就是以培养学生的动手能力为主，注重实践，在培养动手能力的过程中学习基本理论和基础知识。课程的设计和培养方案的制订都是围绕着学生实践能力的获得，动手能力的提高，职业素质的提升来设计；高质量“双师型”教师队伍是高职教育教学质量的保障；学校和社会用人部门的结合是职业素质提升的渠道，教师、学生、实践三者的结合、理论与实践相结合

是人才培养的可行途径。

4. 以职业需求设置专业的理念

本着为社会服务、为学生服务的理念，专业的设置也要从社会需求和学生需求出发，由按科目设置改为按岗位设置。才能更好地服务于社会和学生。专业的实践教学不但比重大，而且要优于理论教学考察。突出强调实践教学的重要性，为职业需求打下坚实基础，也为提高高职教育竞争力提供保障。

5. 面向大众化需要、多元化发展的理念

随着科技经济的快速发展，新的职位和新的职业层出不穷，这些职业对高技术人才的需求日益多样化和广泛化，高职教育应该在服务对象、专业设置、教学过程上更上科技经济的发展，并且始终面向最广大的需求，把办学触角延伸到社会各个行业，从而拓展招生空间和就业空间，才能使得招生规模不断扩大，才能使得培养过程更加切合实际，才能以更好地服务大众、满足多元化的发展需求。

6. 高职教育的终身化理念

高等职业教育分为学历教育和非学历教育。学历教育是一个相对短暂的教育，不是终生的教育。非学历教育却是一种终生教育形式，并且在高职教育中起着重要的作用。在知识更新周期缩短，新职业、新岗位、新行业如雨后春笋般的涌现的这个时代，人们逐渐认识到掌握先进的职业技能是生活不可或缺的事情，这可以为人们降低风险、抵御风险。终生的职业教育已成为一种必然趋势，它是国民教育体系的重要组成部分，也能为和谐社会的构建作出积极的影响，因此，创建完整的终身职业教育体系和平台已经成为世界的发展趋势。

通过对开放教育和高职教育的梳理、研究，可见开放教育和高职教育的办学理念有其共同之处：一是开放教育和高职教育都是以开放性为教育理念，开放是高等教育新时期发展的基本理念和重要动力，也是高职教育的基本特质和适应时代发展的必然选择；二是开放教育和高职教育都具有终身教育的特点，高职教育注重学生的基础知识学习、实践能力的培养；而开放教育注重职业素质的形成，学生学习不受时空的限制。

四、开放教育与高职教育的发展趋势比较

随着社会的发展和科技的进步，开放教育和高职教育都在向前发展，发展趋势的研究为开放教育和高职教育今后的兴办起到了积极的作用。

（一）开放教育发展趋势

1. 高新技术的应用

现代通信技术尤其是网络技术和卫星数字电视技术的应用是开放教育的保证和前提。多媒体技术、数据处理技术、虚拟现实技术为建设满足教学和学生学习需求的开放教育资源提供了必要的工具。各级各类开放学校的建设也离不开高新技术的支持。多媒体教室的设置、电子阅览室的运行、语音实验室的使用等都要多媒体技术、网络技术、信号与信息处理等高新技术的支持。开放教育的核心标志是信息技术的广泛应用，专业的高新技术将成为开放教育最为重要的趋势之一。

2. 教育的市场化

随着我国经济改革的深入发展，市场在资源配置的基础地位的确立，经济规律在各行业中逐渐起支配作用，教育市场化的发展比预期更加快速。各类开放院校为在市场化的环境下，谋求生存和发展都在厉兵秣马，不断加强学校各专业的建设，加强师资队伍，扩大办学规模，扩展办学层次。开放学校的这些举措都大大加强了高素质专业人才地培养，能够更好

地培养出地域需要的实用人才。从而在人才培养中取得优势，如此导致在激烈的市场竞争立足。伴随着社会市场化的深化，开放大学的市场化将会更加显著。

3. 市场竞争的激烈化

由于市场化、经济规律起着支配作用，现代社会中竞争将是各行各业的主旋律。各行各业的竞争是人才的竞争、是资源的竞争、是科技的竞争。再教育消费需求不断上升的今天，不断发展的普通高等教育和开放教育之间的竞争，普通高校之间的竞争，远程开放学校间的竞争将会更激烈。虽然远程开放学校与生源充足，师资强大的普通高校相比处于弱势，但仍然会引起在全国、甚至全球范围内产生竞争。市场竞争也会渗透到开放教育中，例如，目前学习支持服务系统已经出现多元化，多元化带来的竞争必然引起学校间公共服务体系之间的竞争。

4. 开放教育的产业化

在我国社会由劳动密集向知识经济转变的过程中，现代开放教育越来越多的向产业化发展。未来开放教育的运作一定是办学主体教育机构、企业、社会团体的联合，远程教育资源校际建设与共享以及远程教育资源的收费使用。

（二）高职教育发展趋势

1. 高等职业教育的需求将进一步增长

我国正处在深化改革，经济建设正处于转型期，处于小康社会全面建设时期、提倡创新，加快现代化建设时期，经济和社会发展都将面临很多重大而艰巨的任务。我国经济的中高速增长，产业结构的升级优化，高新技术企业的立，都需要大批能够解决生产技术难题的高技能人才，因此，高职院校的招生数量还会进一步的增长。

2. 提高教学质量和提升学校的竞争力

各地高职院校保持适度规模的前提下，将会把提高教学质量、提升学校的竞争力作为重点来发展。国家在“十一五”发展规划中，写入了“提高高等教育质量”，这是我国教育发展的一个重要战略任务。高职教育在前一段时间规模发展迅速，因此提高教育质量的任务更是艰巨。在以后的一段时间内，高职教育应该转变观念，积极主动地适应社会的需求，加强学校和企业的联合，大力培养适应现代化制造业、现代农业和现代服务业、现代化工业的高技能人才。为此，高职教育必须调整专业结构，加强师资队伍建设，努力增强内涵，将重点提高教学质量等举措来保持高质，高效的培养职业人才。

3. 高职院校的服务功能将会进一步扩大，基础建设将继续增强

在国家高水平示范性院校建设项目、“双师型”教师培训项目、职业教育实训基地建设项目一系列重大项目下，高职院校的硬件设施，例如，生均土地资源、生均校园建筑面积，教师综合素质，实习实训条件，“双师型”教师队伍建设、公共实训基地等，都将有显著的进步。学历教育和非学历教育并重，职前教育和职后教育并举，学历教育逐步转向终身教育，学历教育与职业培训结合等措施来增强社会服务的功能。

4. 学生来源的多样化

学生年龄放开后，大年龄的学生数量将增加，采用学分制，学习时间长短可变，学制灵活可变，适应了职业变化的需要，从而呈现出高职教育具有终生教育的特点。高职教育教育模式转变，学历和非学历教育多样化，并且逐渐的由传统的学院教育方式向职业导向的模式转变。

通过对开放教育和高职教育的发展趋势的考察，两种教育的发展趋势的异同可以总结为：第一，在社会主义市场经济下，开放教育和高职教育

都要面向市场，面向社会和经济发展需求，通过参加市场竞争找到自己的发展方向，虽然两种教育面向的市场和教育对象有差别；第二，开放教育和高职教育的学生生源都会朝着多元化发展，这两种教育都具有终生教育的特征，因此招收的学生年龄差异变大，年龄大的学生变多，学习的时间灵活可变，学制可长可短。

五、开放教育与高职教育是终身教育体系的两大支柱

《国家中长期教育改革和发展规划纲要（2010－2020年）》明确提出了“搭建终身学习”立交桥，促进各级各类教育纵向衔接、横向沟通，提供多次选择机会，满足个人多样化的学习和发展需要的目标。正确把握终身教育的内涵，确立终身教育理念，对于全面理解开放教育、高职教育，促进我国终身教育的深化和全面发展，以及促进我国各级各类教育的改革和发展将具有重大的意义。

（一）终身教育的内涵

首次提出“终身教育”思想的是法国教育家保罗·朗克朗，他在1970年发表的《终身教育导论》一书中提出：“教育不仅限于儿童和青少年，应贯穿于人的一生，即必须终身接受教育。政府应该有组织、有计划地为每一个人一生中的任何时候提供其所需教育和学习的机会。”①

1967年，联合国教科文组织确定了“终身教育”的含义，即：第一，必须对个人从出生到死亡之间的学习进行全面规划，学校教育和社会教育要贯穿人的一生。第二，必须避免所要学习的内容之间互不连贯，如普通教育与职业教育之间不应产生矛盾，而应有整体性和连续性，并用“全人教育”观点把两者加以统合。

---

① ［法］保罗·朗克朗：《终身教育导论》，华夏出版社1988年版。

许多国家在联合国教科文组织的积极倡导和推动下，通过报告或立法手段促进终身教育的顺利实施，把终身教育理论作为本国教育改革的基本原则和指导思想，有些国家还颁布了《终身教育法》。我国颁布的《教育法》第11条规定："国家适应社会主义市场经济发展和社会进步的需要，推进教育改革，促进各级各类教育协调发展，建立和完善终身教育体系。"这是我国第一次以法律的形式确立了终身教育应有的地位。美国设立终身教育局，并颁布了"终身学习法"。日本通过了"终身学习振兴法"，并与"学校教育法""社会教育法"并列为教育基本法。中国通过"面向21世纪教育振兴行动计划"，提出要在2010年基本建立起终身学习体系。与此同时，继1969年英国开放大学正式建立以来，美国（学院式中心）、加拿大（无围墙大学）、中国（广播电视大学）等许多国家也积极进行终身教育实践，探索多种多样的终身教育模式，终身教育成为未来教育不可逆转的趋势。我国计划到2010年要基本建立终身教育学习体系，这个体系要实现基础教育、职业教育、成人教育和高等教育相互衔接；正规教育、非正规教育、非正式教育相结合；职前教育、职后教育和培训相贯通；学校教育、家庭教育、社会教育相互配合。从我国提出的终身教育战略内容可以看出，职业教育已经纳入我国终身教育学习体系之中，成为终身教育的一个重要组成部分①。

终身教育思想改变了教育的传统模式，把人们从"一次性的学历教育"中解放出来，促使教育实现了由"集中时间学习"到"终身开放学习"、从"学校教育"到"社会教育"、从重"学历"到重"职业资格"的飞跃。

（二）终身教育的特征

1. 连续性

在人的一生中，每一个阶段都应该有受教育的过程、学习的过程。在

---

① 何绚：《浅论终身教育背景下的职业教育》，《湖南工程职院报》。

人的生命旅程中，连续性的学习贯穿始终。每个人的不同学习阶段应该是衔接的，构成一个有机的整体，而不同于传统教育把某个年龄阶段专门用于受教育。我们应当在教育制度的设置上，涵盖从出生到死亡的每一个阶段，而且各个阶段相互连续，受教育的途径可以是正规的，也可以是非正规的。

2. 开放性

终身教育不仅在人上具有开放性，在教学、管理等方面还具有开放性。首先，受教育的主体具有开放性，无论具有什么样的学历、经历，不分年龄、种族、性别、国籍、等级、高低贵贱都可以接受终身教育，面向全体社会成员开放，为他们所共有；其次，在教学方面具有开放性，无论教学过程、教学方式、教学资源等都具有开放性，可以与各类教育共享、共用；最后，在教学管理方面具有开放性，终身教育是以自学为主、教师指导为辅助的教育①。自主学习的方式具有个性化，学习时间可选择。学习内容个性化。无论何时何地学生的学习都可以进行，学习不受时空的限制。

3. 紧密性

教育改变生活，教育内容应当与现实生活紧密相连。人们为满足生存需要接受终身教育，不断地充实自己、提升自己，已获得更大的自身发展机会②。生存需要包括身心健康需要、培养下一代需要、审美要求需要、构建良好人际关系需要以及适应变化要求需要等。生活有哪些需要，教育就应当有哪些准备。

---

① 周蔚：《远程开放教育人才培养模式改革研究》，安徽人民出版社 2002 年版。

② 陈庚、徐峥：《新时期远程高等教育人才培养定位辨析》，《开放教育研究》2011 年第 5 期。

4. 终身性

对于传统的教育方式是先学习后工作，而对于终身教育来说学习和工作两不耽误，学习者可以终身学习①。

（三）终身教育体系中的开放教育

开放教育是我国终身教育体系的重要组成部分，它为实现终身学习提供了现代教育技术手段和丰富的学习资源，改革了学习方式、适应了社会和个人发展需求，在终身教育学习体系建设中发挥着重大的作用②。

1. 开放教育使终身学习成为可能

（1）根据社会需要设置专业

开放教育将教育拓宽至终身，实现了从出生到死亡的每一个阶段的覆盖。目前，开放教育的专业设置包括会计学、法学、工商管理、金融学、计算机科学与技术、英语、汉语言文学、物流管理、公共事业管理、小学教育、行政管理、社会工作、广告学、经济学、护理学、金融学、园艺学等。专业设置已经深入到社会生活的多个方面，并且这种课程设置是一种开放的状态，是一种动态的过程。随着社会以及社会成员的需求而建立。

（2）面向所有社会成员

开放教育面向所有社会成员，满足他们的学习需求，它以全体社会成员为培养对象，尽可能实现教育公平。教育对象已经覆盖了工、农、商、学、兵、护士等多种社会成员，并且有覆盖全体成员的趋势。

---

① 林金泉：《论成人教育在终身教育理论体系中的地位和作用》，《成人教育》2011 年第 9 期。

② 李波：《终身教育视野中的远程开放教育》，《吉林广播电视大学学报》2009 年第 4 期。

2. 开放教育为终身学习提供了教育内容和教育方式上的保证

（1）教育内容

开放教育内容涉及社会生活的各个方面，为不同学习阶段的学生提供了与之相适应的学习内容。学习资源比较充足，有文字教材、音像教材、网络实时资料等媒体教材。依托开放教育在线平台，实现教育资源共享，极大地丰富了教育内容。

（2）教育方式

开放教育的教育方式一般分为集中面授辅导、网上学习等方式。教师利用有限的集中面授时间，讲授教学重点、难点内容，指导学生理解、接受新知识、新理论、新技能。

3. 开放教育为终身教育提供了开放的选择机会

开放教育学生可以自主选择课程安排，为每一个社会成员提供了平等的求学机会。学生们可以自由地选择学习内容、学习时间、学习地点、学习进度、学习教材。也可以多次重复学习，每一次学习都会得到同样的学习支持服务。

总之，开放教育是我国终身教育的重要组成部分，是我国建立和完善终身教育体系不可或缺的一环，是一支重要的教育力量。

（四）终身教育体系中的高职教育

高职教育是我国终身教育体系的重要组成部分，它和终身教育两者有着千丝万缕的内在联系，两者可以做到相互促进、相互配合。

1. 高职教育在终身教育体系中起衔接作用

高职教育是一个连接普通中等教育、中等职业教育、成人教育甚至是“非制度化教育体系”与更高层次高等教育正常相通的节点。高职教育学习期间或毕业之后再通过普通高校插班生入学考试、自学考试、成人高考或网络教育等途径实现学历提升。

2. 高职教育为终身教育提供场所

在终身教育时代，高职教育的内涵和外延已经发生变化。高职院校以其开放、灵活的办学形式，面向全体社会成员开展着学历教育和非学历教育、岗前培训和转岗培训、岗位培训和职业资格培训、长期培训和短期培训。因此，高职院校已经成为终身教育学习的场所。

（五）开放教育与高职教育是终身教育体系的两大支柱

通过对终身教育的内涵、特征的梳理和研究不难看出，开放教育和高职教育是终身教育体系的两大支柱；首先，终身教育是大众教育，开放教育和高职教育也具有大众教育的功能。满足终身教育的特征；其次，终身教育的灵活性，在开放教育中得到淋漓尽致地体现，高等职业教育根据需要设置专业也符合了终身教育的灵活性要求；再次，终身教育的自主学习、开放性等特征在开放教育和高等职业教育中也有充分体现；最后，终身教育的终身性，更是开放教育和高职教育的根本属性。因此，开放教育和高职教育是终身教育体系的两大支柱。

21 世纪知识更新日新月异，求学者短暂的学习已经不能满足社会的需要、发展。开放教育与高职教育作为终身教育的两大支柱，必将受到人们的重视，两者的融合、取长补短、优势互补是高等教育发展的方向，以促进两种教育形式在终身教育体系中更好地发挥作用。开放教育有其独特优势，高职教育也颇具特色，两者的融合发展，反映了我国高等教育体制改革和贯彻落实国家教育规划纲要的现实要求，也为地方广播电视大学利用职业教育资源促进战略转型，“建设新型开放大学”构建开放大学多元化发展提供了新的思路。

第 三 章
开放教育与高职教育一体化办学的现状

随着职业教育与开放教育的培养目标日趋接近，两种教育一体化办学的需求日趋明显，举办开放大学的省级电大同时设立高职院校的情况也日趋增多。据统计，在全国 44 所省级电大中，有 27 所拥有全日制的普通中等、高等职业技术学院①。而在全国各市、县级电大中，有一半以上存在电大开放教育与中职教育、高职教育并存的独特“两校一体”现象。远程开放教育与职业教育一体化办学是否符合教育规律？应建立起什么样的合作互通人才培养模式？二者一体办化办学应是怎样一种发展趋势？研究和回答这些问题，需要了解国外教育发达的国家在这方面的经验，更需要在我国这一领域特色的实践中寻找办学理念、培养模式和互动机制。

一、国外一体化办学的实践探索

国外现代远程教育和职业教育包括高职教育相互沟通与合作方面已经有了许多成功的实践，并已经建立了较为成熟的一体化办学模式。在一体化办学实践的基础上，各国相应建立了支持一体化办学的学分互认制度，促进和保证职业教育和现代远程教育合作和融合。

---

① 郭庆、余善云:《“两校一体”：中国开放大学办学模式的理想选择——以重庆广播电视大学为例》,《中国远程教育》2014 年第 8 期。

(一)国外一体化办学的典型经验

国际上远程教育与传统教育的办学模式正在走向融合，两者的界线越来越模糊，其中以美国、澳大利亚、英国等较为完善并各具特色。

1. 美国两年制社区学院与四年制大学合作模式

美国长久以来十分重视对国家高等教育体系和结构的建设。遍布美国各地的社区学院，可谓是美国高等教育体系和结构建设的主力军。美国社区学院起源于19世纪90年代，当时的芝加哥大学把大学分为两级学院：三四年级为高级学院、一二年级为初级学院。这个初级学院就是社区学院的雏形①。后来，美国高等教育委员会将初级学院定名为社区学院。学生可以将在社区学院修得的学分转移到四年制大学继续学习，以获得学士学位。

美国高等教育体系和结构的建设实践主要在两年制社区学院与四年制大学之间进行的。在这种体系下，公立与私立大学并立，全日制与非全日制并行。学校面向一切有志学习者开放，并且可以为学习者提供灵活多样的学习方式，学生可以根据自己的情况来选择适合自己的学习方式，可以全日制学习，也可以利用业余时间学习；可以选择参加面授，也可以选择远程学习模式。这种高等教育体系和结构使普通教育、成人教育和远程教育相互融合，几乎没有区分②。

2. 澳大利亚的高职教育与远程教育合作办学经验

澳大利亚的高职教育称为TAFE学院（全称：Technical And Further

---

① 杨晨、顾凤佳：《国外学分银行制度综述》，《中国远程教育》2014年第8期。

② 李林、曾艳龄等：《构建各级各类人才培养的“立交桥”之略见》，《云南电大学报》2011年第11期。

Education 即职业技术教育学院），它与大学与中学教育之间建立一体化办学的“立交桥”。澳大利亚在高中阶段开设 TAFE 课程，学分进入 TAFE 学院后即被认可，以避免重复学习。同时，在 TAFE 学院学习的学生，其各门课程只要有 80% 左右与普通高校有关课程的内容相同，普通高校就承认其学分。学生毕业后就可以凭借其累积的学分，直接进入普通高校的大学二年级继续学习①。

澳大利亚十分重视远程教育。1993 年，成立了专门从事远程教育的非官方代理机构“OLA – Open Learning Australia”（简称 OLA），它实际上是澳大利亚远程教育的一个联合体。据 2003 年年底数据统计，已经有 40 所 TAFE 学院及高等教育机构加入了 OLA。学生到 OLA 学习，可以不受年龄、地域和入学前学历和资历的限制，获得学位，可以成为普通高校大学生，可以更新技术技能，可以通过 TAFE 提供的课程完成职业技术和技能训练，获得就业资格证书。TAFE 学院与 OLA 的合作使得澳大利亚的职业教育与远程教育实现了很好的沟通与对接，为更多的人提供了灵活的学习机会②。

3. 英国职业教育与普通教育融合的经验

从 20 世纪 70 年代开始，英国力图在保持原有学术教育优势的基础上大力发展职业教育，试图通过职业教育与普通教育的结合来弥补单一教育类型的不足。1985 年，英国政府通过对职业教育现状的分析和研究，提出了对于人员就业上岗、培训和人员的使用都要有一套通用、统一的资格标准，这一标准将职业教育与普通教育建立了等级对应关系。1988 年，英国开始正式实行国家职业资格证书制度（National Vocational Qualification）。这种制度包括 11 个能力领域。每个领域还包括数量不等的专业或职业方

---

① 张康庭、杨平：《澳大利亚远程教育考查散记》，http：//www.docin.com/p－507005453.html，2001 年 8 月 27 日。

② 潘天华、唐祥金等：《“现代远程开放教育与高职教育的沟通和合作”综合研究报告》，《镇江高专学报》2004 年第 2 期。

向。职业资格证书制度共分为五个等级：第一级和第二级相当于普通中学（介于我国的初、高中之间）合格证；第三级相当于普通教育；第四级相当于非学位和大学学位高等教育的文凭；第五级相当于研究生学位。这种制度结束了以往多种证书互不认可的状态，有效地将以往的职业资格证与普通教育证书对等起来，提高了职业资格的地位。1993 年，英国国家职业资格委员会又推出了普通国家职业资格证书（General National Vocational Qualification）。将普通国家职业资格证书分为基础级、中级和高级三个等级，其包含的职业能力更加宽泛。当学生获得某一等级的普通国家职业资格时，可以选择就业，也可以继续攻读高一级的普通国家职业资格，也可以进入高一级的普通教育机构学习。由国家职业资格证书制度向普通国家职业资格证书制度的发展是职业教育和普通教育实现一体化发展的保障，它将普通教育与职业教育真正融合起来，实现了二者的一体化发展①。

4. 德国企业培训与学历教育融合的校企合作经验

德国一体化办学的杰出贡献是职业教育校企合作的经验，最为著名的是双元制和现代学徒制。德国双元制职业教育出现于 1870 年，这一阶段工人在工厂工作，同时接受教育，但这种职业教育很分散，各个行业分别进行。1890 年，德国初步形成双元制基本理念。1908 年，德国颁布《手工业法》，完善了学徒制度。1925 年，一些大的工厂开设学习工厂，即专门的练习车间，师傅在其中教学徒，但这种形式学徒的生产和学习的效果不好。1948 年，原联邦德国成立前夕，其教育委员会正式提出了校企合作的“双元”特性。1969 年，原联邦德国颁布了《职业教育法》，双元制职业教育的地位以法律的形式正式确立，双元制和现代学徒制走向成熟。1990 年，两德统一后，原联邦德国实行的双元制职业教育体制全盘引入到原民主德国地区。在德国双元制职业教育中，教育企业和职业学校的“两元”，

① 吴剑丽、吴光：《英国职业教育与普通教育一体化发展探析》，《当代教育科学》2010 年第 11 期。

相辅相成、缺一不可。为保证双元制和现代学徒制的有效运行，德国采取了强有力的保证措施，主要表现为五个方面：一是由政府主导并有健全的法规支撑的校企合作机制，包括《德国职业教育法》《高职教育促进法》《改进培训场所法》《成人教育法》等，以立法的形式规定了企业在校企合作中应承担的责任和义务；二是普遍建立了校企合作的专业委员会制度。德国每所职业学校都设立由企业人员与学校代表合作组成的专业委员会，进行综合决策，并由学校教师和企业人员共同完成教学任务；三是建立了政府干预的“利益共享”动力机制。德国政府专门设立的“产业合作委员会”，负责对参与技能人才培养的校企双方进行监督与调控，对积极参与校企合作人才培养的企业给予财政补助，适当免除部分国税；四是实行了以企业为主体的校企合作体制。在职业教育的实施过程中，企业方面发挥着主导性的重要作用，学生在企业进行生产技术培训的时间也占到总学时的2/3左右；五是建立了多家联合的跨企业培训机制，由多家企业和若干所学校联合起来开展职业技术培训教育①。

（二）服务于一体化办学的学分银行制度

学分银行制度的本质是终身学习背景下学习成果认证、转换与积累制度。国际上在开展此项制度建设时，使用的名称和建设的重点各不相同，较有特色的主要有美国课程衔接模式下的学分互认制度、澳大利亚国家资格框架下的学分互认制度、英国资格与学分框架制度和韩国学分银行制度。

1. 美国课程衔接模式下的学分互认制度

美国的学分互认制度最早是在社区学院开展的。社区学院被认为是美国最成功的高等教育模式之一，其转学功能主要是通过建立社区学院与四

---

① 王联翔：《德国职业教育校企合作的启示》，《工业技术与职工教育》2013年第3期。

年制大学或学院之间完善的课程衔接和学分互认制度来实现的。社区学院招收高中毕业生，并开设四年制大学或学院一、二年级的普通教育课程，通过与四年制大学或学院的课程对接和学分互认，使有需求的学生在社区学院学习两年后可以转入四年制大学或学院继续学习。但在这一过程中，由于美国普通教育课程包括语言、数学、人文和艺术、自然科学、社会和行为科学五大领域，课程科目复杂多样，社区学院与四年制院校之间难以在同一专业上实现课程对接和学分互认，使得社区学院的转学教育发展受阻。在此背景下，美国各州开始尝试签订转学协议，推行核心课程，并以此作为教育机构间学分互认的标准，而所谓核心课程即从普通教育课程中筛选出的最基本和最具有代表性的课程。这样一来，原本纷繁复杂的转学课程就变得清晰和确定，并在此基础上，科学设计了相应的普通教育课程编码系统，大大推进了社区学院与大学以及社区学院之间的学分和课程互认。目前，签订转学协议进行课程衔接互认是各州最普遍的做法，截至21世纪初，全美已有百分之八十以上的州签订了院校间转学合作协议①。

2. 澳大利亚国家资格框架下的学分互认制度

澳大利亚于1995年开始在全国统一实行国家资格框架（Australian Qualification Framework），制订了统一的课程标准和学分转换标准。该框架将澳大利亚的义务教育、职业教育和高等教育三大教育体系较好地融合在了一起，为各级教育间的资历认证、学分转换，不同学院之间的课程衔接以及学生在不同教育体系间的转学或继续学习提供了较为权威的保障。其中，职业教育是连接义务教育和高等教育的桥梁，在三大教育体系中起到了上下衔接的作用。一方面，高中教育阶段，学生除了学习那些可以获得高中毕业证书的课程，还可以自由选择学习职业教育课程。学生高中毕业进入TAFE学院后，在高中阶段获得的职业教育课程的学分可以获得认可，

---

① 胡新生、武剑等：《国外学分互认制度对我国中高职与开放教育衔接的启示》，《天津电大学报》2014年第1期。

并可接着学习后续的课程模块，取得相应的职业资格证书和文凭；另一方面，学生从TAFE学院毕业并取得第七级的高级文凭后，可将获得的学分转换到普通高等院校，继续学习一年，即可获得第八级的大学本科学位。普通大学毕业生凭借自己在普通高校所获得的相应课程的学分，也可以进入TAFE学院学习，以便获取自己需要的职业技术等级证书。澳大利亚通过国家资格框架进行学分互认，实现了各种证书、学历间的逐层递进，彼此互通，保证了义务教育后各种资格和学历证书可以在全国范围内具有统一的标准，有力地促进了澳大利亚各种资格证书在国内和国际上的认可①。

3. 英国资格与学分框架制度

英国是世界上资格制度比较健全的国家之一，在普通教育、职业教育与高等教育之间对接、互换与融通方面具有很多创新实践和经验。英国早在2000年就发布了5级的《国家资格框架》（NQF）；2004年发布实施9级的《国家资格框架》（NQF）；2011年发布实施《英国资格与学分框架》（QCF），实现资格框架与学分制度融合。QCF独特之处在于其基于学分的标准体系以及保证标准体系规范、高效运行的组织机构、运行机制和质量评价与保障体系。标准体系是QCF的核心内容与特色所在，突出特点在于该标准体系是基于学分的，即以学分作为学习成果的统一计量单位。QCF共分为九个等级，由入门级到八级，每一级都从知识与理解、应用与行动、自主与责任三个维度进行描述，还引入学习量的概念，根据学习量的大小，将资格分为认证（需要1—12个学分的学习）、证书（需要13—36个学分的学习）和文凭（需要37个学分及以上的学习）三种类型②。在英国资格与学分框架下，学分的利用更加灵活，学分的获得是完全基于是

① 胡新生、武剑等：《国外学分互认制度对我国中高职与开放教育衔接的启示》，《天津电大学报》2014年第1期。

② 卢玉梅、王延华等：《英国资格与学分框架（QCF）标准体系探究》，《网络教育与远程教育》2013年第10期。

否达到相应的能力结果的，无论学习是在什么时候、什么地方，以什么形式开展的。它体现了此次改革要建立“全纳的”资格框架目标①。

4. 韩国学分银行制度

韩国是世界上第一个提出并实施学分银行制度的国家。1996 年，韩国提出了学分银行具体实施方案，并开展试点运营②。韩国的学分银行借鉴了银行运行体制，包括存储学分，汇兑学历和证书。它是一种开放的教育制度，认可在学校内和学校外的各种不同的学习经历。韩国学分银行具有记录和累积功能，当学生积累的学分达到学分银行所规定的数量时，就可以向韩国教育开发院或者省教育办公室申请学分认证，经核实该教育机构的有效资格，证明学分的有效性，学习者就可以从韩国教育部或者相关大学获得学位。为了提高学习者的综合素质并保证学习者知识掌握的全面性，学分银行制还规定不同类型课程所获得的学分要有一定的比例，其中包括一般文化类课程、专业类课程、选修类课程和其他类型课程等。按照规定，两年制准学士学位需要获得 80 学分，三年制准学士学位需要获得 120 学分，学士学位需要获得 140 学分。在韩国，学分银行连接了大学、大专、自学考试、补习班等多样的正规和非正规的教育模式，最大特点是打破了传统的专业、学习时段和学习机构的束缚，使学习者在数年内连续或间断学习所获得的各类学分可以加以累积，因而受到了社会学习者的广泛欢迎③。截至 2013 年 8 月底，韩国学分银行制系统包括 218 个专业、6112 个教学科目、567 个评价认证机构的 27019 门课程，登录注册人员高达 13 万人，毕业生人数将近 7 万人④。

---

① 关晶：《从 NQF 到 QCF：英国资格框架改革的新进展》，《江苏技术师范学院学报》2009 年第 10 期。

② http：//edu. sina. com. cn/a/2014 – 03 – 12/1359240570. shtml.

③ 陈晶晶、陈龙根：《韩国学分银行制及其对我国构建完全学分制的启示》，《高等农业教育》2010 年第 8 期。

④ http：//edu. sina. com. cn/a/2014 – 03 – 12/1359240570.

二、我国一体化办学的实践探索

21 世纪以来，全国各级广播电视大学和职业教育院校之间的合作办学日趋紧密。各省级电大围绕着两种教育一体化建设开展了诸多尝试，也总结出了一些较为成功的案例。例如：重庆电大的“双模式”和深圳电大的“直通车”模式等。国家开放大学从继续教育培养职业教育人才的角度也进行了诸多改革，这些案例是研究一体化办学典型素材。

（一）重庆电大的“双模式”办学实践

2005 年，教育部批准成立重庆工商职业学院。经过重庆市委、市政府决定重庆广播电视大学、重庆工商职业学院实行两块牌子、一套班子的管理体制，揭开了重庆广播电视大学开放教育、高职教育双模式办学（以下简称“双模式”办学）的新篇章。重庆电大“双模式”办学的主要特色体现在抓住了两种模式融合的几个关键要素，使得两种模式在一个学校中的融合更加协调、顺畅，具体体现在以下四个方面：

1. 一体化的发展战略

2005 年以来，重庆电大始终坚持“一体两翼”（以远程开放教育为主体，以高职教育和继续教育为两翼）的发展战略。鉴于开放教育与高职教育在人才培养目标定位上有趋同性，在教育目标和课程设置上并没有本质差别，只是在教学组织形式和学习方式上有所不同。在实践上，高职教育的应用型人才培养理念、工学结合的人才培养模式、专业建设、课程建设、队伍建设能够为开放教育发展提供条件和保障；开放教育的开放观念、资源建设、学习平台建设、信息化建设、现代教育技术手段、学生自主学习方式等又能够有力地促进高职教育的教学改革。这种互补性是重庆电大坚持双模式办学的深度融合、共建共享的基础。

2. 一体化的师资队伍

在双模式办学中，重庆电大把师资为主体的队伍建设摆在突出位置。在2009—2012年间，学校投入500万元，用于专任教师的各类培训。要求所有的专任教师都必须进行开放教育和高职教育的教育理论、教学方法及教育技术培训。同时，加大专业教师到基层电大巡教，到企业挂职锻炼，到国内外著名高校培训的力度，努力提高一线教师教学和科研能力。在"双模式"的办学实践中，重庆电大着重加强两种办学模式在师资方面的融合和共享，实现人力资源的一体化。

3. 一体化的组织体系

目前重庆电大的高职教育的二级学院均为一套班子两块牌子，同时负责高职教育、开放教育和成人教育的专业建设、课程建设、理论教学、实践教学、远程教学指导、答疑辅导及其他学习支持服务，甚至包括后勤保障等方面。建立了双融合的管理体制、教学体制有力地促进了高职教育和开放教育人力资源、管理资源的充分利用和融合，实现了组织体系的一体化，为双模式办学得以顺利实施提供了保障。

4. 一体化的教学改革

重庆电大结合开放教育和高职教育的模式，与政行企校等单位以"合作办学，合作育人，合作就业，合作发展"为切入点，围绕"校企融合，过程导向，工学交替，能力递进"创新人才培养模式。通过到企业和用人单位深入调研，根据各专业学生职业岗位涉及的典型任务、典型工艺和典型流程，引入职业资格标准，构建基于职业岗位工作过程的课程体系。按照校企共建、共管、共享原则，依托校企合作单位，由学校专任教师和企业技术骨干共同组建专业"双岗双责"教学研发团队，聘任（聘用）专业人才和能工巧匠作为兼职教师，建设专兼结合、结构合理的教学团队，开展一体化教学改革和探索①。

(二) 深圳电大的“直通车”模式实践

深圳电大以就业为导向，创新教育模式，为初中毕业生量身订制了比较理想的中职、大专连读模式——“中职—电大直通车”学分制连读培养模式（简称“直通车”）。该模式得到深圳市教育局的批准和支持，于2009年9月正式开始在直属深圳市开放职业技术学校试点招生。“直通车”模式的特色在于建立了中职教育和开放教育的纵向衔接，典型特色体现在以下四个方面：

1. 人才“直通车”培养模式

深圳电大“直通车”模式以学分制为基础，培养过程包括两个阶段：中职阶段：学制为2—5年，在此期间学生每学期可以选修一门直通车课程（电大专科课程）。学习能力较强的学生，如果在两年内通过四门直通车课程考核，修满150学分，可获得中职毕业证书，进入开放教育大专阶段学习。如果学生在两年内未能通过四门直通车课程考核或未能修满150学分，则需继续中职学习，直到修满中职最低毕业学分170学分，获得中职毕业证书后才能进入大专阶段学习。大专阶段：学制为2.5—8年，此阶段承认学生在中职阶段修读的直通车课程学分。学生修满76学分，最短2.5年可获得由中央广播电视大学颁发的大专毕业证书。

2. 一体化的培养专业

到2012年，深圳电大在“直通车”的模式中，选择了8个中职与开

---

① 刘建生、周志钢、卢跃生：《互融合相得益彰双模式促进发展——重庆广播电视大学开放教育、高职教育双模式办学的实践探索》，《重庆广播电视大学学报》2013年第4期。

放教育相同或相近的专业进行对接，这些专业的选择以灵活性和前瞻性为原则，依据社会经济发展“以销定产”。所有对接的 8 个专业都紧贴深圳文柱产业和市场需求。另外，“直通车”模式专业具有职业性和就业适应性，强调综合职业能力的培养，符合社会对人才的需求。同时，专业的对接并不是简单地课程罗列和套读，是要将两种教育的专业培养方案和专业课程设置进行比对，结合课程知识点的深度和广度，合理地设置一体化的培养方案和专业规则。

3. 一体化的教学计划

教学计划的整合主要针对学制、培养目标和实训进行。第一，要统一实行学分制。为保证“直通车”教学计划的实行，使中职教育与开放教育有效地沟通和衔接，中职教育教学计划要将学年制改为学分制；第二，要统一培养目标。中职教育与开放教育的培养目标都存在着“技能性”“职业性”“实用性”等共同点，只是在程度上存在差异。两个阶段培养目标的有机契合，可使“直通车”模式培养出来的学生成为具有较高技能的专业化优质人才；第三，要统一安排实习实训。中职学生顶岗实习时间不得少于一年，教学计划在保证实习总学时的前提下，突出了“做中学、做中教”的职业教育特色，建立了教学实习——顶岗实习——专业见习——综合实训——就业一体化实习模式。

4. “直通车”课程

“直通车”模式采用模块式课程衔接的方法对课程进行统筹安排，通过对中职课程和大专课程内容及功能的分析，找到结合点，合理设置“直通车课程”。在“直通车”模式中，中职阶段和大专阶段课程的融合主要是通过“直通车课程”来体现的。“直通车课程”一般为中央电大统设课或市设课，在中职阶段开设，学生每学期可以选修一门。学习能力较强的学生，如果在中职阶段两年内通过四门直通车课程考核，修满 150 学分，可获得中职毕业证书，进入开放教育大专阶段学习，否则不能进入大专阶段的学习。“直通车课程”的设置充分考虑了中职与开放教育整体知识的连贯性、全面性以及学生的接受能力。学生只要通过电大统一组织的“直通车课程”考试，即可同时获得中职和大专的学分，避免了重复学习①。

(三) 国家开放大学探索面向职业教育的人才培养模式

对于国家开放大学如何探索面向职业教育的人才培养模式，国家开放大学副校长严冰在2014年度职业教育与继续教育工作会议上明确指出了五个方面的改革，这些改革将为开放教育与高职教育开展一体化办学打下坚实基础。

1. 人才培养目标、教学内容和课程体系改革

根据国家加快发展职业教育的要求，适应在职成人学生特点和多样化终身学习需求，国家开放大学正在制订并已同步实施教学改革要点。包括重新定位人才培养目标，从学历补偿教育向职业性、应用型人才培养转变；改革教学内容和课程体系，构建凸显职业特征、学历教育与非学历教育沟通的课程体系；全面修订本、专科专业教学计划，压缩基础知识课程，加大职业技能类、职业证书类课程，增设有助于提高学生职业素养及信息技术素养的通识类课程。

2. 面向行业和特定人群开展提升职业能力的继续教育

为落实国务院常务会议加快发展现代职业教育精神，适应产业结构调整升级需求，国家开放大学近期启动“新型产业工人培养和发展助力计划”，与行业、企业及工会系统等合作，为企业职工开展学历与非学历继续教育，服务企业转型升级，助力职工成长发展提供教育培训服务。同

① 田秀莉、古义权、邱庆荣：《“中职—电大直通车”学分制连读培养模式的探索》，《当代职业教育》2012年第7期。

时，继续推进已经启动十年的“教育部一村一名大学生计划”，以培养有文化、懂技术、会经营的新型农民为目标，进一步强化农村高等职业教育特色；适应国防和军队改革的新需求，推进部队士官远程教育向军事职业教育的转型；面向残疾人开展职业教育、岗位培训及实用技术培训，提高残疾人就业和平等、充分参与社会生活的能力。

3. 探索“六网融通”教学模式促进优质资源共建共享

国家开放大学推进信息技术与教育教学深度融合，探索以学习者为中心，网络核心课程、网络学习空间、网络教师团队、网络支持服务、网络学习测评和网络教学管理“六网融通”的教学新模式。推进国家数字化学习资源中心建设，促进优质数字化学习资源的共建共享。目前，已在全国126所中高职院校、61所地方电大建立187个数字化学习资源分中心，集聚国内外各类优质课程3.3万门，建成8000门五分钟课程。

4. 与行业、企业合作办学

国家开放大学正在进一步探索与行业、企业等合作办学的新模式和新机制，整合利用社会教育教学资源，以更加有效地为学习型行业、学习型企业建设服务。2013年，已与相关行业合作，成立了10个行业学院，以非学历继续教育为切入点，合作开展职业资格证书、职业技能培训等项目，共建行业亟须的课程和专业，共同制订人才培养方案，共同实施人才培养过程。

5. 积极推进学分银行建设搭建终身学习“立交桥”

建立学分积累与转换制度，是现代职业教育制度建设的重要内容。国家开放大学大力推进学分银行制度建设试点，探索通过学习成果的认证、积累和转换，促进各类学习成果的纵向衔接、横向沟通，搭建终身学习“立交桥”。现已完成基础理论研究、运行制度框架搭建工作，在全国试点建设学习成果认证分中心，与行业合作制订认证、转换的单元标准，为各种职业证书制定转换规则，正与部分行业合作启动学习成果互认试点①。

三、我国学分银行服务一体化办学的实践尝试

21 世纪以来，借鉴国外一体化办学的经验，我国十分重视学分银行的本土化实践。这一时期的学分银行建设经历了两个阶段，即 2004 年以来以配合职业教育改革为目的而启动的学分银行建设探索和 2010 年以来以推动全民终身学习为目的而启动的学分银行建设探索②。从建设进展来看，上海、江苏、云南、广东、北京和国家开放大学均已建立了学分银行机构。从建设效果来看，上海市和国家开放大学建立的学分银行较有特色。

（一）上海市终身教育学分银行建设实践

学分银行作为一种制度，其建设目的是为了进一步打通各类教育之间、学校内教育和学校外教育之间的隔阂，促进优质教育资源的整合和交融，以加快推进终身教育体系的构建。因此，上海的学分银行是专门服务于市民终身学习的，它是终身教育体系和学习型城市建设的重要组成部分。

1. 上海终身教育学分银行的定位

上海终身教育学分银行作为搭建终身学习“立交桥”的一项制度，是面向市民终身学习，关注的是正规教育和非正规教育以及各类教育和学校之间的沟通和衔接，它包含了中学后教育与大学教育之间的衔接，也包含了职业培训与学校教育的衔接，以及各个高校之间的沟通衔接，还包含了休闲教育的认证和累积。它是架构起整个终身教育“立交桥”的枢纽，使

① 严冰：《探索体现终身教育思想和开放大学特色的职业教育人才培养模式》，http://dianda.china.com.cn/news/2014-05/14/content_6923038.html。

② 杨晨、顾凤佳：《国外学分银行制度综述》，《中国远程教育》2014 年第 8 期。

学习者可以自由穿梭于各种教育、培训、文化机构之间，可以在证书、课程、文凭、学位之间进行通融转换①。

2. 上海终身教育学分银行机构建设

上海终身教育学分银行的主体机构为学分银行管理中心，作为学分银行常设机构设在上海开放大学。学分银行管理中心下设学历教育学分认证部、职业培训学分认证部、文化休闲教育学分认证部、信息系统部和综合管理部。同时建立覆盖上海市各区县的学分银行分部系统，负责学分银行学习者注册、学习者学分初审、学分银行的信息咨询和宣传等工作②。

3. 上海终身教育学分银行阶段性成果

上海终身教育学分银行目前已取得三项阶段性成果。一是制订了学分银行认证标准体系。该标准体系包括学分类型、学历教育专业课程认证标准、职业培训证书学分认证标准、文化休闲教育课程学分认证标准以及学历教育与职业培训等各类教育沟通的认证标准。二是建立了学分认定、累积和转换制度。针对学历教育设立原始学分存储制度和学分认定制度、学分积累与转换制度；针对职业培训板块设立证书认证制度、证书认定制度、学分积累与转换制度；针对文化休闲教育板块，设立机构认证制度、课程认证制度、学分存入与累积制度。三是已经开户营业③。截至2013年年底，全市已经有40万名学习者在上海市终身教育学分银行开户注册④。

---

① 杨敏、孙耀庭：《态势分析法视野下的上海市终身教育学分银行建设研究》，《现代远距离教育》2011年第2期。

② 张德明：《上海建设学分银行的基本构想和战略思考》，《开放教育研究》2012年第1期。

③ 张德明：《上海建设学分银行的基本构想和战略思考》，《开放教育研究》2012年第1期。

④ 徐瑞哲：《上海学分银行开户者逾40万》，见 http://roll.sohu.com/20131128/n390923846.shtml。

虽然目前上海学分银行建设的重点领域是继续教育，但是这只是阶段目标，整个蓝图是在各级各类教育和学校之间，以及学校教育内外沟通衔接，使学分银行成为终身教育和学习体系中的骨架中枢，实现真正意义上的教育公平。

（二）国家开放大学学分银行建设实践

2012 年 6 月，教育部正式委托国家开放大学开展“国家继续教育学习成果认证、积累与转换制度的研究与实践”项目（简称国家“学分银行”制度的研究与实践项目），标志着国家开放大学学分银行正式进入建设阶段。目前，国家开放大学学分银行已经明确了定位、完成了机构建设，并取得了阶段性成果。

1. 国家开放大学学分银行的定位

国家开放大学学分银行建设是国家学分银行制度建设的重要组成部分。它按照国家开放大学章程要求，以服务全民学习、终身学习的学习型社会建设为目标，致力于为组织机构与社会成员开展学历教育、非学历教育以及其他学习成果认证、学分积累与转换。依托国家开放大学建立的面向全国的学分认证中心是学分银行建设的非赢利服务机构。

2. 国家开放大学学分银行的机构设置

国家开放大学学分银行机构包括两个层面，即决策层和操作层。其中，决策层由三个委员会组成：学分银行建设管理委员会、学习成果认证标准审核委员会、学习成果认证标准制定委员会。操作层是由国家开放大学成立的学分银行工作管理机构——国家开放大学学分银行管理办公室（国家开放大学学分认证中心）。下设综合管理部、标准研发部、认证受理部、业务拓展部和信息管理部等，并成立校内学分银行工作领导机构，建立相应的协调工作机制，确立工作职责及工作模式。同时，国家开放大学在各省级电大设立国家开放大学学分认证分中心，这些分中心作为国家开放大学学分银行管理办公室的分支机构，主要负责开展各省具体的学分银行相关业务。

3. 国家开放大学学分银行阶段性成果

经过研究和实践，国家开放大学承担教育部的课题取得了突破性研究成果。课题研究从国家层面进行了顶层设计，初步构建了以学习成果框架为核心的制度模式，明确了“框架 + 标准”的技术路径，建立了以学习成果认证服务体系和信息平台为依托的制度运行载体和制度运行的保障环境，并在学习成果框架研制、认证标准开发、认证服务体系建设以及信息平台建设等若干关键性环节进行了验证性的实践。国家开放大学自主研发了《标准制定指导手册》，依据手册指导 25 家部委、行业、企业、高校等单位开发了涉及 IT、信息安全、物流、金融、教育、机械等领域的近 1500 个认证单元标准。同时，依据认证单元标准制订了 21 种职业资格证书（培训证书）与国开学历教育专业的转换规则。

2014 年 9 月，国家开放大学正式启动“新型产业工人培养和发展助力计划”，在该计划中全面运用学分银行的理念和技术路径实施“课程置换”和“双证融通”试点，并在以上两项试点和课程开放试点的基础上，适时启动“立交桥”搭建试点。试点的 32 个专业（专科）将与 84 种证书实现对接和转换，2014 年秋季首批试点专业正式招生。随着试点范围的不断扩大，国家开放大学学分银行的建设将逐渐完善，开放教育与职业教育的融合和沟通将更为紧密①。

---

① 苏群、潘超：《国家“学分银行”制度雏形初显》，见 http://www.xxhjy.com/cdb/2101.html。

四、一体化办学的必要性和可行性及方向性

随着职业教育与开放教育一体化办学的需求日趋明显，举办开放大学的省级电大同时设立高职院校的情况也日趋增多，二者一体化办学已经成为网络时代教育发展的必然趋势，成为教育大众化和终身化必然要求，成为职业教育和继续教育立交桥的有效途径。在政府政策的支持下，二者在办学条件、师资队伍、专业和课程建设、特色实训、人才培养等方面均可实现优势互补，相互融通。

（一）一体化办学的必要性

职业教育与开放教育一体化办学是时代的要求、是教育发展的方向、是国家改革的要点、是资源共享和互动提升的内部要求。

1. 网络时代教育发展的必然趋势

随着科学技术的不断发展，21 世纪的教育已经走向了信息化和网络化时代，信息与网络技术必将广泛应用于各种教育之中。从学前教育到高等教育，从学历教育到非学历教育，从学校教育到终身教育无一例外走向信息化和网络化的轨道。同时，以网络教育为标志的开放教育脱颖而出。在这种环境中，远程开放教育和高等职业教育资源的共建共享，也可以借助网络这一平台进行有效的沟通与合作。

2. 教育大众化和终身化的要求

教育的大众化、终身化趋势不仅为开放教育和高职教育提供了用武之地，还必然要求这两类教育形式实现沟通与合作。而远程开放教育与高等职业教育资源共建共享正是顺应了这一时代要求。当今时代，职业教育将服务于每个人的整个职业生涯，人们必须不断地更新知识和技术。而远程

开放教育除了开展学历教育，还为大量需要接受高等职业技术教育的成人对象提供培训服务等非学历教育。

3. 我国教育改革的必然趋势

高等教育比较发达的国家，各种类型的大学之间大都建有课程互选、学分互认的教育“立交桥”。在我国，2004 年教育部推进职业教育开展了学分互认改革，2010 年国务院和教育部启动了开放教育学分银行探索。但是两种教育的“立交桥”工程的总体进展还不尽如人意。如果能够在现代远程开放教育和高职教育之间建立沟通与合作的一体化机制，它对于促进我国高等教育“立交桥”的建设无疑是一大贡献。

4. 两种教育资源共享、互动提升的需要

面对全国诸多开放教育与职业教育“一体两校”的局面，如果走独立发展的道路，开放教育与高职教育势必造成重复建设、资源浪费。前者需要构建高水平的远程网络教学平台，开发高质量的教学课件和管理软件；后者需要开发高质量的职业技术教育课程，提供学生实验实训所需设施和装备。若实行资源共建共享，两种不同类型的教育正好可以互通有无，在软件和硬件两方面都可以充分共享资源，有利于建立教育教学资源共享体系，实现彼此互相促进、互动提升①。

（二）一体化办学的可行性

职业教育与开放教育一体化办学不是一种理论的研讨，二者在国家和政府的支持下，在办学格局、办学条件、教师队伍、专业和课程等方面，均有一体化办学的可行之处。

---

① 娄梅、杨继龙：《远程开放教育与高等职业教育资源共享机制研究》，《广东广播电视大学学报》2012 年第 3 期。

1. 推进共建共享的政策支持

近年来，我国从中共中央、国务院和教育部都出台了推动继续教育和职业教育改革的文件。如：2013 年 11 月印发的中共中央《关于建立社会主义市场经济体制若干问题的决定》、2010 年 10 月印发的《国务院办公厅关于开展国家教育体制改革试点的通知》（国办发［2010］48 号）文件、2010 年 7 月颁布的《国家中长期教育改革和发展规划纲要（2010—2020 年）》、2012 年《教育部关于同意在中央广播电视大学基础上建立国家开放大学的批复》（教发函［2012］103 号）等。相关文件多次强调了“搭建人才成长立交桥”“促进各级各类教育纵向衔接、横向沟通”“建立学习成果的互认和学分的积累、转换制度”等内容。这些政策和规划是开展一体化办学的依据和保障。

2. 已建立的一体化办学格局

目前，我国 44 所省级广播电视大学中已经有 27 所开设高职院校，而在全国各市、县级电大中，有一半以上存在电大开放教育与中职教育、高职教育并存的独特“两校一体”现象。在“一套班子，两块牌子”的办学格局和模式下，远程开放教育与高等职业教育无论是在人员架构、管理理念、还是在校园设施等方面至少在目前阶段都是一体的。这种格局和模式对于开放教育和高职教育之间建立一体化办学项目有着积极的推动作用。

3. 可进行一体化的办学条件

在国家制定了大力发展教育的重大战略举措之下，高等职业教育已经取得了跨越式的发展。近年来，拥有了一支高水平的师资队伍和完备的实习实训基地，建立了一整套完备的教学设施和保障制度，满足了学生学习、生活及教师教学、管理等各方面的需要。而开放教育始终注重网络平台的搭建和网上教学资源的建设，已经建设了完善的网络课堂直播和点播系统以及功能齐全的音像教材录制中心，开发了网络课程，各专业核心及主干课程等都建立了各种形式的网络课件。两种教育所拥有的良好办学条件，为两种不同类型教育资源的共享提供了坚实的物质基础。

4. 能够承担两种教学及管理任务的办学队伍

经过多年办学经验的积累，高等职业教育和远程开放教育均拥有一支人员精干、结构合理、水平较高的教师队伍以及经验丰富的管理人员技术人员队伍。在“一套班子，两块牌子”的办学格局和模式下，这些教师和管理、技术人员对开放教育和高职教育高度认可，拥有较为丰富的开放教育和高职教育的教育理论知识和实践经验，能够根据两种不同教育的共性与个性，有效整合教育资源，实现远程开放教育和高等职业教育资源有效、长效共享。

5. 适应两种办学的特色专业

高等职业教育遵循主动适应地方经济社会发展需求的专业建设思路，根据区域经济社会发展战略目标及产业结构调整对人才的需求，在优化高等职业教育专业结构的同时，整体拓宽了专业布局。目前，已经创建了一个门类多样、布局合理的高等职业教育专业体系。而远程开放教育与高等职业教育培养目标趋同，因此，这些特色鲜明的专业可以根据两种不同类型教育的特点，稍加改造后实现共享。

6. 适应两种教育的课程模块

近年来，高等职业教育分阶段、有重点地推进课程改革与建设。在课程建设方面，高等职业教育以职业活动为主线，以职业行为为依据进行专业课程建设；以校园文化和人本理念为主线进行隐性课程建设；以模块式、组合型、进阶式、项目引导式、任务驱动式等课程形式开发实践教学课程，形成了与工学结合相适应的课程标准和课程结构。这些有机组合的课程，可以为远程开放教育专业使用，同时也可以为远程开放教育开展非学历培训所使用①。

（三）一体化办学的方向性

开放教育与高职教育一体化办学能够为学校建立两种教育共同管理和促进的模式，同时也能够为参加高职教育教育学生建立学习开放教育本科的一体化搭建“立交桥”。

1.“一体两翼”为模式的办学格局

远程开放教育以全体社会成员为对象，以培养应用型专门人才为培养目标，高职教育以培养技能型、应用型人才为教育目标，二者在办学定位上有趋同性，在教育目标和课程设置上并没有本质差别，只是在教学组织形式和学习方式上有所不同。从实践的角度看，一所学校建立两种教育共同管理和促进的模式，建立“一体两翼”或“两校一体”的体制，形成“一套班子，一套人马”“两块牌子、两种教育”“一校两制、一校两牌”的办学格局。这对于一所院校而言，实现可行性较大。重庆电大的双模式是一个典型，全国电大系统也有许多相近的案例。

2.“资源共享”为内容的办学实践

远程开放教育与高等职业教育的“资源共享”主要包括五个方面：一是共享人力资源，包括教师和教辅人员、管理人员、工勤人员等；二是共享办学场地，包括校园、教室、实训基地、图书馆、食堂、宿舍、体育运动场地等；三是共享硬件条件，如信息化设备、校园网络、实验（训）仪器设备、图书资料等；四是共享平台和资源，包括办公自动化平台、教务管理平台、网上教学平台等网上平台，包括网络课程、视频课程、网上文

---

①　娄梅、杨继龙：《远程开放教育与高等职业教育资源共享机制研究》，《广东广播电视大学学报》2012 年第 3 期。

本类课程教学信息和资源等①；五是共享专业和课程，包括专业团队，包括教学大纲、课程标准、文字教材、数字教学资源以及实习、实训教材和资源，包括教学组织形式、教学方法、考核方式改革和课程实验和实训的创新等。以上五个方面是资源共享的主要内容，相互整合，可以促进资源的有效利用。

3. “互动提升”为目标的改革机制

高职教育的应用型人才培养理念、工学结合的人才培养模式、专业建设、课程建设、队伍建设能够为开放教育发展提供条件和保障；开放教育的开放观念、资源建设、学习平台建设、信息化建设、现代教育技术手段、学生自主学习方式等又能够有力地促进高职教育的教学改革。二者有共建共享、深度融合的基础。在实践上，深圳电大也有建立中职教育和开放教育专科直通车的案例。不过，高职教育与开放教育本科直通目前存在许多障碍。这一方面是因为建立直通车，直接的结果就是打破了原有的课程体系和教学过程，改变了循序渐进的教育教学规律；另一方面，国家教育政策既不允许双重学籍，也不允许缩短学制和学习年限，这样学生基本上没有参加一体化培养的学习动力。可以说，如何解决好办学政策、教学规律和学习需求是形成互动提升改革机制必须面对的问题。

4. “学分银行”为特色的人才立交桥

当前，创建服务终身教育的学分银行为搭建开放教育和高职教育之间人才培养“立交桥”提供了一种较为现实的途径。通过学分银行，学生凭先前积累的学习成果和实践经历，可以获得学习和深造的资格；学校设立高职教育与开放教育纵向衔接模式，可以不必打破原有的教学过程；国家设立学分银行确立开放教育完全学分制模式，为开放教育与高职教育学生

---

① 娄梅、杨继龙：《远程开放教育与高等职业教育资源共享机制研究》，《广东广播电视大学学报》2012 年第 3 期。

建立了一个中转站，有助于解决双重学籍和学生学习年限等问题。当然，学分银行本质上只是一种促进合作和交流的学业管理制度，它的建立有助于促进开放教育与高职教育的沟通和融合，但不代表它是搭建开放教育和高职教育之间人才培养“立交桥”的全部内容，开放教育和高职教育一体化办学还需要尊重教育规律，尊重办学特色，既能满足学生需求，又能增进院校合作意愿，既能建立合作，又能保证质量，从而真正建立起适应终身学习的人才成长“立交桥”。

总体来看，远程开放教育与职业教育一体化办学在国内外均有实践的经验。国际上远程教育与职业教育的办学模式正在走向融合，两者的界线越来越模糊，其中以美国、澳大利亚、英国等较为完善并各具特色。在一体化办学实践的基础上，各国相应建立了支持一体化办学的学分互认制度，并日趋成熟，较有特色的主要有美国、澳大利亚、英国和韩国，它建立和发展促进了职业教育和现代远程教育合作和融合。我国的开放教育和职业教育一体化从21世纪以来悄然兴起，也总结出了一些较为成功的案例。例如：重庆电大的“双模式”和深圳电大的“直通车”模式等。国家开放大学从继续教育培养职业教育人才的角度也进行了诸多改革。这种现象和状况说明了二者一体化办学已经成为网络时代教育发展的必然趋势，成为教育大众化和终身化必然要求，成为职业教育和继续教育立交桥的有效途径。在政府政策的支持下，二者在办学条件、师资队伍、专业和课程建设、特色实训、人才培养等方面均可实现优势互补，相互融通。而创建服务终身教育的学分银行是搭建开放教育和高职教育一体化人才培养的较为现实的途径，它的建立将有助于开放教育与高职教育二者资源共享、互动提升，有助于推进开放教育与高职教育人才培养模式的改革和一体化进程。

第四章
开放教育与高职教育一体化办学工作方针的科学内涵

研究开放教育与高职教育一体化办学工作方针，要重点从开放教育与高职教育一体化办学工作方针的基本内涵、理论体系构建和理论体系之间的相互关系及体现的核心理念三方面，阐述开放教育与高职教育一体化办学工作方针的科学内涵。并基于历史发展规律和实践经验总结和对一体化办学工作方针基本内涵、理论体系、核心理念所作出的逻辑关系分析，论证一体化办学工作方针的科学性。

一、一体化办学工作方针的基本内涵

开放教育与高职教育一体化办学工作方针的基本内涵是：以“社会化导向”人才培养模式为中心；以开放教育与高职教育“一体两翼、资源共享、多元发展、互动提升”总体工作方针和办学思想理念为出发点；以提升开放教育与高职教育办学潜能和人才培养质量为落脚点；以推进开放大学建设和高职学院建设更加开放、更具特色的创新发展为根本目标。

对开放教育与高职教育一体化办学工作方针的基本内涵，可以从以下三个主要方面来理解。

（一）一体化办学工作方针基本内涵的本质内核

开放教育与高职教育一体化办学工作方针基本内涵的本质内核，是推动“社会化导向”人才培养模式的构建，在具体办学实践和人才培养过程中自始至终紧紧围绕“社会化导向人”才培养模式这一中心点来开展工作。简言之，构建“社会化”人才培养模式是一体化办学工作方针的本质内核。

1. “社会化导向”人才培养模式体系架构

开放大学社会化导向人才培养模式，是指开放大学教育遵循社会对自然人向社会人转变过程中发挥作用的导向所形成的相对稳定的人才培养目标、规格以及相应的方法和手段。这一人才培养模式把开放大学人才培养过程的各个主要环节统领在社会化导向模式之下，形成一个较为完整的人才培养模式体系。这一体系内的各个环节是相辅相成、不可或缺的统一体，主要包括以下八个方面：一是办学项目社会化。开放大学教育要面向全体社会成员，依据社会和学习者的需要实行多层次、多规格办学；二是人才标准社会化。开放大学教育要按照社会需求区别定制、构建“一主多维、能力本位”的人才规格和质量标准；三是培养过程社会化。开放大学教育要让学习者通过多种互动得到学习指导和各种支持服务，进而提高个人知识、能力及综合素养；四是技术手段社会化。开放大学教育在办学过程中要充分发挥现代信息技术在开放大学为终身教育服务中的支撑作用；五是教育资源社会化。开放大学要整合社会优质教学资源提供给所有学习者共享，学校与企业及相关单位共建实习实训基地，实行产学研相结合；六是学习成果社会化。开放大学教育的学习成果具有其他教育形式学习成果的同等效力，搭建终身教育“立交桥”，实现与其他学习成果的互认、转换和衔接；七是管理服务社会化。开放大学教育要求除学校对学习者学习过程实施有效管理和提供支持服务，还要组织利用社会力量，参与学习管理和服务业务，完善人才培养质量保证体系；八是质量评价社会化。开放大学教育要引入社会评价方法对人才培养效果进行评价，实行多渠道监督和信息反馈，形成完善的人才质量评价机制。

2. 提出“社会化导向”人才培养模式的根源

为什么要提出社会化导向人才培养模式？因为社会化导向人才培养模式凸显了开放大学教育的特殊规律，是开放大学内在的隐藏于深处的灵魂和本质所在。开放大学是以广播电视大学开放教育为基础而建立的新型大学教育模式，是电大教育对经济社会发展的主动回应，更是电大教育服务于学习型社会、建设终身教育体系的全新战略举措。当前，广播电视大学正站在新的历史起点上实施向开放大学转变的重大战略转型，全力承担为全新终身教育体系构建和学习型社会建设服务的历史使命，努力把自己建设成高度开放、独具特色的新型高校。在这一重大战略转型过程中，基于逻辑上的合理性分析和实践上的必要性考量，从战略视角把社会化导向作为开放大学的人才培养模式，有利于把握好这一战略转型的方向性问题，有利于把握好开放大学人才培养模式体系中相应模式创新的着眼点问题，有利于把握好开放大学建设中的价值取向问题。所以说，社会化导向人才培养模式能够科学地指导开放大学建设与发展的理念提升与思维创新，能够把开放大学教育较之其他教育形式不同的更加复杂的培养过程及众多环节统领起来，是现代远程教育实现效益最大化的有效方式，也是构建全新终身教育体系和加快建设学习型社会的根本途径。建构社会化导向人才培养模式的首要必备条件就是要不断提升学校办学综合能力。构建社会化导向人才培养模式，开放大学应当凝神聚力建设好自身作为终身教育载体的核心能力，包括与其他高等教育形式不同的特色办学能力、终身教育条件下的质量保证能力、强大的社会学习动员能力、卓越的教育教学资源整合运用能力。这是实现终身教育新任务新使命对开放大学提出的特殊的能力要求，任何一种能力缺失，都无法支撑载体运行，必须全面建设而不可偏废。实施开放教育与高职教育一体化办学，其逻辑起点及终极目标，都要牢牢把握构建社会化导向人才培养模式这一核心点，既是该人才培养模式的探索需求，又是该人才培养模式的构建路径，亦是完善该人才培养模式的科学举措，更是该人才培养模式的实践成果。

（二）一体化办学总体工作方针确立的基本思路

开放教育与高职教育一体化办学工作方针建构的基本思路，是以“一体两翼、资源共享、多元发展、互动提升”为总体工作方针，并通过贯彻和实施这一总体工作方针和办学思想理念，最终实现开放教育与高职教育两种办学形式的有机融合并形成一个资源共享、多元发展、互动提升的办学整体。

1. 开放教育与高职教育有本质上的共性

实施开放教育与高职教育一体化办学绝不是盲目地将二者简单地混合在一起，而是必须在全面理解二者的各自特点、区别、优势、劣势的基础上，科学寻找二者可以融合的路径和指针，这就是要把握住开放教育与高职教育在本质上的共性，即，开放教育与高职教育发展趋势和目标，都是要改变传统教育方式，使其具有开放性、灵活性、普及性、终身性等特点；都是要以社会需求导向，面向生产、建设、管理和服务第一线需要，培养技术型、应用型和高素质高技能人才；都是要以工学结合、校企合作和强化社会服务，为人才培养模式改革的着力点。实施开放教育与高职教育一体化办学，可进而带动专业的调整与建设，引导课程设置、教学内容和教学方法的改革，创新教学模式。

2. 开放教育与高职教育互动提升有共同的需求

开放教育与高职教育一体化办学提出“一体两翼、资源共享、多元发展、互动提升”工作方针和办学思想理念，主要是基于从开放教育与高职教育目前的发展实际与未来的发展态势，认为两者都有沟通融合、互动提升的共同需求。以广播电视大学为代表的现代远程教育大发展的背景下，开放教育与高职教育两种办学形式存在着沟通融合、互动提升的时代要求。一是网络时代教育发展的趋势使两种教育形式的融合成为可能。众所周知，信息时代、网络时代的到来使教育必然走向网络化，信息与网络技术已经广泛应用于各种教育之中，特别是现代远程开放教育就是以网络技术作为媒介支撑与发展平台的，而高职教育要想获得全新的发展，尤其是在教学观念、教学方法、教学手段等方面的突破性发展，必然要向网络技术寻求支持。在此背景环境下，开放教育和高职教育这两种教育形式完全可以借助网络教育进行有效的沟通与合作。二是教育大众化、终身化的要求使两种教育形式的整合成为必然。知识经济时代，教育已经走向大众化和终身化，每个人都有可能多次转换工作单位或工作岗位，甚至改换职业，再加上知识更新速度的日益加快，交叉学科的大量涌现，人们必须不断地补充和更新知识，不断地学习和掌握新的技术和技能，这样，传统的一次性学校教育已经远远无法满足人们基于自身不断发展的需要。所有的社会成员都存在终身学习的要求，这就为开放教育和高职教育都提供了用武之地，也更对这两种教育形式实现沟通与合作乃至整合提出了必然要求，并促进了两者的互相沟通与深度合作，如开放教育已经开始为大量需要接受高等职业技术教育的成人对象提供培训服务。三是建立教育教学资源共享体系呼唤两种教育形式的有机整合。开放教育需要构建高水平的远程网络教学平台，开发高质量的教学课件和管理软件；高职教育需要开发高质量的职业技术教育课程，提供学生实验实训所需设施和装备。两种教育形式如果仍然向传统一样分头独立地发展，势必造成教育教学资源的重复建设和巨大浪费，甚或限于经济条件都无法得到充分的发展，而两种教育形式的合作则可以互通有无，借对方之长补自身之短，在软件和硬件两方面都可以充分共享资源。既然开放教育与高职教育两种教育形式完全具备了沟通与合作的共同需求，而目前在广播电视大学系统内广泛存在的开放教育与高职教育并举的教育格局，实施一体化办学则是最明智的举措，也更有利于广播电视大学实现向开放大学战略转型的顺利实现。

3. 一体化办学工作方针内涵发展的基本方略

开放教育与高职教育一体化办学提出“一体两翼、资源共享、多元发展、互动提升”的工作方针和办学思想理念，涵盖了学校发展的基本方略。开放教育与高职教育一体化办学，实现全面互动与深度融合，彼此优势互补、扬长补短、共生共荣，提高办学质量，挖掘办学潜能，最终实现构建全新终身教育体系，推动开放大学建设更加开放、更具特色的创新发展的终极目标。在这个过程中，多元发展、互动提升是实施一体化办学的基本方略和目标。

（1）开放教育与高职教育实现互动提升的基础

通过上述分析可见，开放教育与高职教育在人才培养模式和培养目标上有着共同性，这是二者实现互动提升的基础条件。为适应21世纪社会经济发展和信息化社会需求，二者在人才培养上都强调实践性和应用性；二者在专业设置和教育内容上都强调实用性；二者都是以市场作为导向，以社会需求作为目标，以此来设置专业和教育内容，并都注重人才培养的实践应用能力和实际操作能力，都注重突出实践性教学环节。基于这些共同性的前提基础，开放教育与高职教育一体化办学必然会收到取长补短，优势互补的成效。

（2）开放教育与高职教育实现互动提升的方略

一方面，在一体化办学过程中可发扬开放教育之长，弥补高职教育之短。开放教育的突出优势体现在覆盖面更广泛，这种教育形式不受办学层次、教育类型、教育对象的限制；学习形式灵活，学生可以自主安排学习时间、地点、内容和进度，完成学习任务；教学方法多样，特别是借助先进的远程教育设施，实现多种媒体并用。开放教育的这些优势可以弥补当前高职教育的弱项：高职院校一般覆盖面较狭窄，大多局限在适应地区经济发展的某些行业范围，做得再好也难以在更大范围推广，而且受到办学层次、教育类型、教育对象都比较单一的限制，而高职院校的教学形式多半是以年级为单位按学期组班教学，学生基本上无法自主安排学习时间、地点、内容和进度的。借助开放教育先进的办学理念和网络条件，对于高职教育推行网上教学、网上辅导，改革教学手段，重视组织和指导学生进行自主学习，注重对学生提供支持服务等，都大有补益。可以说，高职教育与开放教育融合后高职教育发展前景更加广阔。

另一方面，在一体化办学过程中可发扬高职教育之长，弥补开放教育之短。高职教育的突出优势体现在重视结合职业岗位群的实际需要加强专业建设，强调理实一体，实践教学做得比较扎实，建有各类实验实训设施或校内外实践基地；一般都已经形成较为浓厚的校园文化氛围，有利于对学生实施素质教育；师资比较稳定，数量比较充足，容易与学生进行面对面的交流等。高职教育的这些优势可以弥补开放教育的相对弱项：现代远程开放教育在解决实践性教学环节方面仍然是一个没能很好解决的难题，实验实训场所和设施的建设难度相对较大，缺乏具体可感的校园文化氛围，师生处于分离状态之中，极难开展师生面对面的交流，难以实施素质教育等。借助高职教育良好的实习实训条件、校园文化基础和雄厚的师资力量，开放教育的实践教学和素质教育培养目标将能够更好地实现，人才培养工作整体水平也能得到较大提升。可以说，开放教育与高职教育融合后开放教育的发展就会获得新突破。

开放教育与高职教育互动提升的结果是，开放教育促进高职教育社会化，高职教育促进开放教育职业化，并将催生崭新的终身教育体系。建立终身教育体系和建设终身学习社会成为世界教育改革和发展的共同趋势，是全面建设社会和谐发展的需要，开放教育与高职教育的结合，必将为我国社会的和谐发展提供一条绿色通道。随着我国人口结构老龄化的趋势日益严重，潜伏着的社会和谐发展失衡的危机也越来越明显，这是终身教育必须在和谐社会中扮演的角色及承担的责任，而开放教育与高职教育的融合，恰恰在这个领域里大有作为，这是任何其他教育形式所不可替代的。

二、一体化办学工作方针的理论体系

开放教育与高职教育一体化办学工作方针理论体系的构建，是以开放大学建设和高职教育创新发展为目标，建立起一个较为完善的理论化、系统化且符合现实与长远发展需要的一体化办学工作方针理论体系。这一理论体系是推动开放教育创新和高职教育发展的重要指导，是理顺开放教育与高职教育两大主体之间关系、实现优势互补和互动提升的主要依据和准则。开放教育与高职教育一体化办学工作方针理论体系，从遵循教育规律、把握办学主要环节要素和开放教育与高职教育的本质特征出发，概括和提炼出“八个一体化”。即，发展定位一体化；办学理念一体化；教育资源一体化；培养模式一体化；队伍建设一体化；教学手段一体化；日常管理一体化；工作方式一体化。

（一）一体化办学工作方针理论体系的基本内涵

1. 发展定位一体化

开放教育和高职教育教育类型都致力于应用型和技能型人才的培养，在价值观念和内涵上具有一致性，在网络时代教育发展的必然趋势和教育大众化、终身化要求的大形势下，实施一体化办学能够与普通高等教育实现错位发展，承担普通高校不可替代的教育功能。开放教育与高职教育发展定位的一体化要充分利用两种教育类型的共性和互补性，以社会化办学为导向，对开放教育和职业教育两大资源进行深层次融合。

（1）建立一体化办学架构

依托开放教育和职业教育资源，建立适应社会发展社会需求、结合行业和区域经济发展需要的办学架构。形成以职业岗位为导向、以提升职业能力为核心的多元化人才培养模式，建成能够充分体现职业性和实用性的特色专业集群和课程体系，开展针对实际操作能力、提高岗位工作能力和社会服务能力的教育。

（2）融合一体化教育内容

将开放教育现代科技、教育内容与高职教育深度融合。依靠开放教育现有综合网络平台和数字化学习资平台构建职业教育的远程教育网和教学资源库，推进现代信息技术与职业教育教学的整合；利用高职教育课堂教学、实验教学和顶岗实习等场地优势搭建一个完整的学习网，依靠综合网络教育平台和真实办学场地为继续教育和职业教育学习者提供全面学习的支持服务。

（3）建设一体化教育平台

搭建满足个人多样化和终身化学习需求的教育教学平台。促进职前教育与之后教育、学历教育与非学历教育纵向衔接、横向沟通，逐步形成学习成果互认、学分积累互换，承担向社会成员开展学历教育和非学历教育的新型高等教育，致力于培养适应经济建设和社会发展需要的、以提升职业能力为核心的高素质的应用型高等专门人才助推知识化、技能化、大众化终身教育体系的构建①。

2. 办学理念一体化

（1）形成一体化办学思想共识

实现办学理念一体化，首先要将一体化办学工作方针及核心理念内化成为全校师生的共识和自觉行为准则。开放教育与高职教育“一体化”工作方针的确立是理论与实践相结合及不断研究与探索的结果，只有将其真正转化为全校师生每一个人的教学理念和工作方法，应用于开放教育与高职教育各项工作中，才能有利于凝聚成一个共识的使命、责任、奉献价值观，才能将这一学校文化建设的核心内容内化为固有的价值取向，起到真

---

① 彭飞霞、杨亚丽：《构建高水平职业特色的开放大学》，《湖南广播电视大学学报》2013年第4期。

正有序有力有效的推进作用，最终成为提升学校办学水平，增强学校综合办学能力及竞争能力。

（2）实施一体化办学工作导向

实现办学理念一体化，要在开放教育与高职教育各项工作中注重一体化工作方针的导向性、明晰性、独特性、渗透性和相对稳定性。导向性，即明确一体化办学过程中各方面工作的着眼点和落脚点及其发展的特性，是对一体化办学共同思想认识与共同价值观的引领；明晰性，即明确学校发展思路和实施规范，避免一体化办学的无目的性和无序性，提高一体化办学工作的整体水平；独特性，即体现开放教育和高职教育一体化工作方针的特色特点，应充分考虑一体化的办学层次、培养对象和办学特点等情况；渗透性，即一体化办学理念能够涉及和渗透到一体化办学的各个环节之中，做到融入师生意识，融入校园文化，融入实际行动，不但可以指导办学实践，还可以转化为办学实践的途径和方式；相对稳定性，即一体化的办学理念形成前要进行理性的、科学的、具有前瞻性的分析，能够面对现实需求，着眼未来发展，在相对较长的时期内保持稳定。

3. 教育资源一体化

开放教育和高职教育的教育资源一体化，是一项将人力资源、办学资源、教学资源在内的一系列资源进行资源配置和优化组合的系统工程，共建共享优势教育教学资源。

（1）实现人力资源一体化

办学一体化对教学人员、技术人员和管理人员的综合岗位能力要求大幅提升，独立工作状态已经不能满足学校教学需要和学生的学习需求，除提高个人素质外，由个体发挥走向集体协作是开放教育与高职教育人力资源一体化的必然趋势。在一体化办学过程中要根据学生数量、专业特点、课程形式、教学需要等相关因素合理设置机构和岗位，依托两类人力资源组成多个教学团队和支持服务团队同时实现课堂授课、网上培训、技术支持、学习服务等环节的人力资源共享。

（2）实现办学资源一体化

办学一体化能够实现教学设备和办学场地的共享。高职教育可以借助开放教育的多媒体录课和教学设备、网络平台建设设备、虚拟实习实训设备等现代教育设备拓展教学手段，丰富教学形式。开放教育可学习借鉴高职教育实践教学管理规程和操作规范，利用高职教育校内校外实训基地，形成适合开放教育特点的实践教学模式。通过办学资源的一体化缓解开放教育缺乏硬件实施和师资的压力，弥补开放教育实践场所不足对学生应用能力的影响，更好地提高专业实践教学质量，同时能够合理利用高职办学资源，发挥教学设备和场地资源效益最大化①。

（3）实现教学资源一体化

实现教学资源一体化要做到统筹专业资源，突出课程建设。专业设置以学科大类为基础，形成能够服务产业发展、提高岗位技能、提升知识素质，适应各地区经济社会发展对人才的需求的完善专业体系。开展以共享专业建设为基础的弹性化模块化课程设置，建成能够涵盖课程导学、教学辅导、实习实训测评考核、互动交流等全套模块的主体课程资源；实施数字化学习资源建设创新工程，大力建设包括网络课程、移动课程、微课程等途径的辅助课程资源，形成完整的教学资源体系，同时为开放教育学生和全日制高职学生个性化学习提供保障。

4. 培养模式一体化

培养模式一体化是指开放教育与高职教育在人才培养目标和人才培养规格、教学内容和课程体系、管理制度和评估方式等方面，都要以“社会化导向人才培养模式”为中心，按社会需求和要求培养合格人才。

（1）统一人才培养目标和人才培养规格

开放教育与高职教育将人才培养目标定位为培养满足经济建设和社会

---

① 曹伟明、叶林虎：《高职教育与远程开放教育互动机制初探》，《南京广播电视大学学报》2012 年第 2 期。

发展需求的应用型、技能型、复合型的应用型技术人才。人才培养规格和质量要按社会需求区别定制、构建“一主多维（学历教育以国家标准为主，短期培训项目以社会标准制订）、能力本位”的人才规格和质量标准，实现人才培养标准社会化为社会经济发展输出合格劳动者①。

（2）统一教学内容和课程体系

一体化教学内容设置以社会化导向为核心。基础学位课程教学内容随社会发展趋势及时更新，体现基础理论知识、基本职业能力和实践操作技能的时代性；短期培训课程开设职业资格证书认证培训、社会工作急需紧缺人才培训、岗位专业技能更新培训等各类进修课程。同时为全体受教育者开办兴趣类和生活类开放性课程。一体化课程体系建设应按照学科知识的逻辑顺序、课程知识的学术水平以及课程内容的难易程度等成一个互相贯通的课程体系，使学历教育和非学历教育各层次各类型一体化设计、模块化组合，保证纵向衔接和横向沟通，形成低门槛、多入口、多通道、立体化、多出口的修习制度，提供多层次多类型的学术资格证书，满足社会经济发展需要和个人多样化的学习和发展需求②。

（3）统一管理制度和评估方式

开放教育与高职教育管理制度的一体化要以终身学习理念为统领，以实现办学管理最优化和效益最大化为目标，坚持过程开放、环节控制、个性服务原则，一方面对学习者学习过程实施有效管理并提供支持服务；另一方面组织利用社会力量，参与学习管理和服务业务，完善人才培养质量保证体系。评估方式根据课程情况和学校个性化需求采用传统开始模式、远程线上考试、实践操作相结合和的综合性评价手段，加速启动学分银行建设，在同质课程中实现成果互认、转换和衔接。同时引入社会评价方法对人才培养效果进行评价，实行多渠道监督和信息反馈，构建完善的人才质量评价机制。

---

① 张海波：《从战略转型视角考量开放大学社会化导向人才培养模式》，《辽宁广播电视大学学报》2013 年第 3 期。

② 龚祥国：《开放大学课程体系建设的思考》，《中国远程教育》2012 年第 8 期。

5. 队伍建设一体化

开放教育与职业教育队伍建设一体化要求教师、教育技术人员、管理人员具备“一岗双责”“一岗多责”的综合素质和业务能力，是办学一体化过程中开展好开放教育与职业教育各项教育教学工作，确保学校日常工作的有序开展，保证优质教育质量的重要基础。

（1）推进教师队伍建设一体化

加强教师队伍建设，应重构原有师资结构，形成一支数量充足、专兼结合、业务精通、素质过硬、一体共享的专业化教师团队。每名教师要能够独立承担开放教育和高职教育双重岗位教育教学任务，能够了解一体化人才知识结构和技能结构，具备远程和面授两种教学能力，掌握现代化的教学手段和远程教学方法，兼具实践动手能力和解决疑难问题能力，达到开放教育现代远程教学要求和高职“双师型”的能力要求。

（2）推进教育技术人员队伍建设一体化

一体化办学对教育技术人员队伍有了更全面的技术要求，要具备根据不同类型课程设计开发在线教学平台、多媒体教育资源库以及各类虚拟仿真实训软件的专业技能；要具有了解开放教育高职教育教务和教学的各个环节和工作流程的综合能力；还要能够承担现代化教学设备、学习资源的管理和应用职责。① 最终打造一支既熟练掌握教育技术、充分利用现代教育技术手段，又了解一体化教育教学及管理的骨干力量。

（3）推进管理人员队伍建设一体化

组建一支技术过硬，服务一流的管理队伍，要求承担开放教育和高职教育管理工作的人员能够掌握基本的管理学和方法论知识；具备管理能力和科学决策能力；有主动性、责任心和服务意识；具备从事不同工作岗位

---

① 骆家宽：《切实加强队伍建设　努力办好开放大学》，《湖南广播电视大学学报》2010 年第 9 期。

所需的不同的专业技能，能够承担起开放教育和高职教育日常行政管理、招生管理、教务管理、教学管理、学生管理等多方面工作，为一体化教育教学的科学运行提供管理保证。

6. 教学手段一体化

在一体化过程中，整合运用开放教育和职业教育教学手段，实现优势互补，能够达到优化教学，提高教学质量的目的，推动两类教育的共同发展。

（1）促进两类资源整合实现优势互补

开放教育具有覆盖面广、学习形式灵活、教学方式多样等优势，但实验实训硬件欠缺、师资力量相对不足。开放教育通过借助高职教育完善的教育基础设施，校内外实训室和实训基地，以及职业技能鉴定和培训优势，完成对开放教育学生的实践教学和在岗实习，能够弥补实践性教学环节实践设备和场地的不足，增强实践教学效果。高职教育具有重视岗位需求、强化专业建设、实践性教学环节扎实等优势，但办学层次单一、教学形式较为传统、学生学习时间相对不灵活。高职教育可借鉴开放教育多样化的教学手段、灵活的学习形式，利用或开发现代远程教学平台，通过建设一批专业课和实践教学课程资源，为高职学生提供网上教学和移动教学，打造一体化教学手段，优质高效完成教学任务。

（2）促进现代远程教育技术与传统面授教育的有机结合

一体化办学平台要根据具体专业和课程统筹面授和远程授课安排，通过建立远程公共教学平台，开设集中面授课程和实践课程，将多元化、综合化教学手段进行有机结合与运用。面授课对开放教育的补充。在对难度大、专业性强的课程进行自主学习时难以达到既定学习目标；对一些操作性、实践性强的课程也无法通过虚拟实验和视频等方式获得亲身体验的情况下，在引导学生利用好现有资源进行远程学习的基础上，根据教学需要安排必要的面授课程，通过学员之间、学员与教师之间面对面的互动与交流，激励学习者的学习兴趣和热情，获得更好的教学效果①。在传统面授课程受时间、空间限制较大，教学资源和信息量有限，难以适应不同学员个性化的学习需求的情况下，可以通过完整的现代远程教学平台，利用网络、手机等终端随时随地开展远程教学。对于实验和实践课程，还可以利用现代远程教学手段通过多媒体技术加以演示，在实践教学中进行仿真设计，反复演练至技术熟练后，再进行实物制作，既可以节约成本，又很好地达到了实训教学目的。

7. 日常管理一体化

在一体化办学理念和办学目标指导下，进行学校日常管理，有利于整体优化学校一体化办学工作效能，有效提升学校一体化办学工作方针的执行力，大力推进办学环境的营造，实现学校发展目标。

（1）实行管理制度一体化

要做到日常管理上的融合，第一步要建立明确合理的管理制度。将一体化办学的目标、核心价值观、办学理念、核心任务、一体化实施阶段与发展步骤等问题统一规范，形成一套具有可执行力的指导方针，构成整套管理结构良好沟通和协调的前提。第二步要将进行管理内容的量化和流程化。将两类教育日常管理中的行政、教学、后勤保障等重要环节统一管理，实现内容量化并按照管理任务的轻重缓急和行动的先后次序，理顺各工作环节的关系②。第三步形成制度化管理。通过检验形成制度化流程，对学校管理者和全体教职工的工作行为进行精细化管理，确保组织行为的有序性和持续性。

---

① 顾英玲、毛怀周：《远程教育课程面授辅导趋势的优化研究》，《中国成人教育》2011 年第 12 期。

② 徐建华、孙金文：《谈谈提升学校管理执行力的策略》，《教育探索》2011 年第 9 期。

（2）实行管理机构一体化

学校需要建设恰当的管理机构，强化一体化办学的执行力。依靠“一体联动层级管理”管理体系，对分管领导、中层干部、教职员工进行岗位统筹和分工，明确权责利，细化到岗细化到人，打造一支能够各负其责，有高效执行力的合作团队。一方面要引导全体中层干部承担起校长和教职工之间的桥梁和纽带作用，使他们既能传达和贯彻执行好上级的指令，又能对教职工进行具体化和规范化的管理；另一方面需要采取多种激励措施，鼓励全体教职工在一体化办学目标下，抓准工作重心，发挥自觉性、主观能动性和创造性开展工作，提高工作效率、提升工作水平。

（3）实行管理方法一体化

一体化管理要实现多种管理方法的综合运用。做好调查研究，即要对一体化办学后学校的管理对象和各类管理资源进行相应的调查和了解，形成基本的认识，以便对今后工作的开展进行有效的决策和规划；进行思想教育，即需要将政治思想工作融合到教育教学以及各类管理环节中，从思想观念入手提升学校的教学质量和教学服务；推进行政管理，即为规范职业教育管理中的行政管理行为，要通过会议决议、命令、学校纪律、工作程序、校规校训以及监督审查等强硬方式进学校管理；激励教育法，即需要教育管理人员做到公平公正，合理协调教育教学工作，关心尊重教育职工和学生，创建人性化的教学理念①。

8. 工作方式一体化

工作方式一体化是为实现一体化办学目标，根据现实与发展需求，制订的行动方针和工作方式。是在对学校办学思想、办学理念、发展定位、工作思路等，全面认识和切实理解的基础上，在办学具体工作中用实际行动来践行和贯彻体现促进整体工作的协调一致，实现学校系统上下的合一互动，实现各部门工作执行力和服务力的加强，实现学校教职员工综合素

① 周英：《职业教育管理方法探讨》，《科教导刊》2013 年第 1 期。

质、履行职责能力的完善，实现学校整体学校办学能力、办学水平和竞争能力的全面提升。

（1）强调思维创新

以思维创新为先导，以改革为动力，切实把握学校发展思路和发展方向。坚持思维创新发展理念，切实做到以改革为动力，切实把握学校发展的方向，切实形成科学准确，切实可行的学校发展思路。

（2）强调执行力和服务力

以提升学校整体执行力和服务力为抓手，切实提高办学效能和办学质量。提升和强化“执行力”和“服务力”这两个理念的力度，并以此为抓手，切实贯彻学校的发展战略和工作指导方针，切实提高整体办学工作的效能，切实提高办学质量和总体办学水平。

（3）强调形成资源合力

以聚集办学资源和办学项目为基点，切实增强学校办学潜能和办学特色。将学校现有办学资源予以有机整合，并在形成资源合力的基础上不断扩展办学项目。以此为基点实行开放教育与高职教育一体化办学管理，发挥整合资源、多功能办学的优势，切实增强形成学校办学合力的自信心和凝聚力，切实增强学校办学潜能。

（二）一体化办学工作方针理论体系的内在关系

构建一体化办学工作方针的体系架构，切实把握开放教育与高职教育一体化办学工作方针内涵界定及各要素相互关系，是深化研究和践行一体化办学方针的重点所在，对于实现开放教育和高职教育的一体化发展有着重要的理论意义和指导作用。开放教育与高职教育一体化办学工作方针的体系架构，是相互关联、相互作用的一组要素，采用适当的方式、方法或措施将两种办学类型有机的联系在一起，能够通过一体化办学实现两种教育类型的共同发展。

1. “八个一体化”建立了较为完整的理论体系

一体化办学工作方针包含的八个要素，涵盖了开放教育与高职教育一体化办学主要环节，是实现一体化办学工作方针理论体系构建的基本要素。其中发展定位一体化是一体化办学的方向；办学理念一体化是一体化办学的动力；教育资源一体化是一体化办学的基础；培养模式一体化是一体化办学的目标；队伍建设一体化是一体化办学的关键和核心要素；教学手段一体化是一体化办学的动向和趋势；日常管理一体化是一体化办学的保障；工作方式一体化是一体化办学的实施策略和基本工作方针。这八个要素有机构成了一个较为完整的理论体系，各要素间关联密切，彼此相辅相成，互为前提，各自作用不同，不可或缺。

2. “八个一体化”是相辅相成的统一体

“八个一体化”是对一体化办学工作方针基本构成要素全面地表述，是一个统一运作的整体链条，在整体建构中具有一定规律和相互关联的内在关系。一是环环相扣，不可或缺。即在践行“一体化”工作方针过程中，每个要素都是链条中的一个重要环节，涉及学校正常运转的各个方面，缺少任何一个要素都无法实现一体化办学，难以保证学校工作的正常运转。二是相辅相成，互动提升。即在践行“一体化”工作方针过程中，八个要素之间任一要素都必然会对其他要素构成影响，要全面贯彻和践行“一体化”工作方针，必须同时关注各要素间的主要契合点，形成相辅相成、互动提升的健康关系，推学校整体发展水平的提升。三是注重个体，助推整体。即在“八个一体化”工作方针之间存在着个体和整体的观念。从个体来看，只有实现学校整体的发展，单一环节要素才会具备坚实的发展基础和条件；从整体来看，学校整体的发展是各个一体化办学主要环节均衡发展和成效积累的结果。“八个一体化”办学工作方针及其体系在开放教育和高职教育一体化实践中有着统领性意义和作用，在日后办学实践中将会被不断认识、不断探索和不断开发，使之得以不断的充实和完善。

3. “八个一体化”形成了一体化办学的鲜明导向

以“八个一体化”为基本要素构建的一体化办学指导方针理论体系，对促进开放教育与高职教育互动互融，实现开放教育与高职办学资源优势最大化具有重要指导意义。以“八个一体化”为导向，能够充分利用一体化办学方针特有的理论与实践统领性指导作用，明确开放教育和高职教育各方面工作的着眼点和落脚点，助力一体化办学整体有效性和高效性的切实发挥，形成互动提升的协同效力，实现两种办学类型间的分工协作和相互推动。以“八个一体化”为导向，能够确保开放教育和高职教育共有办学资源要素的聚集，形成集一体化的组织结构、程序、过程资源为一体的综合管理体系。通过实施一体化办学，建立开放教育和高职教育资源共享体系，实现人力资源、办学场地、物质资源、专业资源、课程资源的整合共享，引领学校的全面发展。以“八个一体化”为导向，有助于在开放教育和高职教育间形成共同的方针目标、共同的过程方法、共同的运行模式、共同的管理方法、共同的评价标准，有助于完善开放教育和高职教育合力建设与发展的最佳方案，实现开放教育与高职教育相互支撑、相互衔接、互动提升、特色发展。

三、一体化办学工作方针的核心理念

开放教育与高职教育一体化办学工作方针概括提炼的“一体两翼、资源共享、多元发展、互动提升”，既是一体化办学总体工作方针的凝缩，又是一体化办学工作方针的核心思想理念。这一核心思想理念的形成，主要源于远程开放教育发展历史经验的总结和对教育发展规律、逻辑关系的综合分析。

（一）远程开放教育发展历史经验总结

1. 从国外远程教育发展来看

在世界范围内，开放教育与高职教育合作发展的成功范例很多，如世界著名的远程开放大学英国开放大学，它的办学宗旨就是为了给那些尚未受过高等教育或未受过完整职业训练的求学者，提供一个在职进修的机会，它所开设的课程丰富多样，其中有相当一部分就是以远程教育方式开设的职业技术教育类的课程，为现代远程开放大学与高职教育互相沟通与合作提供了范例。

2. 从我国广播电视大学发展来看

在我国广播电视大学的发展史上，远程开放教育与普通高职教育并举成为部分省级电大一段时间内事业发展新的增长点，并成为省级电大关注自身生存和拓展事业发展空间的有效途径。基于一体建制“两块牌子、一套人马”的广播电视大学（开放大学），将其开放教育与高职教育“一体两翼、资源共享”，使得广播电视大学正规化、实体化建设成效明显，尤其是师资力量得到了有效储备，管理队伍建设得以加强，内涵式发展与应变能力得到了较大地提升，积累了同时开展开放教育与高职教育较为成功的做法与经验。

3. 从辽宁广播电视大学发展来看

以辽宁广播电视大学为案例，在广播电视大学向开放大学整体转型提升中，提出“一体两翼、资源共享、多元发展、互动提升”这一开放教育与高职教育一体化办学的核心思想理念，是基于广播电视大学办学历史上对两种教育形式并举的探索尝试、逐步成熟的实践经验的总结。在广播电视大学的办学历史上，无论是具有前瞻性的战略性的主动选择，抑或是某一时期囿于客观环境变化的被动选择，开放教育与高职教育一体化办学的探索实践从来没有停止过。早在1992年，在原有的成人教育良好发展的基础上，辽宁广播电视大学就开始了全日制普通高等教育专科教育形式（高职教育的前身）的实验与实践，并在校本部根据需要审时度势成立了直属分校，招生规模逐年扩大，办学质量日益提高，以至于全日制普通高等教育专科教育形式（后为高职教育）一直延续至今，发展势头强劲。这一时期，可以看作是一体化办学实践的最初萌芽。1999年，教育部批准中央广播电视大学开始实施“人才培养模式改革与开放教育试点”工作，辽宁广播电视大学首批参与了开放教育办学的探索实践，并顺利通过了中期办学水平评估与终结性总结评估，一直到今天形成了开放教育稳步发展的良好格局。2001年，根据国家教育改革的要求，由举办全日制高等教育专科教育调整为举办普通高等职业教育，至此，正式形成了开放教育与高职教育两种办学形式并存的格局，并开始深度探索两种教育形式的融合发展，为后来在广播电视大学内创建辽宁装备制造职业技术学院奠定了坚实的基础。这一时期，可以说一体化办学工作开始走上自觉之路。在这一探索过程中，从管理体制到师资建设，从教学模式改革到校园文化建设等各个方面实现全方位共享共进。诸多高职教育的学生出于提升自身知识与能力的需要，或在高职学习期间，或在高职毕业后，开始在课余时间选择了开放教育作为提升自身素质的重要途径，更为探索两种教育形式的融合提供了实践基础。2005年，辽宁省人民政府正式根据振兴辽宁老工业基地对技术型和应用型人才的需求，决策批准在辽宁广播电视大学内创建辽宁装备制造职业技术学院，其建制为“一套人马、两块牌子”“两种教育、两个校区”模式，正式拉开了一体化办学的深入探索与实践。作为学校整体发展不可分割的“一体之两翼、资源共享”思想理念，在2013年起学校改革推行学院制管理模式和教室“一岗双责”制度，得以在实践中进一步贯彻实施。“一体两翼、资源共享、多元发展、互动提升”思想理念，作为一体化办学的总体工作方针，内含着开放、灵活、全纳、终身的全新理念，为一体化办学探索出了一条既可以成就自己，又可供他人借鉴的新路。

（二）发展规律与逻辑关系综合分析

“一体两翼、资源共享、多元发展、互动提升”的思想理念，作为开放教育与高职教育一体化办学的总体工作方针，符合教育发展规律和事物构成逻辑关系，对于正确引导两种教育形式的有效整合，进而推动开放大学建设和高职学院建设向着更加开放、更具特色的创新发展具有方法论的指导意义。“一体两翼、资源共享”是一体化办学的科学架构与路径选择，“多元发展、互动提升”是一体化办学的方向指导和发展目标。

1. “一体两翼”是尊重历史、审视现实、面向未来的科学构架

在广播电视大学的办学历史上，开放教育与高职教育作为两种办学形式都经历了从无到有、从弱到强的过程，最后成为电大发展不可缺失的“两翼”，保证了广播电视大学自身发展的平衡性，并为探索构建全新的终身教育体系作出了重要贡献。“一体两翼、资源共享”的办学格局，既壮大了广播电视大学的发展实力，也拉动了高职教育的发展，为新形势下国家发展现代远程职业教育的设计提供了实践模板。放眼未来，建设开放大学这一新型高校的终极目标是构建全新的终身建设体系，如果孤立地以原有的开放教育为基础，其自身的弱点就无法得以弥补，而高职教育的融入必将为开放大学建设注入新的生机，同时又为高职教育自身发展赢得历史机遇。开放教育与高职教育作为构建全新终身教育体系不可分割的两翼，推动学校办学工作以平衡之势快速发展。

2. “资源共享”是基础条件保障和实现发展目标的现实要求

开放教育与高职教育作为学校发展主体之“两翼”，因在教育目标上的共性和人才的培养发展趋势上的共性，决定了两种教育形式在教学资源上更加具有共性，可以有效整合共享教学资源，互用教师、教学设备、教学场所和网络资源，这样一方面可以弥补高职教育办学层次单一、教学形

式相对传统、学生学习时间相对不灵活的缺陷；另一方面又可以弥补开放教育实验实训硬件欠缺、师资力量相对不足的弱点，从而促进两种教育的协调发展和共同进步。所以，实施开放教育与高职教育一体化办学，必须走资源共享之路，如开放教育开发的高水平远程网络教学平台、高质量的教学课件和管理软件等，可以应用于高职教育；高职教育需要开发高质量的职业技术教育课程，提供学生实验实训所需设施和装备，在满足自身需要的同时可以应用于开放教育。开放教育与高职教育在其办学方向和人才培养目标上具有共同的价值取向，同属于终身教育体系，将学校开放教育和高职教育的教学管理部门和师资配置等有机地融合为一个整体，实行一体化办学管理，整合学校现有教育资源，形成办学合力，对学校的发展具有前瞻性意义。

3. “多元发展”是开放教育与高职教育发展的必然趋势

“多元发展”是在“一体两翼、资源共享”前提下实施一体化办学的策略性运作，也是开放教育与高职教育发展的必然趋势。从广播电视大学发展来看，是以举办现代远程开放教育为主体的成人院校，因历史发展的机遇甚或自身发展的突围举办了高职教育，在某一阶段往往是某种教育形式占据相对的主体位置，但从长远发展来看，特别是从担当构建全新的终身教育体系的使命来讲，最终要求在资源共享的基础上谋求同步化多元性发展。在今天，如果放弃高职教育而专事开放教育，或放弃开放教育而专事高职教育，只能使学校事业发展的道路越走越窄，甚至已有成果归零。所以，必须站在全局性战略发展的高度，以广播电视大学举办两种教育的经验积累为基础，以社会化导向人才培养模式为内驱力，全面推动开放教育与高职教育既在各自的轨道上健康发展。以辽宁广播电视大学为案例，高职教育要以服务装备制造业高端领域及相关服务业为宗旨，以就业为导向，走产学研结合的发展道路；坚持职业教育现代化、社会化、市场化、终身化、体系化的现代职业教育理念，实现传统高职向现代高职转型；以提高质量为核心，增强办学活力，强化办学特色，提升社会服务能力，为辽宁省装备制造业产业结构升级和人力资源结构调整提供人力支持和智力支撑。开放教育要着力深化内涵建设，形成适应远程教育规律、具有地方特色的人才培养模式，把深化开放教育教学改革、提高教学质量作为教学重点，全面提高网上教学质量，积极加强共享专业建设和问题库、微课程等资源建设。

4. “互动提升”是一体化办学和多元化发展的目标性导引

“互动提升”是在“一体两翼、资源共享”前提下实施一体化办学“多元发展”的目标性导引。开放教育与高职教育在各自的轨道上健康发展的基础上，更要谋求在有效沟通整合的轨道上合力发展，即形成互动提升的发展态势，要求开放教育与高职教育同时举办的两种教育形式要相互配合、相互作用、相互推动，即二者是合一互动的关系，而不是顾此失彼，也不是彼此制约，更不是互相抵触。通过二者合一互动而达到“提升”的目的，即指达到其预定目标和程度，履行承担开放教育和高职教育双职双责能力的提升。互动提升要求在具体实施一体化办学过程中，从开放教育和高职教育两个大方面来讲，都要站在全局的角度来开展自身工作；从二者的任何具体工作开展，同样应有全局观念，要认清没有学校整体的发展，单一方面的发展也就不会有坚实的基础和条件；也要认清学校整体的发展是各个方面工作成效积累的结果。也唯有如此，才能够真正实现创建“一流开放大学、一流高职学院”，构建“活力高校、实力高校、合力高校、魅力高校”的发展目标。

开放教育与高职教育一体化办学工作方针的科学内涵的本质内核、理论体系、核心理念符合教育发展规律，符合事物发展的内在规律与逻辑关系，具有一定的科学性。坚持“一体两翼、资源共享、多元发展、互动提升”的一体化办学总体工作方针和思想理念，推进以“八个一体化”为基本要素的一体化办学理论与实践的紧密结合，是广播电视大学向开放大学战略转型的客观要求，是推动开放教育与高职教育一体化科学协调发展的有效保障。

第五章
开放教育与高职教育一体化办学工作方针的理论依据

研究开放教育与高职教育一体化办学工作方针，要阐述和论证开放教育与高职教育的基本内涵与特征的共同点和相同点，为研究奠定实践基础；要从教育发展规律和唯物辩证法、方法论、系统论等哲学理论观点中论证研究的理论依据。开放教育和高职教育的产生具有其时代背景和现实需求，随着我国经济社会发展及国民教育需求的变化，开放教育、高职教育独立存在于国民教育体系中的情况，已经呈现出其自身发展的约束性。因此，将开放教育与高职教育一体化办学具有很强的现实意义，将两者一体化办学，可以很好地解决各自独立发展所遇到问题及瓶颈。从现阶段两种教育的发展情况来看，将两者一体化办学不但具有可操作性而且具有充分的理论依据。因此，我们有必要从理论依据的角度上进行系统地分析，从而为更好地推动开放教育与高职教育一体化办学工作提供理论基础。

在研究开放教育与高职教育一体化办学工作方针的理论依据之前，有必要分析一下开放教育和高职教育的内涵与特征。

一、从开放教育内涵与特征看

现代远程开放教育是随着现代信息技术的发展而产生的一种新型教育形式，是构筑知识经济时代人们终身学习体系的主要手段。开放教育与传统教育相比，是一个很难从内涵和外延定义的一种新型的教育形式，但是作为现代教育领域的创新，它必然对人们产生巨大的吸引力，同时它也有巨大的发展潜力。

（一）现代远程开放教育的内涵

现代远程开放教育是主张人人享有平等的受教育权利，必须以先进的技术、先进的管理方式为支撑，是构筑知识经济时代终身学习体系的主要手段。若想深刻理解开放教育的内涵，就要研究广播电视大学的发展史，即现代远程开放教育的发展史。

1. 现代远程开放教育演变进程

回顾现代远程教育的创建和发展，分析它的内涵和本质，探讨它的地位、作用和自身建设问题，不能脱离一定的历史条件和教育整体发展状况，特别是开放大学（广播电视大学）的发展进程，这是我们获得现代远程开放教育正确和全面认识的基础。从 1919 年至今，先后经历了四个发展阶段，完成了四次飞跃。

（1）初创阶段——学历补偿教育模式

从 1979—1985 年，完成了从无到有的第一次飞跃。此间，构建了省市县三级办学网络，中央电大是一级平台，省市电大是二级平台，地县级教学点是三级平台，中央电大可以把教学资源传输到省市电大，主要是通过电视手段，实现了高等教育从校园内课堂走向社会，走到校园外，构成了“天地人”三网结合，三级平台互动的网络教学环境。建立和完善系统办学的规章制度和运行机制，为错过受教育机会的人提供接受可以和校园内教育同质量的学历补偿教育。招生对象是在职职工、学校教师和城市青年。教育目的是为文革中耽误的青年人，提供接受教育的机会。电大充分利用社会教育资源，狠抓教学质量，培养了一大批实用性人才，也赢得了较高的社会声誉。

（2）调整改革阶段——继续职业教育模式

从1986—1998年，初步实现了学习方式的方便灵活，探索了多种教学组织形式，并发展了录音、录像、计算机网络课件技术的第二次飞跃。这个时期电大的主要任务是探索多形式、多途径的办学。电大在早期形成的固定时间、固定地点、集中组织收看这种教育方式，遇到了工学矛盾挑战，限制了教育机会的进一步扩大，电大面临着如何探索出真正适应校园外教育的学习方式。因此借助着录音、录像这个技术的发展，电大实现了学习方式的灵活，就是把录音、录像带送到家庭，20世纪90年代末期又发展计算机课件，后来发展网络课程，因此随着技术手段的发展，电大逐步地由原来的固定时间、固定地点、集中组织收看，转变为利用录音、录像、计算机课件、网络课程实现灵活的学习方式。从而从单一的广播电视授课发展为多种媒体并用的教学方式。电大教育开始由补偿教育向成人高等教育转型，电大改革进入调整改革阶段。先后有成人专科、普通专科、注册视听生、中专教育、电视师范教育、职业教育、农村实用技术教育等。

（3）跨越式发展阶段——开放教育试点模式

从1999—2007年，初步实现了有支持的学习的第三次飞跃。这个阶段的重要特点，就是国家实施《面向21世纪教育振兴行动计划》和“现代远程教育工程”，教育部批准中央电大实施“人才培养模式改革和开放教育试点”项目，极大地促进了省级电大的改革、建设和发展。在这个阶段，电大除了招生规模、办学规模的迅速扩大以外，更重要的是在办学理念、思想观念、教学内容和课程体系以及教学管理模式、教学手段和方法等方面，发生了深刻的变化。除了传统的面授、辅导以外，发展了各种网上交互的方式，包括QQ、MSN、BBS、电子邮件、短信等。实现了从有机会学习转到有支持的学习，经过三十年的积累发展，电大的教育网络也更加的完善。因此，在这个基础上，电大发展了新的教学模式，这个教学模式就是原来的面授加上网络交互、在线答疑和学习论坛等。

（4）新型发展阶段——现代远程开放教育模式

从2007年至今，创立了具有中国特色的开放教育新形式的第四次飞跃。随着党的十七大召开，远程开放教育迎来了黄金发展机会。尤其是通过八年的开放教育试点，在教学模式、资源建设、师资队伍、系统网络等方面形成了自己的特色和优势。《国家中长期教育改革和发展规划纲要(2010－2020年)》围绕构建终身教育体系、建成学习型社会，作出“办好开放大学”的战略决策，国家教育部把广播电视大学系统作为开放大学建设基础，并列为国家20个重大教育改革项目之一。“十二五”开局之初，国务院批准云南、北京、上海、江苏、广东五省市和中央广播电视大学试点建设开放大学，全国电大进入向开放大学转型的关键时期。因而，现代远程开放教育是借助现代技术手段推进教育发展、促进教育开放的一种教育形式，是实现教育公平、推进和谐社会建设的有效途径。

2. 现代远程开放教育本质定义

“开放教育”能够真正地做到对人本的认同，对人格的尊重，应该消除一切限制和障碍，做到真正的教育社会化、教育终身化和教育民主化。开放教育的本质是一种具有哲学高度的理念，是一种思想、一种观念，一种态度。它不是特定的实践方法和特定的教育形式，它是人人享有终身接受教育的权利，不仅意味着对教育对象的开放，更重要的是教育观念、教育资源和教育过程的开放。

（1）开放教育的本质

第一，信息技术与教育深度融合的教育本质。

这一本质有三个要素：一是现代信息技术，这是媒介载体，包括先进的光缆、卫星、广播电视电子通信技术、计算机网络应用技术、多媒体技术。网络可传达、汇集音频、视频、数据等海量信息，可进行实时非实时、可视、多种交互式的远程教学，打破了传统教育的面授教育模式；二是现代教育资源，这是信息本体，包括教师资源、教学资源和图书资源等。通过校际间组建专家教学团队共建共享教学资源，制作成电子图书馆，达到多所院校共用；三是现代产业及机构，这是整合中介体，包括设计商、制作商、运营商等。要为开放教育研发各种教学、管理和服务系统，制作各种网络课程和课件等。

第二，教学交互与社会交互结合的教学本质。

这一本质有三个要素：一是以学生自学为主，是主体。即打破传统教育学生被动学习、强行记忆的壁垒，实行学生自主学习、自觉学习、主动学习、自我控制式的学习机制，而且学生在整个学习过程中始终处于中心地位；二是以教师导学为辅，是辅体。即打破传统教育以教师为主，通过课堂教学，进行灌输式的教学模式，实行教师为辅，教师只扮演指导者、引导者、支持者、帮助者、监督者的角色，从而以导学、助学、督学形式进行教学；三是以教学交互和社会交互为补，是补体。教学交互运用于多媒体教学资源的学习、网络环境下的各种实时教学和现代通信工具支持下的非实时教学；社会交互的范围非常广泛，包括师生、生生、生友、生网等交互，以消除个体学习的孤独感，增强远距离教学人文气氛。

第三，开放与质量汇合的服务本质。

一是满足现实条件下全体社会公民的学习需求，这是出发点。即实行服务对象开放、办学方式开放、管理方式开放、教育资源开放、学习时间开放、学习地点开放、入学资格开放，将开放理念融入办学过程和学习者学习过程。满足以岗位晋级和职位提升为目的的功利性需求，以调整专业结构、提高专业水平为目的的适应性需求，以就业为目的择业性需求，以个人的兴趣、爱好为追求的品位性需求；二是树立与开放大学特点相适应的新型质量观，这是立足点。规范教师、资源、课程、教学互动、考试考核等各个环节，推行标准化教学、规范化管理和服务，建立有效的教育教学质量保证体系；三是实现不同环境下有效的支持服务，这是落脚点。面向社会提供教育服务，承担社会责任，促进教育公平，为全体社会成员的学习需求提供支持服务，为基层、农村、边远和少数民族地区的教育需求服务。

（2）现代远程开放教育的定义

其一：教育。马克思认为，教育是人类特有的一种社会现象，是一种有意识培养人的活动。教育是一切称为学校、教育机构的根本属性。正如梁士荣先生1999年为开放教育下的定义："开放教育是以崇尚自由、顺应自然为理念，以社会化教育、终身教育为宗旨，以希冀获得教育者为对象，以寻求教育者的自主学习为中心，以最大限度的选择和最小限度的限制障碍，借助社会力量与科技成果，提供一切利于此种自由、自主学习的思想、教育方式、教育方法、教育手段的总和。"

其二：开放。开放教育改变了传统的学校封闭式的教育形式，指教学模式从学校围墙内、教室内解放出来，即从传统面授教学的时空限制中解放出来。宽进严出，免试入学，有教无类，为需要求学而因各种原因不能进入普通大学进行学习的人们提供了接受高等教育的机会，实现教育民主化，终身化，让公民平等享有受教育的机会。不仅包括入学时的开放，还包括教育观念、教育内容、教育对象、教育手段、教育资源、教学方式、教育地域、教育管理等一系列的开放。

其三：远程。现代远程开放教育中的"远程"，相对是"近程"，即校园面授教育。现代远程教育的主要特点，是教师和学生能够跨越时空进行实时或非实时的交互。"远程"，一方面，表明了学习主客体的相对分离状态和教学相对异步特征，强调学生的个别化自主学习；另一方面，表明了教学的先进技术手段，突破了教与学时空的局限，强调多媒体教学带来的教学手段革命性的变化。

其四：现代。开放教育体现的是符合潮流的现代教育价值观、质量观、人才观、学生观、教学观等教育观的现代化；体现的是使整个社会成员具备做一个现代人所应有素质的教育目标的现代化；体现的是多类型、多层次、多规格的教育结构的现代化；体现的是现代科学技术和各门课程发展最新成果的教学内容的现代化；体现的是充分利用现代视听工具和信息传播工具进行教育和教学，扩大教学范围，提高教学效率，实现教学手段和方法的现代化；体现的是教育理论和教育方法的现代化。

（二）开放教育的特征

广播电视大学开放教育是相对于封闭教育的一种教育形式，一是以天、地、人结合的网络教学环境作为支撑；二是有一大批适合自主学习的教学资源；三是有大规模培养人才的质量保证体系，即统一的教学计划、统一的课程标准、统一的教材、统一的考试和统一的评分标准；四是教学模式具有自主性、针对性、多样性的特点；五是有一个系统运作的教学管理模式。即统一规划规范、分工协调运作，统筹关键环节，全程质量监控，实行课程开放，分类指导服务。因此，从开放教育不同角度、不同层面上显示出不同微观特征看，可能归纳出六个方面的宏观特征。

1. 服务面向的大众化

传统精英教育主张高等教育是精英的特权，开放教育大众化是对传统精英教育的扬弃。开放教育大众化是一个量与质统一的概念，量的增长指的是适龄青年高等学校入学率要达到15%—50%。质的变化包括教育理念的改变、教育功能的扩大、培养目标和教育模式的多样化、课程设置、教学方式与方法、入学条件、管理方式以及高等教育与社会的关系等一系列变化。根据美国学者马丁·特罗的研究，如果以开放教育毛入学率为指标，则可以将开放教育发展历程分为“精英、大众和普及”三个阶段。他认为当开放教育毛入学率达到15%时，就进入了大众化阶段。开放教育就是随着经济的发展和高等教育日趋普及化，民众接受高等教育的机会越来越多，使每个求学者不分贫富贵贱都能得到一流教师的指导，都可以查阅最新的信息和资料，是真正意义上的全民教育、社会教育。

2. 网络资源的共享化

开放和共享是现代远程开放教育资源的基本特性。现代远程开放教育的基础，是建设满足教学和学生学习需求的多种媒体教学资源。开放教育网络最大的优势就是教学距离的远程性和教学资源的共享性。而对于网上资源的应用思路是“建设、整合、应用”。“建设”主要指教学资源的自我建设，“整合”就是将中央电大、省市级电大、县级电大三级平台上的教学资源以及普通高校的资源加以选择、组合，为学生使用教学资源提供咨询和服务。“运用”指除保证文字教材、课程作业外，还应将各专业的教学资源、IP课件以及教师自制的辅导课件，整合的教学资源挂在网页上，同时向有条件的学生刻录发放教学光盘。对于发达地区，通过远程教育可以有效地开发人力资源，而对于落后地区，可以通过远程教育有效的实现资源共享，加快教育的发展。

3. 专业设置的市场化

为顺应现代远程开放教育发展的要求，各级各类电大秉承为市场经济服务的理念，既要尊重教育规律，又要遵循市场经济规律，办学围绕市场办，专业围绕市场建，面向生产、管理和服务第一线，根据产业结构调整的要求加强专业建设，调整和改造对社会需求不相适应的专业，例如金融、会计、财务管理等专业；配合国家实施振兴产业规划，积极开发社会需求大、发展前景广阔的新专业，如汽车、机械设计制造及其自动化、数字媒体设计及制作等专业；重点加强特色专业、重点专业建设，扩展办学层次、规模和格局，在为市场经济服务的同时不断形成自己的特色和品牌，凸显电大存在和发展的价值为地方经济建设培养所需的特色人才、实用人才，目的是在人才竞争中取得优势，以求在激烈的市场竞争中抢占先机。

4. 教育形式的包容化

教育形式的包容化反映在教育体系内部各种类型、各种形式和各个层次教育的有机联系和终身学习的教育网络，最终实现各级各类教育之间的立体联结，即“你中有我，我中有你”。其中，开放教育与高职教育一体化办学尤为突出。形成我国44所省级电大中有27所同时举办高等职业教育，占61.4%，其中辽宁省12个市电大中有6所电大与地方高职合二为一。其核心理念可概括为“一体两翼、资源共享、多元发展、互动提升”。其实践体系可概括为“八个一体化”，包括：发展定位一体化、培养目标一体化、工作方式一体化、培养模式一体化、教育资源一体化、队伍建设一体化、教学手段一体化、日常管理一体化。其实质是采取适当的方式、方法或措施，将其有机地融合为一个整体，形成全面互动提升的协同效力，以实现开放大学的建设发展目标。

5. 系统联盟的产业化

现代远程开放教育的产业地位在经济发展中已经具有了十分突出的重要性。在知识经济到来的时代，现代远程开放教育产业化趋势集中体现在运行方式的变革当中。未来远程开放教育的运作一定是产业化联合模式，按“项目联手、平等合作、风险共担、互利共赢”的基本要求，用社会化方式，壮大开放教育办学力量，建成政府支持联盟、高校（职教）支持联盟、行业支持联盟、企业支持联盟，在办学、资源、技术和服务等方面展开战略合作，电大开展的现代远程开放教育与企业合作规模扩大、教学活动越来越以产业活动的需要为导向，企业、电大开展的现代远程开放教育以及社会发展良性循环这三者之间是一个必然联系的关系，也是现代远程开放教育产业化趋势的重要标志。

6. 教育体系的终身化

随着人类步入信息化和知识经济社会时代，教育的终身化、大众化、个别化、全球化日益凸显。现代远程开放教育是随着现代信息技术的发展而产生的一种最活跃、最有前途的终身学习新型教育方式。我国在国家终身学习战略的推动下，上海、北京、浙江、江苏、福建、湖南、云南、广东、山西、吉林、河北等我国大部分地区和省份，依托广播电视大学，业已通过构建各具地方特色的终身教育体系。福建省于2005年制订并公布了《福建省终身教育促进条例》，通过省人大立法的形式确立终身教育的地位；上海市于2007年设立了“上海市终身教育推进领导小组办公室”，做到了人人皆学、时时能学、处处可学；辽宁省 2014 年积极争取通过省人大推动“辽宁省终身教育促进委员会”的成立。终身教育和终身学习已由一种流行的教育思潮发展成为一项方兴未艾的国家教育运动，远程开放教育的可持续发展也依赖于融入终身教育体系和学习型社会的建设中。

总之，开放教育能够真正地做到对人本的认同、对人格的尊重。开放教育能够消除受教育者的一切限制和障碍，做到真正的教育终身化和教育民主化。正如梁士荣先生为开放教育下的定义：“开放教育是以崇尚自由、顺应自然为理念，以社会化教育、终身教育为宗旨，以希冀获得教育者为对象，以寻求教育者的自主学习为中心，以最大限度的选择和最小限度的限制障碍，借助社会力量与科技成果，提供一切利于此种自由、自主学习的思想、教育方式、教育方法、教育手段的总和。”由此可见，开放教育的本质是一种具有哲学高度的理念，是一种思想、一种观念，一种态度。它已经不是一种特定的实践方法和特定的教育形式。开放教育的本质为开放教育和高职教育一体化提供了可能。

二、从高职教育内涵与特征看

高职教育是充满活力和能量的教育，在我国现代职业教育体系构建中，高职教育起着重要的桥梁和纽带作用。高职教育应发挥其独特的功能，引领职业教育朝着正确的方向改革和创新，走内涵式发展、特色式发展、创新式发展的道路。

（一）高职教育内涵

高职教育内涵，不同的角度会有不同的诠释，但其核心内涵应包括以下四个方面：

1. 培养对象。高职教育属于高等教育的一种类型，又具有职业性质的特点，其对学生的入学要求也有具体的规定，高职院校招生是以具有高中或高中同等水平的中专、职高和技工学校毕业生为主体的，通俗地说就是具有高中文化水平或者与此文化水平相当的群体。

2. 培养目标。高职教育以培养满足社会职业岗位或岗位群实际需要的应用型技术技能人才为目标，为受教者提供从事某一职业的相关理论和实践技能，其培养目标有着很强的针对性。可以说，培养目标是在这四个方面的核心内涵中最为重要的。

3. 培养周期。高职教育的学习年限要依据具体专业的不同要求而分别设定，但其受教育年限与普通高等教育的年限应基本相当。高职教育在目前虽主要被定位在专科层次，但在新形势新需求的推动下，将高职教育延伸至本科及研究生教育层次也是十分有必要的。因此，高职教育从现在的以 2—3 年短周期为主体，向按专业要求和层次提升来延长学程进行转变。

4. 培养形式。高职教育以就业为导向，以培养应用能力为主线，产学研结合为途径，培养适应生产、建设、管理、服务一线需要的高素质技术技能型人才。高职教育的专业设置、课程体系构建等方面的针对性都较为明确，更侧重于实践能力的培养。因而，培养此类人才在专业培养计划中要创新课程体系和课程形式，不能沿用传统的模式。在教学中，将理论知识和实习实训并重；在课程设置上，紧密联系高职教育培养目标，重视受教者今后岗位工作的现实需要，强调课程本身的完整性、系统性和实用性。

综上所述，高职教育包含高等教育和职业教育双重属性，它是高等教育不可或缺的组成部分，也是职业教育的较高层次阶段，以培养高素质技术技能型人才为首要任务，此类人才介于科学研究型人才和直接操作型人才之间，既具备综合职业能力和较高专业技能，又面向生产和管理第一线，拥有对先进技术与先进设备的适应能力、良好的职业沟通与合作能力、思维创新能力等综合能力。如李克强总理所言：“‘中国制造’的差距主要是职业人才的差距。制造产品主要靠职业人才，但我们制造业从业人员中，中级职称以上的人员比例，与发达国家相比差距还很大。要发展与市场相匹配的职业教育、培养与市场相匹配的职业人才，形成‘不唯学历凭能力’的社会氛围。”新形势下，着力将高职教育打造成为终身型教育、能力型教育、创新型教育、就业导向型教育，在构建现代职业教育体系中发挥独特的魅力。

（二）高职教育的特征

高职教育作为高等教育的重要组成部分，既具有高等教育的普遍特征，又具备一系列独有的特征。

1. 高级性和专门性

高职教育既是高等教育不可或缺的组成部分，又是职业教育体系重要的构成要素。高职教育属于高等教育范畴，它所培养的人才是高级专门人才，是那些适应社会不同层次需要的高素质技术技能型人才。当前我国仍以发展专科层次的高职教育为主，但依据国情的现实需要和社会经济发展需要，今后也必须发展以本科层次的高职教育和研究生层次的高职教育为两翼的层次结构模式。随着高职教育层次的不断完善，其高级性和专门性将愈加凸显。

2. 职业性与技术性

高职教育是一种职业教育，以培养适应生产、建设、管理、服务第一线亟须的高素质技术技能型人才为根本任务，以培养学生的实践技术技能为核心，以社会需求、岗位需求为依据制订教学计划、设计教学体系及选择培养方案，并在对未来岗位进行职业能力、技术能力分析基础上确定人才培养目标，着重培养学生使用新设备、新技术的能力，使学生在未来工作岗位上具有动手能力强、适应能力强、创造能力强等特点。《国家教育事业发展第十二个五年规划》中将高职教育人才培养目标定位于培养产业转型升级和企业技术创新需要的发展型、复合型和创新型的技术技能型人才。因而，高职院校学生在充分掌握相关专业的基础理论知识以外，还具备相应岗位所需的操作能力和组织管理能力，在生产现场进行技术指导和组织管理，解决生产过程中的实际问题。所以说，高职教育人才培训具有较强的职业针对性和较专业的技术性。

3. 区域性与行业性

《关于加快发展现代职业教育的决定》中指出，“创新发展高等职业教育，培养服务区域发展的技术技能人才，重点服务企业特别是中小微企业的技术研发和产品升级，加强社区教育和终身学习服务”。高职教育应以区域为中心，为区域经济发展服务，根植于区域社会发展规划和经济建设之中。发展职业教育的出发点和归宿点可概括为“四个服务”，即服务区域经济建设、服务社会发展、服务行业发展和服务人的就业。因而，高职教育在人才培养、科技推广、区域经济引导及行业牵动发展等方面都是围绕着区域经济和行业发展而进行的。高职教育所培养的高素质技术技能型人才要面向区域经济建设，更具体来讲，是要面向当地大中小企业和乡镇企业，把现有的成熟技术和管理规范转化成实际生产和服务。毋庸置疑，高职教育为区域经济建设培养适用人才是其自身生存发展的根本所在。高职教育只有切实关注区域经济发展的变化，追踪区域经济发展的脚步，根据区域经济发展要求及时地调整专业计划和课程设置，使其课程内容、专业实践、服务项目都紧密联系区域和行业的现实需要，才能谋求到属于自己的一席之地。因而，区域性与行业性是高职教育的安身之本。

4. 合作性与互动性

高职教育是针对社会发展、企业需要而培养的实用型技术技能人才，与其他类型教育相比其最大的特点是产教融合、校企合作，这也是高职教育发展的独特之处。高职教育自身的特点和内在要求决定了实践教学是高职教学活动中的最为重要一环，可以说，高职教育当中理论教学和实践教学二者并重。这就要求高职教育应以学校为“第一课堂”，以企业为“第二课堂”，进行理论与实践互为交叉渗透的教学活动，实践教学也是培养学生职业技术技能的重要途径。鉴于此，高职院校要依附于地方和行业，服务于地方和行业，使人才培养更符合社会实际需求，尽可能实行开放办学，争取行业、企业的有力支持，拓展学生的就业渠道。与此同时，行业、企业也要积极参与到高职院校的办学当中，双方深入合作尤为重要。行业、企业应充分发挥主导作用，如参与专业设置、科学研究和部分管理、为院校提供技术专家辅导等。

实践表明，产学研结合、校企合作是企业、行业参与高职院校管理的重要形式。校企合作，是指高职院校要与相关的行业、企业在人才培养和技术研发、技术改造及技术创新过程中共同配合和相互协作。高职院校要依据企业的现实情况和实际需要，邀请行业或企业相关专家共同研究教学大纲、专业设置、课程开发、制订教学内容，为企业培养所需的适用型人才。通过依托于行业或企业为学生提供良好的、稳定的校内外的实习实训基地，来解决学校办学资金不足、实习设备不够等困难，同时校企共同研发来解决现实工作中的问题。

5. 实践性和创新性

高职教育培养的是产业转型升级和企业技术创新需要的发展型、复合型和创新型的技术技能人才。这样的人才既具有一定的理论知识，同时又具有丰富的实践操作技能，能够把已有的科学技术转化为现实的生产力。具体来讲，就是要善于把科研与开发设计成果应用到实际生产当中去，能够及时准确地贯彻决策者的意图等。这些均说明而向生产第一线所具有的特定专门业务知识技能以及技术操作技巧，都需要以生产实践作为基础。因此，高职教育人才培养模式是以实践能力培养为核心。表现在高职教学方式和教学过程之中，就是要求高职学生针对今后的职业岗位群完成常规的职业岗位训练，具备某一岗位群所必需的基础知识、技术和能力，正式上岗后能较好履行岗位职责，承担岗位工作，不需要由理论向实践转换过程中所产生的较长适应期。因此，高职教育要以“应用”为核心来构建教学体系和课程内容，基础理论教学以“必需、够用”为度，专业课加强针对性、实用性和目标性，实践教学的侧重培养学生的技术应用能力，在教学计划中有较大比例。

由此可以看出，高职教育是国民教育体系中高等教育的一种类型和层次，是和高等本科教育不同类型不同层次的高等教育。它重在培养学生特定岗位的操作能力与相当程度的理论知识，并且通过培养及锻炼学生的迁移能力，使学生能够将理论设计方案转化为具体实践规划，获得创造性技能。高职教育是一种时代性和区域性较强的高等教育类型。

三、一体化办学工作方针的理论依据

开放教育与高职教育在我国特定发展时期起到了积极作用，随着社会经济活动的变化，人们接受教育的需求也在发生变化。设想将开放教育与高职教育一体化办学符合当今社会发展需要，为了更好地解决将两者结合的问题，需要有理论依据作为保证。

开放教育与高职教育一体化办学工作方针的理论依据如下：

（一）“整体大于部分之和”系统论的科学运用

开放教育与高职教育一体化工作方针符合“整体大于部分之和”系统论的科学运用。系统是相互联系的或相互作用的诸元素的集合，最本质的因素是确定构成系统的诸元素的联系、联系性①。系统论不仅仅是反映客观规律的科学理论，同时具有科学方法论的意义，所有系统共同的基本特征都是整体性、关联性、等级结构性、动态平衡性、时序性。其中，整体性是系统论的核心思想。贝塔朗菲曾用亚里士多德的“整体大于部分之和”的名言来阐述系统的整体性，任何系统都不是各个部分的机械组合或简单相加，而是一个有机的整体。系统中的各要素不是孤立存在着，每个

---

①［苏］瓦·尼·萨多夫斯基著：《一般系统论原理》，贾泽林、刘仲、王兴成等译，人民出版社 1984 年版。

要素在系统中都处于一定的位置上，起着特定的作用。要素之间相互关联，构成了一个不可分割的整体。

系统论整体性原理提出，系统是由若干要素组成的具有一定新功能的有机整体，各个作为系统子单元的要素一旦组成系统整体，就具有独立要素所不具有的性质和功能，形成了新系统的质的规定性，从而表现出整体的性质和功能不等于各个要素的性质和功能的简答求和。系统的整体性，常常又被说成系统整体大于部分，作为一个关于整体与部分关系的最一般哲学命题，其实质是说系统的整体具有系统中部分所不具有的性质，系统整体不同于系统的部分的简单求和。系统论作为现代科学的新潮流，促进着各门科学的发展，反映了事物之间、社会生活之间的复杂性。因此，它的理论和方法得到了广泛的应用。认识系统特点、规律，并且利用它们去控制、管理改造或者创造一个系统，使它的存在于发展合乎人的目的的需要，这才是我们的任务。

从开放教育内涵及其特征的角度思考开放教育，我们不能把开放教育简单地理解为一种特定的学习形式，它是一种借助社会力量和科技成果，为渴望获得教育者提供教育方式方法的形式，开放教育的教育方式为受教育者提供终身学习的机会，由于受到其教学手段的限制，在培养学生技能上，效果不明显。高职教育从知识技能角度，培养的学生应掌握专业必需的文化基础知识和专业知识的基础上，重点掌握从事本专业领域实际工作的基本能力和基本技能，培养方式方法开展有效得当。但其开展终身教育以及最大限度地包容性上，由于受到其自身特点及内涵等因素制约，不能很好地实习。在当今开放教育发展的社会背景和高职教育发展的快速性趋势下，由于受经济社会发展需要，我们利用系统论的理论将原本两个相互独立的元素，找到它们之间的整体性和关联性，在处理好两者关系的基础上，将两者整合为一个有机的整体，达到了“整体大于部分之和”的效果。用系统论的理论将开放教育与高职教育一体化，是系统论实践应用的真实体现，两种教育模式优势互补，做到了整体大于部分之和。这种科学的系统组合，让开放教育和高职教育一体化更加变得丰富多彩。

总之，利用系统论所提供的新思维和新方法，在理论上为开放教育与高职教育一体化办学的实现奠定了坚实的基础。同事，系统论也为开放教育与高职教育一体化办学开拓了新路。

（二）“系统从无序到有序的演化规律”协同学的创新应用

将开放教育与高职教育一体化办学，是“系统从无序到有序的演化规律”的创新应用。协同学（Synergetics）是由原来联邦德国斯图加特大学理论物理学教授哈肯（Herman Haken）创立的。“协同学研究了远离平衡态的开放系统在与外界有物质或能量交换的情况下，如何通过自己内部协同作用，自发地出现在时间、空间以及功能上的有序结构的；它以现代系统控制科学的最新成果——系统论、信息论、控制论、突变论等为基础，同时吸取了耗散结构理论的精华，采用系统动力学的综合思维模式，通过对不同学科、不同系统的同构类比，突出了多维相空间理论，并且建立了一整套统一的数学模型和处理方案，在从微观到宏观的过渡过程中，描述了各类存在不同特殊性质的系统从无序到有序转变的共性”①。协同学的研究是从序参量、自组织、支配原理及涨落等角度开展的。

1. 序参量

“在远离平衡态的开放系统由无序向有序转化的过程中，系统不同的参量在临界点处的行为大不相同。哈肯根据参数在临界点附近变化的快慢将参量分为两类：一类是阻尼大衰减快的快弛豫参量；另一类是临界无阻尼的慢弛豫参量”②。这两类变量同时被包含在决定系统演化的微分方程组

---

① 徐浩鸣：《混沌学与协同学在我国制造业产业组织的应用》，哈尔滨工程大学2002年博士学位论文。

② 徐浩鸣：《混沌学与协同学在我国制造业产业组织的应用》，哈尔滨工程大学2002年博士学位论文。

中，并控制着系统演化的整个过程。在整个系统的运行中，序参量在其内部和外部的相互作用中居于主导地位，对系统的宏观和微观描述方面具有双重的意义和作用。

2. 自组织

系统内部自身的组织在一定的外界条件下，通过各种形式的信息反馈控制盒强化自组织结构，其相应的描述和分析方法称为自组织理论，它是协同学的核心理论；自发组织起来的系统的有序结构和功能是大量子系统之间相互竞争、相互合作，彼此联合一致、共同行动的结果；是系统本身所固有的不断协调各子系统彼此间的关系以消除紊乱而同化为一个有机整体并向新的有序方向的内在组织能力[①]。自组织发生的必要条件是：“①系统必须是开放系统，与外界不断进行物质、能量和信息交换；②系统必须远离平衡态，其内部存在着物质能量分布的显著差异，不断进行着物质、能量的宏观移动和变换；③系统内必须存在着非线性反馈的动力学机制。”[②]

3. 支配原理

支配原理是运行依赖于两大变量即快弛豫参量、慢弛豫参量。当外界的变换使系统达到某个临界点时，一个远离平衡态的开放系统的状态或结构就会失衡，随之其内部各子系统及其参量的分布情况就会发生剧烈地改变，形成快弛豫参量、慢弛豫参量两类不同性质的系统参量。

4. 涨落

“涨落”的一般意义是指系统的宏观量对其平均值所做的随机的、微小的偏离。在协同学中，则是指针对系统整体状态的运动。“在系统自组

---

① ［德］H. 哈肯著：《协同学》，徐锡申、陈式刚、陈雅深等译，原子能出版社1984年版。

② 王贵友：《从混沌到有序——协同学简介》，湖北人民出版社1987年版。

织过程中，由于控制变量的不断变化，一旦系统开始进入某个临界状态时，系统就会处于不稳定的状态，某种随机的微小的涨落可能通过协同效应而迅速放大，形成客观整体上的‘巨涨落’，使系统由一种不稳定的状态跃迁到一种新的稳定的有序状态，形成新的有序结构”。

开放教育与高职教育同属于国民教育体系中的一部分，两种教育的产生和发展都有其时代背景，都是为了解决某些特定问题而存在。当前经济社会与30年前发生了巨大的变化，两种教育将会不适应未来受教育的需求，就会显得无序化，因此，需要向有序化转变，利用协同学理论，我们可以看出，就整体而言，开放教育与高职教育一体化作为一个协同结构存在。其培养目标是此系统自组织水平的标志，在此系统内部，学科专业建设、课程设计、教育教学、实训实习等，是这个系统中最为活跃的因素，它们独立及相互间非线性作用，促进了系统内外能量、信息、物质等的交流和沟通，保持了系统活力，实现系统内部最大限度地无序。因此，它们实现着系统内部的耗散和共振，并在耗散过程中，实现系统内部的巨涨落，反过来又在加大系统内部各因素的活跃程度，实现系统内部的自动协同。将开放教育与高职教育一体化，将协同学作为一种解决问题的方式。从协同学的视角来看，开放教育与高职教育一体化是一个有机整体，是一个体系、是一个系统。

（三）唯物辩证法基本原理及其方法论的基本要求

唯物辩证法，即“马克思主义辩证法”。以自然界、人类社会和思维发展最一般规律为研究对象，是辩证法思想发展的高级形态。马克思主义哲学的重要组成部分。认为物质世界是普遍联系和不断运动变化的统一整体；辩证规律是物质世界自己运动的规律；主观辩证法或辩证的思维是客观辩证法在人类思维中的反映，是最全面、最丰富、最深刻的发展学说。它包括三个基本规律（对立统一规律、质量互变规律和否定之否定规律）以及现象与本质、原因与结果、必然与偶然、可能与现实、形式与内容等一系列基本范畴，而对立统一规律为核心。它是宇宙观，又是认识论和方法论。唯物辩证法的基本原理提出，物质决定意识，意识对物质有反作用。正确反映客观事物及其发展规律的意识，能够指导人们有效地开展实践活动，促进客观事物的发展。

开放教育是相对于封闭教育而言的一种教育形式。在20世纪80年代，开放教育弥补了我国当时教育资源不足的问题，为很多没有机会走入大学校门的求学者提供了学习的机会。开放教育的本质是人人享有终身接受教育的权利，不仅意味着教育对象的开放，更是教育观念、教育资源、教学过程的开放。开放教育利用其先进的远程教育技术手段传播和普及知识，但是，由于长期受到社会知识本位价值观、对“文凭”特定要求的用人机制、学科教育的惯性和开放教育自身缺陷的影响，广播电视大学开展的开放教育忽视了教育的社会功能，一直沿用学科教育的教学方法和管理模式，对广大学生技能培养难以落实，学生往往仅仅获得一张文凭而非真正的专业技能。在当前我国经济社会发展的大环境下，开放教育已经无法满足我国对应用技能型人的需求，也不能满足学生通过开放教育获得提升自身技能的需求。而高职教育是侧重于培养学生实践技能和实际工作能力的一种教育方式，它能够促进社会的发展。

开放教育与高职教育一体化办学正是利用唯物辩证法的基本原理，看到了事物发展的客观规律，看到了开放教育与高职教育两者所各有的优势，以推动教育发展的出发点提出的。

（四）唯物辩证法三大规律的科学实践

1. 对立统一规律为开放教育与高职教育一体化提供了动力

所谓矛盾是事物发展的动力，是指矛盾的对立面既斗争，又统一，或者说矛盾的相对的同一性和绝对的斗争性相结合，构成了事物的矛盾运动，推动了事物发展变化。开放教育和高职教育作为现有教育形式的两种，既有教育所具有的育人共性，同时也具有很大的不同之处。开放教育具有其自身的优势，学生入学方式无须参加统一的入学考试，采用“宽进严出”政策，学生的学习时间选择余地比较大；学习方式灵活，可以接受必要的面授辅导和网络学习支持服务，开放性大；开放教育强调个性化、多元化的培养模式；开放教育利用其先进的远程教育手段传播知识，这些都是开放教育的优点和特点。目前，开放教育的授课方式，还无法让学习者通过实践提升其自身技能的。但高职教育完备的实践教学基地为培养学生实践技能提供了良好的保障。从表面上看，开放教育与高职教育的一体化存在内部矛盾性。唯物辩证法的对立统一规律——事物内部矛盾是事物发展的基本动力，解决了一体化的内部矛盾。高职教育是以培养技能型人才为目的的，以服务发展社会经济为使命的教育形式，那么，就应当有一种与之互补的教育形式，服务于人的发展，满足受教育者个人愿望的教育形式，开放教育切好可以弥补。开放教育可以利用高职教育整个教学硬件资源，实现开放教育教学实践环节的有效沟通，同时，高职教育也可以利用开放教育平台实现人的自身发展。高职教育改革教学模式，借助现代信息技术，建立教与学的环境，为终身学习提供基础。整合教师资源，提升教师的教学实践能力，两类教师可以互相兼职，进一步更新教师的教学观念，有效让开放教育与高职教育一体化。

2. 质量互变规律为开放教育和高职教育一体化奠定了基础

作为唯物辩证法的基本规律，质量互变规律揭示了一切事物、现象发展过程中量变和质变的内在联系及其相互转化。这一规律表明，事物的发展变化存在两种基本形式，即量变和质变，前者为事物及其特性在数量上的增加或者减少，是一种连续、不显著的变化，后者是事物根本性质的变化，当量变达到一定的界限时，量变就转化为质变，事物的性质发生了变化。质量互变规律对于人们的认识和实践活动具有重要的指导意义，它要求人们要重视量的积累，注意事物细小的变化，不可拔苗助长急于求成，对于消极因素，要防微杜渐；同时又要根据事物的发展进程，不失时机地促使事物由量变到质变的转化。

起初主要为了解决广大国民继续教育的需求开设的开放教育，经历三十余年的发展，其办学模式、教学体系等已经非常成熟在量的积累上，开放教育积累了其他教育形式无法积累的成果。1996年，全国人大通过并颁布了《中华人民共和国职业教育法》，从法律上确定了高职教育在我国教育体系中的地位，由此拉开了高职教育发展的序幕。高职教育近20年的发展，取得了可喜的成绩，量的积累丰富。开放教育和高职教育两者量的积累，在一段时间内是一种连续、不显著的变化，经历几十年的发展变化，当变化积累到一定程度后，开放教育和高职教育产生了质的变化，这样的变化为两者一体化办学奠定了基础。

3. 否定之否定规律促进了开放教育与高职教育一体化办学

按照唯物辩证法否定之否定规律，事物发展的过程，都是新事物替代旧事物的历史必然。否定之否定规律揭示了事物发展的全过程和总趋势。事物的发展过程就是通过其自身的辩证否定实现的。当肯定方面居于主导地位时，事物保持现有的性质、特征和倾向，当事物内部的否定方面战胜肯定方面并居于矛盾的主导地位时，事物的性质、特征和趋势就发生变化，旧事物就转化为新事物。

开放教育的开办，主要是为解决当时多数国民受教育的迫切需要与教育资源匮乏之间的矛盾。开放教育在我国开展的几十年里，解决了当时社会存在的问题，肯定方面居于指导地位。改革开放以来，我国国民经济得到了飞速发展，教育事业也进入快速发展时期，各类教育方式都得到迅速发展。资料显示，2008年，普通高等学校在校学生2021万人，比1978年增加1935万人。教育普及程度明显提高，已接近中等收入国家平均水平。由于其他类办学方式的发展，人们对传统意义的开放教育的需求有所下降。当前，开放教育的否定因素已经开始显现，并有占据矛盾主导地位的趋势，事物的性质、特征即将发生变化。

高职教育的开展，是为了满足我国经济社会发展对大量技能型人才的需要。从二十多年的发展来看，高职教育已经取得了很大的成绩，为我国经济建设提供了一定的人才支持。但高职院校办学层次、类型单一，教育对象局限于高中学历，参加高考的全日制学生，以上问题都是高职教育的优秀教育资源开放性不足，无法提供人们终身授教育的现实需要，高职教育的否定因素开始显现。

开放教育与高职教育过往的教育设计均呈单向性特征，也就是说，两者教育形式的存在都是为了解决当时存在的问题而设计的。通过以上分析，我们发现在两者几十年的实施过程中，产生了新的问题。开放教育由于其教学手段多采用远程教育，对受教育者实践能力提升的需求无法充分满足；高职教育以国民经济行业分类作为专业设置依据，其教育更加偏重对经济发展的适应性，远离学习者个体需求，无法满足学习者终身学习的需求，比如招生限制、学习年限限制等。两者否定因素已经开始显现，并已经有占据矛盾主导地位的趋势。新问题，恰恰是两者不能独立解决的。利用否定之否定规律，将两者有机融合，一体化办学，新的办学形式替代原有的办学形式，能很好地解决矛盾。

实践是理论的基础，理论是实践的先导，加强开放教育与高职教育一体化办学工作方针理论依据研究是解决将两者一体化办学工作的现实需要，同样，也是建设现代开放教育与高职教育的重要任务。在一体化办学工作方针理论依据研究中，将系统论、协同学、唯物辩证法基础原理、唯物辩证法三大规律作为理论依据具有其合理性，以上理论依据可以很好的指导一体化办学工作方针的实践。

从开放教育和高职教育内涵与特征出发，对两者做了深入的研究和比较。结合我国当前经济社会发展和国民受教育需求，有必要推动开放教育与高职教育相融合，实施一体化办学，资源共享，优势互补，以满足社会人的需求和促进经济社会发展。理论基础作为实践的指导，有其研究的必要性。系统论、协同学、唯物辩证法是深入研究开放教育与高职教育一体化办学工作方针的理论依据。

第六章

开放教育与高职教育一体化办学工作方针的实践价值

研究开放教育与高职教育一体化办学工作方针，要重点阐述和论证一体化办学工作方针的实践价值。开放教育与高职教育二者虽然分属不同的教育类型，它们在教育手段、教育基础设施等方面各具优势及特色，但是二者在许多方面存在着共性和互补性。其一，开放教育与高职教育的组成要素是一致的，均为国家正规教育。其二，从教育的规范程度看，开放教育与高职教育均具备正规教育的基本属性：由学校主办，有完整的课程体系，具体的培养目标和教育对象等。在培养对象方面，高等职业教育目前属于全日制普通教育层次招生，开放教育则以招收各类在职人员为主，两者在招生方面形成互补。在培养目标方面，高等职业教育紧跟社会经济发展的趋势，把握专业方向，致力于培养应用型专门人才；开放教育在培养目标上则借鉴高等职业教育，根据在职成人的实际需求，提供可供选择的，适应工作需要的专业和课程。虽然表述有所不同，但从根本上说，两者的最终教育目标都是强调应用型和技能型人才的培养。在教育教学模式方面，二者可以互相学习与借鉴，各扬其长；在教学的硬件设施方面，二者可以资源共享，互补所短。这些因素决定了开放教育与高职教育一体化办学不仅具有必要性和可行性，而且具有内驱力。

一、一体化办学工作方针的实践基础

开放教育与高职教育一体化办学是基于构建终身教育体系、创建学习型社会的时代要求；是符合构建现代职业教育体系，适应地方经济社会发展的需要；是对两种教育在不同时期能够得以生存发展并具有旺盛生命力之源泉的认识。

（一）基于构建终身教育体系和创建学习型社会的时代要求

随着信息化社会和知识经济时代的到来，“终身教育”“学习型社会”成为共识，高等教育大众化、终身化和国际化进程加快。终身教育体系发源于20世纪60年代，80年代后开始在各国教育改革与发展中付诸实践，是指教育系统为个人提供一生参与有组织的学习机会，使其不断学习，提高素质，以适应社会发展的需要。终身教育体系应尽可能有效地向社会开放，各级各类教育之间应具有包容性，最终实现沟通与衔接。国务院于1999年1月批准的教育部《面向21世纪教育振兴行动计划》提出，到2010年基本建立起终身学习体系，终身教育作为一项规定和任务，已分别写入《中华人民共和国教育法》和《中国教育改革和发展纲要》中，提出构建灵活开放的终身教育体系。党的十八大提出的“完善终身教育体系，建设学习型社会”，是实现全面建成小康社会重大战略任务的根本保障；要从战略高度进一步提高对终身学习重要性、紧迫性的认识，以终身学习理念为指导加强和改进学校教育，大力发展继续教育，高度重视和加快推进教育信息化，切实加强学习型社区、学习型组织和学习型城市建设，全面开创学习型社会建设的新局面。

高等教育从精英教育向大众教育发展，从一次性教育向终身教育转变，从选拔培养少数社会精英向使大多数国民接受高等教育演进，接受高等教育成为人们工作、生活的组成部分。在终身教育思想下，人们对高等教育的需求主要是为了提升自身素质满足继续工作、提高精神内涵和生活品质的需要。为适应这一需要，教育应该不再是强调选拔和淘汰，而是要帮助每一个人成功，也更加应该向所有需要接受教育的人开放，以多样化的办学方式满足人们的不同求学选择。充分利用现代远程教育技术，发挥开放教育开放办学、开放育人的优势，有效服务于高等职业教育，为构建终身教育体系、建立学习型社会的提供重要支持和保障。将开放教育和高职教育相互交融、取长补短、互通有无、资源共享，为社会发展搭建更为广阔的教育平台，是构建终身学习教育体系、创建学习型社会的时代需要。

（二）基于构建现代职业教育体系以适应地方经济社会发展的需要

职业教育在现代社会发展中的作用被西方国家喻为“使社会走向博雅的杠杆”。职业教育使整个社会生活的技术含量、智能含量和精神价值不断提升，使一个国家整体的民族素质不断增强。教育规划纲要在第六章明确提出，“到 2020 年，形成适应经济发展方式转变和产业结构调整要求、体现终身教育理念、中等和高等职业教育协调发展的现代职业教育体系”。现代职业教育体系的建立必须把握的三个基本原则为：第一，现代职业教育必须关注经济发展的需求性。高等职业教育是适应工业社会对高等技术型人才需求的产物，相对于其他高等教育，具有更强的时代性。经济社会在升级，职业教育也必然要根据经济社会发展的实际进行升级；第二，现代职业教育必须关注终身学习的开放性。现代职业教育体系一定是开放性的，可以伴随终身不断进出；第三，现代职业教育必须关注职业教育的系统性。

高等职业教育能否建立主动的、适应市场经济发展的办学机制，构建现代职业教育体系，关键在于是否根据区域产业结构的变化、地方经济的发展适时地调整专业设置和专业结构，不断拓宽专业口径，为社会培养适销对路的人才，为学生创造宽阔的就业渠道。高等职业教育只有借鉴开放教育的理念，根据社会经济发展的新要求，建构开放的教学体系，确立开放的高职理念，才能紧跟社会经济发展步伐，适应市场需求变化，使学生学有所用；只有依托开放教育的成功做法，建设网络教学平台，运用现代网络技术，才能进一步将高职教育资源向更为广泛的社会各领域传播，才能最大限度地体现教育的广泛性和民主性；才能构建适合地方经济实际需要的开放性现代职业教育新模式，才能在提高全民族素质，推进社会主义现代化建设与构建和谐社会中发挥应有的作用。

（三）基于在未来持续生存发展并具有旺盛生命力的要求

在我国社会主义市场经济走向成熟，国民经济迅猛发展的时期，在计算机、互联网迅猛发展，人类进入信息时代的同时，在教育更加社会化、网络化和国际化的环境下，高等教育一方面规模上实现了历史性的扩张；另一方面已经或正在失去像过去那样的体制保护，日益被推入自我选择当中，“优胜劣汰”竞争日趋激烈。在开放教育理念推动下，国际上大多数高校均改变了传统的同一时间同一地点的课堂、黑板授课方式，实行学生自主选课、多媒体开放教学和学习过程、教学设施的开放。在开放教育理念的推动下，原有的教育模式僵化、教材陈旧等状况得以改变，高等教育的面貌焕然一新。“开放”已经成为当今高等教育发展的基本理念，成为高等教育的走向和发展趋势。

高职教育是在高等教育的基础上发展而来的，因此，只有彻底改变传统教育脱离社会现实自我封闭的倾向，不断强化自身的开放功能和开放优势，才能改变以往认为高职教育是高等教育“压缩饼干”的观念和现象，明确自身在经济社会和国民教育体系中的地位，凸显高职教育的特色和品牌，在高等教育的激烈竞争中立于不败之地。

现实表明，无论在国外或国内，开放教育机构要保住自己的地位，重要策略之一就是加强与传统大学间的合作。我国师资力量强大且社会信誉度较高的普通大学正不断地进入远程教育市场就是例证，自 1998 年教育部正式批准清华大学等4所高校开展现代远程教育试点以来，远程教育试点工作进展顺利，到2001年8月已有45所高校获准开办网络教育学院，截至2012年，全国共有68所高校开办网络教育学院。在联合过程中，远程教育机构依靠大学来设计和开发高质量的学习资源，学习资源的合作开发又对传统大学教学过程、教学质量的改善起到促进作用。开放教育与高职教育一体化，符合两种教育模式在新时代下生存与自身发展并具备旺盛生命力的认识和要求。

二、一体化办学工作方针对高职教育的实践价值

开放教育与高职教育一体化办学的实施为促进高职教育教育观念与模式更新、明确办学目标、突出办学特色、优化课程体系结构、完善师资队伍、完善实践教学条件、提升高职教学资源利用率、促进高职学校间科研和学术交流等诸多方面起到了助推作用。

（一）促进高职教育观念和模式变革

1. 促进高职教育思想和教育观念变革

传统思想认为职业教育是从就业需要的角度来确立职业教育原则，让接受职业教育者学会一门相应的技能。这种思想忽视了职业教育的意义是以人为本，是通过教育增强工作责任感，使受教育者不仅从教育中获得技能，还能突出自我，发展自我，最终提升开发创新能力。从某种意义上来说，开放教育对现代教育技术的应用，就是现代教育思想和教学观念的体现。应用现代教育技术，首先必须考虑能充分体现教师的指导作用，将传统的“教师”转变为“导师”，传统的“教学”转变为“导学”，教师应该由知识的灌输者转变为学生学习能力提高的引导者，充分发挥学生作为认知主体地位的新教育思想和教学观念。另外，开放教育的交互性从根本

上改变了学生的学习思维方式，使学生在思维上从“被动学习为主”转变为“主被动学习兼顾”，发挥了学生学习上的主观能动性，使学生更善于主动地思考问题、理解问题并解决问题，从而培养学生独立自主的学习思维模式。高等职业教育和远程开放教育相互沟通融合，在教育思想、教育观念上的相互碰撞，必然有利于促进高职教师改变传统的教育思想和教育观念，树立以学生为主体，以能力为核心，以引导为手段的教育思想和教育观念。

2. 开辟构建开放性高职教育新途径

《国家中长期教育改革和发展规划纲要（2010—2020 年）》提出，“进一步解放思想，更新观念，深化改革，提高教育开放水平，全面形成与社会主义市场经济体制和全面建设小康社会目标相适应的充满活力、富有效率、更加开放、有利于科学发展的教育体制机制”，提出高职教育要“把提高质量作为重点，以服务为宗旨，以就业为导向，推进教育教学改革”“实行工学结合、校企合作、顶岗实习的人才培养模式”，为确立开放式高职教育理念和模式指明了方向。

开放教育和高职教育一体化办学，利用开放教育系统，建设网络教学平台，实施网络技术在高职教育教学中的广泛应用，从而把职业技术教育的触角伸向企业、市县及农村，并进一步将高职教育资源向更为广阔的社会领域传播，构建其适合当地经济发展的开放性高职教育模式。

（二）推动高职教育办学质量提升

1. 更加明确人才培养目标和突出高职教育办学特色

明晰培养目标、突出特色是教育质量保障的前提。高职院校以培养适应生产、建设、管理、服务第一线需要的高等技术应用型专门人才为目标，学生应在具有必备的基础理论知识和专门知识的基础上，重点掌握从事本专业领域实际工作的基本能力和基本技能，高职教育特别注重进行适应社会发展和生产发展的实践动手能力的培训。培养目标的特性使原本就带有较强工具性倾向的高职教育，在人类知识科学方法精细化发展的今天，不得不设立更多、更专、更精深的专业以适应社会、职业发展的需要。这种较强的“针对性”“职业性”虽强化了高职“实用性”特征，但也陷进另一个“泥塘”，即传授知识的专门化与相对性（高职教育理论传授以“够用”为度）使学生的知识体系难免存在着较为严重的割裂与异化现象，这个“泥塘”会因知识经济时代的来临、信息社会的到来愈来愈“深陷”，最终对高职院校学生今后的职业流动和全面发展带来不利影响。

开放教育的产生是终身教育理念的结果。终身教育思想认为学校教育不再是终点，职业技能培训也不再是“一次到位”，在知识经济时代人们最重要的是“学会学习”。要“学会学习”，信息能力的培养至关重要。开放教育与高职教育一体化办学，现代远程教育手段在高职的运用着力点正是基于此。它在教学过程中的运用有利于使学生通过自主化、个性化的学习培养获取、选择、利用信息的能力。学生在互联网这个世界上最大的知识库中自由探索，发现并对获取的信息分析、评价、优选和加工；既开拓了视野、丰富了知识，又学习和锻炼了信息能力。现代教育教学手段的运用，还使得教师可以跨越时空借助教学平台对学生实施个性化教学，有利于贯彻“以人为本”的终身教育思想，平衡学生的个体差异，更充分地挖掘学生的创造力，可以说高职全面实现培养目标，离不开以现代信息技术为依托的远程教育的这“一臂之力”，开放教育的现代远程教育手段的运用将成为高职求特色、求发展的一个突破口。

2. 提供构筑贯通高职教育体系平台

建立高、中等职业教育相联结的，普通高教与高职相贯通的职教体系是我国职教界呼吁多年的问题。开放教育与高职教育的一体化办学，利用教育信息技术手段为我国职教体系的构筑提供了平台，依托开放教育办学项目，开展面向全民的终身学习服务工作，探索建立适应终身学习的体制机制和管理办法，实现实质意义上职教间的相互沟通，有必要把教学内容、课程体系等关键要素置于一个“平台”上，对职业技术人才的综合素质（如科学态度、思维方式、社会责任感、创新精神等）进行整体的构架。而开放教育所具有的超时空性、开放性、教育资源的共享性等特性正可以为这个“平台”的建立提供良好的技术支持，为搭建各类、各层次教育和终身学习“立交桥”，构建贯通的职教体系提供了技术保障。

（三）促进高职教育课程体系优化与教学内容更新

1. 促进高职教育教学手段和教学方法的变革

随着现代计算机技术、通信技术的发展，人们的交往方式、学习方式、工作方式、生活方式也都发生了很大的改变。开放教育与高职教育一体化办学，以计算机为核心的信息技术、通信技术、网络技术给课堂教学提供了新的手段，注入了新的活力，可以改变高职传统课堂教学的教学方法和教学手段。开放教育在互联网上丰富的教学信息资源和多样化的呈现形式，使高职教学方式的改革和创新有了更大的可能。传统的班级授课制使因材施教或个性化教学难以真正实施，而计算机网络所提供的丰富的信息对学生的差异教学实施提供了较大面积的覆盖的可能，从而实现对学生个性化教育的全面关照。在计算机网络环境下，教师、课堂、教材等均为变量，学生可根据自己的需要选择求教对象，在适合自己的时间、地点以自己喜欢的方式进行学习或获取学习资料等。自主式学习的实现，使教学方式突破了原有的“教材、教师、课堂”三中心，“以学生为主体”成为现实，这将推动学生的创造力培养。多媒体课件、电子作业系统、虚拟显示、超媒体技术、远距离教学、网上平台等现代教学媒体能根据课堂教学内容、教学目标和学生认识水平的需要，直接介入课堂教学活动过程，以丰富多彩的表现手段，具体形象地再现各种事物、现象、情景、过程，不受时间、空间、运动状态的限制，帮助学生充分感知知识、理解知识。毫无疑问，这是教学改革和发展的趋势、是教学整体改革的突破口。开放教育与高职教育一体化办学，正是充分利用和借鉴开放教育的教学手段，实现高职教学手段和教学方法变革的重要途径。

2. 促进高职教育课程体系优化与教学内容更新

高职学校的培养目标决定了高职教育的起点和归宿，这就是应用，其教学内容与课程体系也强调理论知识的应用，且它是为技术应用能力的培养做准备的。因此，高职的教学内容与课程体系应摆脱学科系统性、完整性的束缚，建立“以能力为基础的教育体系”，从职业能力入手，改革单一的课程模式，开发以职业能力为本位的课程，并将学生综合职业能力和全面素质的培养系统地贯穿于教学过程的始终。

构建“以能力为本位”的课程体系和教学内容是高职改革的方向。然而，传统三段式的课程设置模式，陈旧、不适应应用型人才培养目标的教材，都无从体现高职教育的特色。开放教育中现代教育技术手段的运用有利于改变这种困境。第一，网络技术共享性、规模化、系统化的特点，有利于克服高职院校在对教学内容、课程体系改革中各自为政及低层次重复的现象。通过网络有利于实现对各高职院校，有关部门的教学资源的发掘与整合；第二，现代远程教育手段的运用沟通了专业、学科之间的联系，改变了它们之间“各立山头”的局面，有利于从教育现代化的高度优化教学内容，增强教学内容的时代性，课程设置的综合化，对高职院校扩大学生的知识面，提高适应能力，起到了积极的促进作用。

（四）完善高职教育实践教学条件并提高实践设施利用率

1. 完善高职教育实践教学条件

实践教学在高职院校中占有十分重要的地位，它是落实学生职业能力培养的基本措施。但是，长期以来由于办学指导思想、经费投入等原因，高职院校在实训基地建设上仍然很薄弱，适应高职教育需要的实践教学体系还未能真正建立，这也是影响高职质量提高的重要原因。教育部提出，要根据高职教学特点，不断更新设备，提高现代科技含量，形成教学、科研、生产相结合的校内外实习、实训基地。改革的方向是明确的，但达到目标却困难重重，尤其是在知识经济时代，知识更新速度加快，职业技能的内涵不断更新，要用“死的设备”适应“动的态势”是不现实的。利用开放教育中的网络、移动终端和数字化资源，把学习和实践中难以演示、教师难以用语言讲述的内容生动地展现出来；搭建基于网络的远程实践教学平台，在学生分散实习实训时，及时开展释疑解惑，实现“学中做，做中学”的有机结合；利用网络技术和虚拟仪器技术构建虚拟实验室，将高职教育传统的实训室实训方式与虚拟实训、仿真实训相结合，学生可以通过软件进行仿真技能训练，从而达到熟练操作的目的。依托开放教育手段，提高了高职教育的实践教学质量，降低了高职教育教学成本，进一步完善了高职实践的教学条件。

2. *提高高职教育实践教学设施利用率*

高等职业技术教育的培养目标是面向生产、建设、管理、服务第一线的高技能型应用人才，其主要特色在于所培养的人才具有较强的技术应用能力和较高的职业素质，高职院校通过实践教学这一重要环节来确保培养目标的实现。实践教学资源是高职院校进行实践教学和科研的根本基础，在一定程度上保证了高职院校教学质量、科研水平，反映了高职院校的实力水平。进入21世纪，随着国家关于大力发展教育的重大战略举措的制定与出台，高职教育得到了跨越式的发展，与开放教育相比，高职教育建立了相对完备的实践教学设施。而开放教育则存在着实验实训硬件条件欠缺、实践教学师资力量相对不足的弱点。开放教育与高职教育一体化办学，根据统筹管理的原则，利用高职学生的课余时间，将开放教育学生的实践性环节、技能鉴定等内容安排在高职校内实训基地完成，既节省了购买设备的资金，避免了重复投入、资源浪费的情况，又最大限度地发挥教育投资效益，提高了高等职业学校实践教学资源的利用率，符合建立节约型社会的时代要求。

（五）助推高职教育师资队伍结构优化

现代远程教育教学手段彻底打破了教师对知识垄断的格局，教师由知识的传授者转变为指导者、组织者，教师自身角色的转变，确立了为学而教的思想，由“研究教法”转移到与“研究学法”相结合上来，由“以教定学”转变为“以教助学”上来，这就对教师的组织能力及与学生随时交流和互动的能力提出更高的要求。根据高职教育和开放教育的实际需要统筹兼顾，通过引进、培养、资源共享等流动机制，调整优化教师队伍结构。高职教育师资与开放教育师资交叉聘用，对高职教师进行网络技术、多媒体应用技术等现代教育技术培训，提高高职教师现代教学技术应用能力，改进了高职教学方法，使高职教师逐步由知识的传授者转变为学习的指导者、组织者。开放教育教师在高职兼课中，组织能力和与学生随时交流互动的能力得以不断增强。在一体化方针下的高职教育教师与开放教育教师相互融合的条件下，完成高职师资队伍的优化。

（六）促进高职院校间科研和学术交流

我国高等职业学校主要分布在经济发达地区和中心城市，不同地区间职业教育的发展极为不平衡、不同的高职院校间办学条件也存在差异。这些差异影响了高职教育整体质量的提高，影响着全国范围内对劳动者素质的培养和提高。开放教育具有开放共享性、自主性、交互性、集成性和生动性等特性，其优势在于它可以突破时空的限制。开放教育思想的影响与现代技术手段的运用，使人们更加注重高职院校间教学资源、师资队伍的共享与整合，科研和学术成果等方面的充分交流，高职学院的教师能够通过网络等多媒体手段学习国内外知名院校的先进经验，与其他院校的优秀教师进行交流和沟通，为广大教师提供更多更好的学习机会。学院的教师能够突破时空限制，获得除书本以外的更加丰富的学科信息，共享各地的资源。开放教育与高职教育一体化办学，借助现代先进技术，能够从根本上改变我国高职教育发展和学校分布不平衡的局面，为教育薄弱地区的人们提供更多更好的学习机会与条件，达到了平衡地区差异，全面综合发展，促进学校间科研活动和学术交流的目的。

三、一体化办学工作方针对开放教育的实践价值

开放教育与高职教育一体化办学过程中，高职教育教学条件为开放教育在建立学生支持服务系统、丰富网上教学辅导资源、弥补实践教学条件的不足、推进人文素质教育建设、提升教师专业吻合度、促进与职业资格证书融合等方面提供了有力保障。

（一）借助高职教育教学条件，完善开放教育学生学习支持服务系统

开放教育的显著特点是自主学习和个性化学习，要保持开放教育的顺利进行，必须建立与它相适应的管理机制和服务体系，即学生支持服务系统。学习支持服务是开展开放教育的关键环节，是学习者获得成功的保证，是培养学生成为自觉的学习者的必要条件，也是创建学习化社会不可忽视的一个重要因素。如何在资源允许的情况下，为远程学生提供有针对性、个性化的服务，从而使开放教育能在最大范围内、最大程度上激发学生的学习自主性，满足学生的学习需求，获得最佳的学习效果，关系着开放教育能否获得成功。可见，建立高效、灵活的学习支持服务系统，为远程学生提供全面的学习支持服务对于开放教育而言有着重大的意义。进入21世纪以来，国家制定了大力发展教育的重大战略举措，高职教育得到了跨越式发展，其在良好的办学条件、特色鲜明的专业设置、稳定的高素质教师队伍、完善的实践教学设施等方面的优势恰好弥补了开放教育在支持

服务方面的不足。开放教育和高职教育一体化办学，借助高职办学条件，建立学生支持服务系统成为可能。

（二）利用高职教育实践教学资源丰富开放教育网上教学资源

开放教育专业教学的实践性很强，很多教学内容与生产实践关系密切。因此，开放教育必须提供大量的教学录像、生产加工录像、多媒体动画等教学辅导资源，帮助学生深入理解教学内容。高职教育学生的学习时间相对固定，课程实践性强，很多教学内容只依靠教材讲解很难掌握，课后复习有一定难度，也需要增加必要的网络辅导资源，帮助学生消化理解课堂教学内容。因此，开放教育和高职教育一体化办学，利用高职实践性实训基地建设条件好，合作企业硬件条件完备，实践教学环节设置较多，配有双师型素质教师，更容易完成实践教学音视频等教学资源的优势，实现开放教育和高职教育资源共享，丰富开放教育网上教学资源。

（三）利用高职教育实训基地弥补开放教育实践教学不足

近二三十年，以技术技能型人才为目标的高职院校注重实践教学，在实践基地的建设、管理及利用方面已探索出自己的路子，具备了相当的规模和实力。目前，开放教育主要依托网络平台建立的网上模拟室开展实践教学活动，虽然在一定程度上解决了学生的实践教学问题，但与真实情境下的实践教学还是有很大的差别，与高职教育建立起来的实训设施较为齐全、现场感较强的实践实训基地教学相比，仍然存在着仿真性不够、操作程序比较简单等缺陷，在一定程度上影响了开放教育学生技能操作水平的提高。开放教育和高职教育一体化办学，实现开放教育和高职教育共享校内外实训基地，把开放教育的实践性教学环节安排在高职校内实训基地或对口合作企业来完成，既可以解决开放教育重复投资建设实训基地问题，也满足了开放教育真实情境下的实践教学不足问题，从而保证开放教育教学质量。

（四）利用高职教育校园文化助推开放教育素质教育功能的实现

开放教育，其要义是为一切社会成员的终身发展服务，应该更加凸显以人为本的核心理念，更加凸显人的全面发展的本质内涵。由此可见，开放教育实质上就是一种素质教育。对开放教育学生的教育，与其说是一种知识的传授和技能的培养，不如说是一种人格的锻造和素质的提升。从某种意义上说，由于开放教育学生在进入工作岗位之前未能接受系统的高等教育，大学的校园环境以及由此承载的校园文化氛围的熏陶，对他们来说，恰恰显得更为重要和不可或缺。因此，依托高职教育构建开放教育的校园文化，既包含了校园网络等虚拟环境的建设，也包含了校园环境、人文景观、文体设施等实体环境的建设。在虚拟环境建设方面，要充分发挥网络建设和网上资源的优势，构筑网上文化氛围，大力开展广大学生喜闻乐见的网上文化活动；在实体环境建设方面，要充分发挥高职校园环境、人文景观、文体设施以及广播、电视、学报、校报等媒体的作用，充分运用各种活动载体，大力开展丰富多彩的校园文化活动。因此，开放教育和高职教育一体化办学，有利于更好地利用高职校园文化助推开放教育素质教育功能的实现。

（五）利用高职教育师资队伍提升开放教育教师专业吻合度

开放教育配有专门教师队伍对基层教学单位进行导学、助学、促学工作。由于开办的专业及课程数较大，教师资源相对不足，在相当程度上存在责任教师专业背景与所管专业、课程不一致的情况。高职教育与开放教育一体化办学之后，开放教育的专业、课程以及导学中心的教师均可以依照教育部公示专业大类划分到高职的系部，使得现在从事开放教育管理工作的教师的学历背景与专业的吻合度大大增加，使得导学、助学、促学工作的专业化程度大大增加。另外，每位教师管理的课程门数减少，意味着对学生的答疑、服务会更加精细化，学生满意度进一步提升。

（六）利用高职教育“双证制”教学促进开放教育与职业资格证书的融合

随着社会的发展和新技术的日益复杂，岗位的职业要求也越来越精细化，职业资格证书作为从事某一职业所必备的学识和技能的证明，具有学历教育不可替代的作用。开放教育与高职教育的一体化办学，借鉴高职“双证制”教学经验，将开放教育的专业课程设置和教学内容与相应的职业资格考试接轨，将专业技术职业能力的训练与职业素质的培养融入到开放教育的教学中，将职业资格教育融入学历教育之中，开放教育与技能证书结合起来的教育方式，对提高学生的就业竞争力无疑具有重要的作用。积极引导学生获取相应的职业资格证书，为学生参加相应的职业资格考试提供便利，将为提升学生的岗位适应能力和竞争能力打下坚实的基础。

当前，发展开放教育和高职教育均已成为我国科教兴国战略的重要组成部分。开放教育作为知识经济时代人们终身学习的主要手段，是推进全面学习的重要支撑。先进的办学理念、广阔的覆盖面、灵活的学习方式、多样的教学方法、先进的教育信息化设施、丰富的网络教学资源，能够解决高职教育在规模和格局方面远远不能满足社会需求的短板，并使学生在学习过程中学会运用现代网络技术自主学习。高职教育作为高等教育大众化的主要力量，拥有较为完善的实践教学条件，丰富的实践教学经验、稳固充足的师资力量，可以有效弥补开放教育实训硬件条件欠缺、师资力量相对不足的弱点。依据“一体两翼、资源共享、多元发展、互动提升”的理念，将开放教育独特的“开放”理念渗透到高等职业教育中，将职业技能和职业素质的培养融合到开放教育教学中，二者充分发挥自身优势，互相之间交叉渗透，既符合构建终身学习教育体系、创建学习型社会的时代要求，又能够满足地方经济发展对高技能应用型人才的需求，具有十分重要的实践价值。

第七章

开放教育与高职教育一体化办学工作方针的实施方略

研究开放教育与高职教育一体化办学工作方针，还要重点阐述和论证开放教育与高职教育一体化办学总体工作方针的实施方略，侧重阐述论证“八向八要”工作原则。“八向八要”工作原则，既是对一体化办学实施要求较为全面、系统的表述，也是一个较为完整并统一运作的整体工作链条，不可或缺。“八向八要”工作原则是贯彻实施开放教育与高职教育一体化办学“一体两翼、资源共享、多元发展、互动提升”总体工作方针的切入点，也是提高总体工作方针执行力的行动准则。

一、一体化办学“八向八要”工作原则

在建设开放大学过程中，如何协调好开放教育与高职教育两种教育形式之间的关系，充分整合现代化教育资源的优势，提高教育质量和办学效益，是面向未来发展必须要解决的问题。在实践工作中如何贯彻落实“一体两翼、资源共享、多元发展、互动提升”总体工作方针，推进以“八个一体化”为基本要素和内涵的一体化办学，关键在于坚持“八向八要”工作原则。“八向八要”工作原则是贯彻一体化办学总体工作方针的执行力之所在，“八向八要”工作原则将学校各方面工作重心和关键点有机连接，构成了推动“多元发展，互动提升”的能力体系，是贯彻实施开放教育与高职教育一体化办学总体工作方针的切入点，是提高总体工作方针执行力的行动准则。

（一）向思路要出路

“向思路要出路”的基本内涵是思路决定出路，有思路才有出路，思路宽出路大，只有通过创新思维，才能切实把握发展思路和发展方向。

1. 拥有正确的思路才能有正确的决策

思维创新是学校改革与发展的基础和先导，是学校在各项工作中形成创新力的前提，是学校创新性实践的方向和灵魂。只有改革，才有活力；只有创新，才有发展。只有坚持思维创新发展理念，才能切实做到以改革为动力；才能切实把握学校发展的方向；才能切实形成科学准确、切实可行的学校发展思路。创新思维，开拓思路的方法多种多样，事业的发展不会一帆风顺，在面对不同的困难、问题时要具备不同的能力，面临危机时，要具备正面思考的能力，面对困难时人们往往偏重负面思考，而负面思考往往会带来比困难本身更多的麻烦，只有通过有意识的主动改变负面的思维方式，才能更好地去解决所面对的困扰问题，发掘自信心、鼓足勇气①。事物总有两面性，因此要具备换位思考的能力，对同一件事情，立场不同的人往往会有截然不同的看法，只有具备换位思考的能力，才能真正地理解事物的客观现实性，找到解决问题的办法。当工作中沿着传统的观念与思维遇到困难时，逆向思维和发散性思维往往会为解决某一常规思维遇到的困难提供新的方向，采用逆向思维和发散性思维的前提是对思维对象进行全面的分析，细致地了解思维对象的具体情况，在结构上从已有事物的逆向结构和发散形式中去设想，由目的反推回具体的可行性做法，利用反条件和多因素达到理想目标。当现有的条件不能满足我们事业发展的需要时，我们需要发散的思维来拓展我们事业发展的空间，要学会纵向思维、分合思维、质疑思维。当事业的发展出现“此路不通”的情况时，

---

① 闵布滚：《理论决定思路 思路决定出路》，《学习与实践》1996 年第 4 期。

我们要具备迂回思维的能力。思路决定出路，想法决定做法。有什么样的思路就会有什么样的出路，只有确定正确的思路才能有切实的出路和决策。

2. 掌握正确的思路才能提高处理和解决问题的能力

对于广播电视大学来讲，思路的开阔与否，决定其发展的道路该如何来走，要实现战略转型提升的宏伟目标，就要在思路上和观念上大胆突破，推陈出新，追求一种前所未有的新境界。拓展思路，就是要锐意改革。开放教育与高职教育作为广播电视大学的“两翼”经过了多年的快速发展，如何把握机遇，在现实中创新思维，实现广播电视大学向开放大学、传统高职向现代高职的战略转型提升，实现事业的“百尺竿头，更进一步”，思路的转变至关重要，只有拥有成功的思路，才能塑造成功的思维，找到成功的出路，才能克服事业发展的障碍，只有掌握正确解决问题的思路，才能提高处理问题、解决问题的能力，才能为事业的发展提供坚实的思想保障。

3. 思想理念清晰才能拓宽发展出路

“向思路要出路”是要用正确理论武装思想，拓展思路，统一认识，联系实际，逐步形成正确的决策，化为可行的具体方案与措施，并通过实践活动，把这些方案与措施转化为事业发展的方向，开创事业发展新的辉煌。在这样的“思路→出路”的过程中，只有思想理念上的清晰，才能有思路上的开拓，也才能有出路上的宽广。正确的思想理念是处在首要位置的，而要具有正确思想理念，关键要坚持理论联系实际，要坚持调查研究，因为只有这样，才能获得全面而准确的材料，通过论证得出比较符合实际和有价值的认识；也只有这样，才能检验我们的认识，发展我们的认识，促进决策的完善。在“向思路要出路”的工作方针中，思路是因，出路是果。我们创新思维，拓展思路的目的是实现未来的道路越来越宽广，是开创事业发展新的高峰，而事业的飞速发展必将为我们带来更开阔的视野与更现代的理念与思维，最终使我们的事业发展进入互动提升的良性循环中。

（二）向改革要发展

“向改革要发展”的基本内涵是改革是发展的基础，要创新发展就要改革，只有不断改革才能不断发展。

1. 改革是发展的基础

党的十八大报告提出了“推动高等教育内涵式发展”的目标，进一步明确了教育改革发展的方向。全面贯彻落实高等教育内涵式发展的战略部署，需要正确认识和处理影响高等教育发展的若干重大关系。广播电视大学（开放大学）和高职学院承担着人才培养、服务社会、继续教育、文化传承创新四大职能任务，同时还要承担起终身教育重担，必须走内涵式发展之路。要推动内涵式发展首先需要处理好人才培养与责任使命的关系，确立以教学质量为核心，以多元发展、社会服务为目标，以加强教育质量管理为重要支撑，以管理机制改革为前提。在现有的办学体制和运作机制条件下，如果孤立地抓质量管理，不仅难以实现学校发展方式的转变，甚至还可能会陷入发展困境，因此，要实现学校事业的发展，必须要提升驾驭改革的综合能力，必须切实贯彻全面深化改革的基本要求，有效应对利益诉求多元化的复杂局面①。要强化实践特色，坚持和发展改革开放的实践经验，与时俱进推进改革实践。要强化全局意识，要注重改革的系统性、整体性、协同性，做到全局和局部相配套、治本和治标相结合、渐进和突破相衔接。

---

① 《高等教育服务质量评价研究与实践》课题组：《以服务质量观为指导，促进学校的改革和发展》，《现代大学教育》2002 年第 6 期。

2. 提升综合能力是改革的关键

要突出问题导向，抓住关键问题，从制约学校事业发展最突出的问题改起，着力破解各种矛盾和问题。要实现事业的发展，必须全面深化改革。要实现事业的飞速发展，就必须提升驾驭改革的综合能力，必须正确处理好改革发展中的各种关系，在推动改革部署落实中把握好一些重要问题。要处理好顶层设计与基层探索的互动关系问题，做到自上而下与自下而上相结合；处理好解放思想与扎实稳妥的关系问题，胆子要大、步子要稳，善于积小胜为大胜；处理好整体推进与重点突破的关系问题，加强改革措施的配套和衔接，增强改革的针对性和实效性；处理好深化认识与提高行动自觉的关系问题，深刻理解国家和省《教育中长期发展规划》的改革精神，把工夫下在抓落实上。

3. 推动发展是改革的动力和目的

改革是发展的基础，发展是改革的动力和目的。尽管改革与发展并不完全同步，但是二者之间的确存在着非常紧密的互动关系，它们是相互影响、相互促进、共同发展的。一方面，改革要解决的问题来自发展中遇到的困惑，是现实中迫切需要解决的认识和发展性问题；另一方面，发展的探索和创新为改革开拓出进一步深化的空间，推动和引导着改革不断地向前发展。在一定意义上可以说，发展是改革本身的一个构成因素，是改革中的一种现实力量。因为，改革固然是事业发展的重大调整，但又不仅仅是对利益关系的调整，而且还是社会意识和发展观念的一场革命。人们对待改革的态度通常首先是由利益关系所决定的，但是又不仅仅受其自身利益所决定，还要取决于人们对改革措施是否符合事业发展的价值判断。改革发展是在与实践的相互作用中发展的，改革前进的每一步都是由于事业的发展提出了需要解决的新问题，那些不能按照老办法解决的现实问题，永远都是改革的源头①。改革方向的变化往往是由于现实的困境促成的，因为一种工作模式一旦成为固有观念后，是不会轻易改变的，只有当按照原有思路发展的实践已经或者几乎走到了尽头，无法继续延续下去时，才会转而接受新的理念。在事业发展的转折关头，改革创新至关重要。改革有其自身的规律，创新既不能脱离既有学术思想的传承，同时又需要与外界交流的思想碰撞激发的灵感，它是在问题意识主导下，各种发展资源的滋养和互动中，由创造性研究工作来具体实现的。事实上，改革发展更大程度上是在与传统发展的斗争和不同发展观点的争论中实现的。因此，观点分歧和争论不仅是正常的，还是必要的。只有不同观点的自由讨论和争鸣，才能避免实践中的片面和偏颇。

（三）向管理要效能

“向管理要效能”的基本内涵是管理是方式，效能是目的，只有通过有效的管理方式，才能达到提高工作效能的目的。

1. 管理对发展至关重要

管理对于发展有至关重要的作用。近年来，我国政府对高等教育的投入呈持续增长态势，但还远不能解决公共教育资源的有限性与大学规模迅速扩大、社会需求多元化之间的矛盾。高等教育的办学质量、办学效率及社会效益日益受到社会各界的关注②。《国家中长期教育改革和发展规划纲要（2010—2020年）》明确指出，“高校改进管理模式，引入竞争机制，实行绩效评估，进行动态管理”。管理对于一个学校的发展至关重要，因此，只有关注提高管理能力，才能更有利于解决学校在发展遇到的新问题。

---

① 周冰：《中国转型期经济改革理论的发展》，《南开大学学报》2004年第2期。

② 李江帆：《教育服务消费品生产问题的探讨》，《华南师范大学学报》（社会科学版）1985年第4期。

2. 目标绩效管理是方向

无论是从中观层面来看，还是从微观层面来看，加强管理能力的建设是提高工作效能的重要手段，效能建设是管理重点探讨的问题之一。管理无论是作为理论还是实践运用都会对效能建设提供某些可供操作性的措施。目前，我国高校绩效管理更多的是处于绩效评价阶段，绩效管理的系统性、整体性和一致性等特点还未得到体现，绩效管理与组织的密切关系还未得到重视。组织各要素如何影响着大学绩效、如何借鉴和发展企业、政府部门行之有效的绩效管理理论和方法，探索适合高校组织特点的目标绩效管理模式是教育管理热点研究问题之一。对广播电视大学而言，对学校组织机构通过教学、科研、管理服务等职责分工，将教职工安排在一定的岗位、赋予一定的职责，并且建立规范科学的运行机制，通过影响组织成员的行为模式来影响组织和个体绩效，以此达到管理效能的实现。

3. 管理创新是关键

广播电视大学（开放大学）就管理来讲，管理创新更尤为关键。开放大学建设管理创新的构思与实施方略是开放大学建设创新的集成，是各项创新发展的综合体现，是创新之本，其实践意义和作用举足轻重。开放大学建设管理创新与一般学校管理创新相比，既有其共性，更有其特性。开放大学的建设管理创新是一个系统工程，所涉及的理论与实践内容较多，从开放大学建设特征和管理创新的本质视角考量，开放大学建设管理创新应主要从管理思想创新、管理制度创新、管理方法创新三大方面切入，理清管理创新的核心要素和实施方略。只有如此才能提高管理效能。

（四）向服务要质量

“向服务要质量”的基本内涵是服务是前提，质量是根本，只有提高教育服务质量，才能提高教育质量。

1. 服务是教育的本质

进入20世纪90年代之后，由于受企业推行全面质量管理理念的影响，高等教育领域开始将教育视为是一种服务。在世界贸易组织规则的框架下，高等教育被视为具有投资和消费属性的服务领域。在划分的服务贸易12大类中，教育服务被包括其中①。1998年，联合国教科文组织通过的《世界高等教育宣言》也认为，“应该把高等教育视为一项公共服务”。教育的服务是一个公认的十分复杂的问题，在我国对教育机构的服务定位中：宏观上，教育是为学习型社会的创建服务；中观上，教育是为区域经济发展服务；微观上，教育是为求学者的学习过程提供服务。高校的主要服务对象是求学者，学校和教师是教育服务的提供者，学生是教育服务的直接接受者。随着市场经济体制的逐步建立，学生及家长将由教育服务的被动的接受者过渡到教育服务的主动的选择者，高等学校与学生之间建立了一种全新的平等的供求关系。对广播电视大学来讲，强调服务尤为重要，切实采取有效措施，增强教职工服务意识，规范服务行为，是提高教育服务质量的有效途径。

2. 服务理念要贯穿于教育全过程

服务质量印证其教育质量。学生在接受教育服务的过程中，若体验到服务质量高于预期质量，学生就可能认为学校教育服务好或学校教育教学水平高；反之，则可能认为教育服务质量差或学校教育教学水平低。教育的基本产出是教育服务，具有导向性、无形性、不可分离性、差异性等特征。教育服务性特征决定了教育服务同对有形产品质量的服务具有显著的区别。学校教育服务评价的主体主要是求学者及其家庭。求学者主体地位主要表现在求学者除了是教育服务的消费者、教学资源的使用者以外，还

① 刘俊学、唐仁春、王增新：《试论“双重性”视角下的高等教育质量评价与监控》，《中国高教研究》2007年第11期。

是教学资源的供应者。高校教育服务质量评价的客体是教育服务效果和教育服务过程，评价方法根据评价目的的不同具有多样性①。教育服务效果主要包括学生对所学专业知识和技能的掌握情况，学生对所学专业是否满意等；而教育服务过程质量则可分为管理质量、教学质量、环境质量和关系质量等几个方面，具体可划分为教学计划的针对性、适应性，教学组织的严密性，教师教学准备、教学方法及对本学科和相关学科知识的掌握程度等。高等教育服务管理过程应以满足求学者明确或潜在的求学需求为出发点和归宿。其过程划分为需求分析、培养方案和教学设计、教育教学过程以及教育教学过程的评价与考核等。高校的天职是为学生提供高质量的教育服务，这种质量是基于学生需求的。因此，服务理念要贯穿于教育全过程。

3. “向服务要质量”是开放大学本质特征所在

对广播电视大学开放教育与高职教育来讲，践行“以学生为本”理念的一种发展路径，将“向服务要质量”这一思想理念，贯穿于学校各项管理之中，进而提升为一种学校文化，构建出“以学生为本”的学校管理规范。“向服务要质量”一个复杂的系统工程，从教育服务特征讲，教育服务不同于其他服务，一是服务不是即时性的，而是一个长过程，具体包括招生、教学与就业全过程；二是教育服务不是经济收益，开放教育与高职教育服务的本质收益，应是将其服务内化为学生自身的知识、能力和素养的转化，使其人力资本增值最大。从这个角度考察，开放教育与高职教育作为公益性和实现教育公平与构建终身教育的先行者，必须要注重体现“向服务要质量”的本质特征。

上述分析表明，质量观和服务观是人们对高等教育系统质量的两种不同的认识，无疑都是合理的和科学的。开放教育与高职教育作为一个复杂的特殊的系统，更应重视教学双方的辩证的统一。对求学者个人而言，其

① 刘俊学：《高等教育服务市场的几点思考》，《江苏高教》2002 年第 5 期。

求学过程实际上是一个劳动力再生产和人力资本不断增值的过程，因此，应侧重才培养的质量，达到服务与质量的辩证统一。

（五）向资源要政策

“向资源要政策”的基本内涵是资源是实现目标的基础和前提，只有注重积聚储备和发挥教育资源的作用，才能有实力争取相应政策实现多元发展目标。

1. 资源是实现目标的基础和前提

资源是一切可被人类开发和利用的客观存在。资源配置是贯穿于高校各运行环节的核心工作，只有教育资源利用效能的提升，才能实现学校的科学发展与和谐发展。有学者从社会个体的角度看，将资源一词引申理解为人类从事各种活动，谋求自身发展的基础。从这个意义上讲，学校教育资源可理解为学校从事各项活动，谋求自身发展的基础和前提。学校的核心工作是“人才培养”，从社会学的角度而言，学校人才培养是一种社会活动，涉及“活动内容、活动地点、活动属性”等，必然牵涉作为活动地点的土地资源、作为活动内容和活动属性的物质资源；从教育学的角度上看，学校人才培养是多个不同类别教学活动的整合，涉及“施教主体、施教对象、教学材料”等内容。施教主体和施教对象都是人，涉及谁来教，教给谁？即招生什么样的学生，聘请什么样的教师？牵涉的是人力资源。教学材料涉及教学设施、教学用地，涉及高校教什么，不教什么？即建什么样的学科，设什么样的专业？牵涉的是物力资源、学科资源、专业资源。以上的一切都是教学资源，以上既是一个学校开展教育事业的资本，又是一个学校发展的基石。

2. 整合资源是提升发展潜能的资本

从教育资源的主体来讲，财力资源即以货币形态存在的与高校资源配置相关的各资源的总称，如国家的高等教育财政拨款、科研经费、学生学费等；物力资源即以实物形态存在的与高校资源配置相关各资源的总称，如教学设备、图书资料、办学用地等；人力资源即高校可支配的与高校资源配置相关的人力及附着的人力资本总和，如教师、学生、行政人员等。“向资源要政策”的核心是以聚集办学资源和办学项目为基点，切实增强学校办学潜能和办学特色。聚集即特指将学校现有办学资源予以有机整合，并在形成资源合力的基础上不断扩展办学项目。有效地聚集办学资源和办学项目是学校建设与发展的基础和根本点，是总结分析和判断评价学校总体工作成效的着重点。以此为基点，才能更加明确学校实行开放教育与高职教育一体化办学管理、整合资源、多功能办学的优势，切实增强形成学校办学合力的自信心和凝聚力；才能更加明确学校工作目标，切实增强学校办学潜能；才能更加明学校发展方向，切实增强学校办学特色。

3. 资源优势是争得政策支持的保障

“向资源要政策”的主要目标是通过“政策”使更多的资源从学校外部进入学校内部。从学校外部到学校内部的资源配置是有积聚外部力量将资源整合到学校的过程，在这个过程中，政府、市场是资源配置的主体。典型的如开展一个新的办学项目，政府通过教育立法规定高校的权利、义务，规定办学方向、培养目标，以及财政拨款、行政审批等；与此同时，市场运用价值规律，通过商品流动和商品交换的方式将政府所提供的政策资源、财力资源转化为学校实际可用的物质资源和人力资源与信息资源等，如学校通过政府的财政拨款来购买土地、聘请教师、购置图书资料、教学设施设备等。衡量这个过程资源配置的导向就在于投入的最优，以资源优势作为争得政策和社会支持的保障，并发挥人力资源的作用与潜能，用最少的物质资源创造最大的政策资源收益。

（六）向项目要资金

“向项目要资金”的基本内涵是，有项目才能有资金，项目是前提，资金是保障，本质理念是有为才能有位。

1. 有项目才能有资金

在我国当前的国情下，教育资金的有限性或稀缺性这一事实导致了高校对资金的需求将长期存在，“向项目要资金”是解决这一问题的核心思想理念。在高校资金配置过程中，存在着不同利益关系的各种配置主体(如政府，高校，个人等)，各利益主体都有自身的利益目标，并且不同利益主体之间存在着利益冲突，从而导致了资金在配置过程中的不同利益主体之间的各种博弈和竞争关系①。然而政府是高校资金配置的决定性因素，其利益目标决定着高校资金配置的整体效率。资金要素的配置结构功能具有能动性，这是指系统的自我控制、自动协调、功能互补，以及对环境的适应性等的主动功能。资金配置的价值导向强调为高等学校发展服务。因此，对广播电视大学而言，要想获得资金就必须要有项目，有项目才能有资金，通过拓宽办学领域，适应需求，积极主动开办继续教育、社区教育等非学历教育等新的办学项目，争取政府资金投入的导向和企业等社会资金的支持。

2. 以多元发展获得资金来源多元化

在市场经济体制下，高校资金配置是围绕可支配资金与理想需求多元抉择的综合角力过程。高等教育资金的内涵阐释和高等学校资金配置的过程分析表明，政府、大学、市场在高等教育资金配置中占据三元主体地

---

① 韩锦标:《基于知识管理的大学核心竞争力研究》，中国矿业大学 2011 年博士论文。

位。高校支配的资金中，除了单纯的政府拨款，还必须辅之以市场（社会）投入的必要补充；有的看似仅附着于某一主体之上，但在实际配置过程中却需要政府、大学、市场三方的共同作用，如作为专项资金的学科建设资金、世行贷款资金，这种资金的配置既需要考虑劳动力市场和社会生产部门的实际需求，又需要考虑高等学校的发展逻辑，还需要考虑国家高等教育发展的战略导向。高等教育的资金构成是多元交互和彼此杂糅的，而要通过项目获得这些资金，依据前述的推演，其方法大致可以归结为以下四种：一是直接赋予，典型的如高等教育立法、高等教育财政拨款等，明确规定高等学校的地位，不同类型、不同区域的生均拨款等；二是竞争获取，这里边既包括通过开拓新的办学项目来进一步走向市场，也包括申请高等学校科研项目及平台等，如各高校通过公开评审竞争获得国家部委乃至省区的科研项目、研究基地等；三是达标给予，典型的如高等学校层次划分等，学校是否达到进入“省级示范校”或“国家级示范校”行列等；四是馈赠给予，典型的如通过外界捐助、馈赠的方式给予高等学校各类奖、助学基金等。对广播电视大学而言，必须走多元发展之路，以多元发展争得资金来源的多元化。

3. 项目与资金是“互动提升”的关系

“向项目要资金”这一工作方针的目的是通过“项目”为高校获得更多的“资金”，使高校的办学能力得到进一步的增强，两者是“互动提升”的关系。在这一工作方针中，“项目”是学校发展的主要抓手，在微观上，“项目”可以是学校申请的由政府主管的纵向科研项目或企业资助的横向科研项目，也可以是承接的一项社会培训考试；中观上，“项目”可以是如“世行贷款”“示范校建设资金”等此类由政府主管部门进行分配的专项资金；宏观上“项目”是可以开放教育、高职教育这种目前省级电大的办学主体。这些“项目”既是学校获得更多资金等手段，也是学校服务社会的主要方式，而学校获得资金的最终目的是增强学校自身办学实力，更好地为我国学习型社会的创建贡献力量。“项目”是获得“资金”的有效途径，“资金”是助推“项目”发展的动力，两者相辅相成。

（七）向实干要成果

“向实干要成果”的基本内涵是只有实干才能收获成果，实干与成果是考量教职工在工作中敬业程度同工作绩效之间的逻辑关系。

1. 实干的本源是敬业精神

随着人本主义管理思想的兴起，管理理念越来越趋于“人本化管理”注重人的敬业精神。个体人在工作中承担着不同的角色，而敬业精神是个体在促进与他人有关联的工作中表达最佳自我的一种状态，衡量一个学校教职工敬业精神主要有三个标准：是否能正面评价个体当前的工作和学校之间的关系、是否对学校有长久的承诺、是否能努力为学校服务并帮助学校成功①。一般来说，教职工在组织中通常具有双重角色：工作实践的角色和组织成员的角色。作为学校工作实践的角色，工作敬业精神指高度投入到当前的工作中，通过“实干”和付出与努力并获得满意的工作成果的过程。作为组织成员的角色，高度的敬业精神带来的实干成果会帮助个体在组织中能更好地实现个人价值。工作敬业精神强调工作角色的嵌入和工作状态的投入，与任务绩效有较强的相关性，而且一个高度敬业的教职工，能体会到工作过程带来的愉悦感和幸福感，出于对本职工作的珍视和热爱，会主动帮助从事相似工作的同事，工作表现也是很优秀的。实干（敬业精神）与成果（工作绩效）有较高的关联性，组织敬业精神较佳的教职工认同组织，为实现其价值而设定的一些目标、运作流程和管理模式，会自觉地将个人目标和组织目标结合起来，认真地做好本职工作以获得满意的工作成效，并且在组织活动中表现出明显的利他、奉献行为，尊

① 申海鹏：《组织内信任、员工敬业度和工作绩效关系的实证研究》，中南大学2012年硕士学位论文。

重同事、乐于合作，为了组织目标的实现愿意付出较大的努力和其他教职工一起把事情做得更好，敬业精神能显著影响教职工个人的职业生涯发展、绩效水平、教职工在学校的发展创新中所付出的努力。

2. 实干与绩效是辩证统一关系

作为个体的教职工敬业精神始终与一个组织的工作绩效紧密联系在一起的。教职工敬业精神是一个影响个人绩效和组织绩效的隐性的内在潜能。国外一些有资质的学校通过大量实证研究验证了敬业精神和学校业绩衡量指标之间具有高相关性，教职工敬业精神会对学校产生巨大影响。敬业精神高的职工满意度更高，倾向于实现更多的任务目标，敬业精神高的职工目标实现程度比敬业度低的教职工高得多。敬业不仅仅是教职工的一种态度，更体现了个体对其自身工作绩效水平的关注和投入程度。绩效是结果和行为的统一体，组织目标的达成需要教职工脑力和体力的付出，这种付出通过“实干”体现出来，而“成果”是对这种行为有效性的衡量。“成果”是教职工对角色的认知、努力和能力相互作用的效果，行为是为实现最好结果的行为，结果是行为导向的结果。

（八）向宣传要影响

“向宣传要影响”的基本内涵是通过信息的传递与传播，以期达到接受监督、获得支持、鞭策自我的目的。

1. 宣传可助推学校创新发展

目前，各省级广播电视大学正面临着历史发展的新时期，如何在国家创建开放大学的历史新时期创新思维，实现开放教育与高职教育的一体化办学的创新发展。宣传工作是重中之重，宣传工作是促进学校改革与发展、增强师生员工凝聚力、塑造学校良好社会形象的重要舆论阵地，它在助推学校创新发展，引领和谐校园文化方面发挥着无可替代的作用。“向宣传要影响”就是通过大力开展宣传工作，拓展学校社会影响力，提升学校社会信誉度。

2. 宣传可有效实现自我鞭策

宣传是公共关系传播的一个重要手段。尤其是对广播电视大学和高职学院来讲，宣传工作尤为重要。对内宣传肩负着塑造师生社会主义核心价值观的重要使命，对外新闻宣传则担负着塑造学校良好的外部形象的职责。当前信息社会媒体资讯以人们前所未见的方式飞速发展，面对这个信息飞速传播的时代，如何完善做好宣传工作，通过宣传有效实现自我鞭策，树立学校对内对外形象是一项不可忽视的重要工作。

3. 广泛的宣传可产生强大的影响力

大众传媒作为现代社会必不可少的信息生产者和提供者，它的信息生产和传播活动对社会的政治、经济和文化到的具有广泛而强大的影响力，这种影响力涉及普遍的社会秩序和社会公共生活，它在满足社会普遍信息需求的同时，对社会和公众承担一种公共服务的义务和责任，公共性成为大众传播的一大属性①。高校的传媒媒介同样是大众传播，它同样担负着相同的责任，要接受公众的监督检验。公共性意味着一种“让公开事实接受具有批判意识的公众监督”的秩序建构原则与价值理念。增强新闻的互动性是通向公共性的一个渠道，因此，学校宣传工作要时刻围绕学校中心工作的大局开展，为学校的改革发展服务，为全校师生服务的。在宣传中应该组成立体报道模式，充分发挥出校报、新闻网、电视、广播的不同媒介特性，增强宣传工作公共性、服务性的认识。学校宣传部门应注意选择具有宣传工作基础，并熟悉学校重点工作情况的人才补充到新闻宣传工作队伍中来，定期对通讯员队伍和学生记者进行专业培训，通过多种手段加强整个学校的宣传队伍的专业化建设。

---

① 龚华萍:《高校新闻宣传工作研究》，华南理工大学 2012 年硕士学位论文。

二、“八向八要”工作原则的内在关系

“八向八要”既是对学校一体化办学实施工作原则较为全面、系统的表述，也是一个较为完整并统一运作的整体工作链条，不可或缺。“向思路要出路”“向改革要发展”是为学校在宏观战略思考上提出指导，为学校在办学方向的明确提供了保障，解决了走什么样的道路，办什么样的大学这一核心问题；“向管理要效能”和“向服务要质量”则是在内部自身建设上加强学校内涵建设，突出办学特色，加强服务地方区域经济发展的能力；“向资源要政策”和“向项目要资金”则是为学校的发展提供资金支撑和技术支持。“向实干要成果”和“向宣传要影响”则是对工作成果的检验，没有一个好的成绩单，过程就没有意义。开放教育同高职教育一体化办学的实效必须要经得起实践的检验，也要为学校未来的发展提供展示的空间。“八向八要”中“向思路要出路”“向改革要发展”是先导，“向管理要效能”和“向服务要质量”是载体，“向资源要政策”和“向项目要资金”是支撑，“向实干要成果”和“向宣传要影响”是绩效。在学校的发展过程中，“八向八要”为相互之间的发展提供了不同辅助，表现出不同的内在关系，既是互为因果关系，也是互换质量关系，更是互动提升关系。八个方面工作重心和关键点有机连接，形成了相互关联、相互作用、相互推动的整体运作模式。

“向思路要出路”“向改革要发展”位于体现学校发展的核心竞争力的顶端，对其他六项具有统摄作用。能激发“向资源要政策”和“向项目要资金”的产生，能引导“向管理要效能”和“向服务要质量”的增强，能提升“向实干要成果”和“向宣传要影响”的效果。

“向资源要政策”和“向项目要资金”是学校发展的核心竞争力的基础。学校发展的核心竞争力是通过事业的一步一步地发展逐渐形成的，办学项目的拓宽和资金支持的增强为“向实干要成果”和“向宣传要影响”的产生奠定基础，为“向管理要效能”和“向服务要质量”的提升提供保

证，为“向思路要出路”“向改革要发展”的升华提升精神能量。正是在“向资源要政策”和“向项目要资金”不断提升加强的基础上，学校的“向管理要效能”和“向服务要质量”“向实干要成果”和“向宣传要影响”“向思路要出路”和“向改革要发展”才不断积聚和凝练成学校的核心竞争力。

“向管理要效能”和“向服务要质量”是学校发展的核心竞争力的支撑。学校办学过程中的各个系统、各种要素、各类资源、各种能力及其运行过程，都离不开高效的组织、协调和管理整合。没有高效的“向管理要效能”和“向服务要质量”，学校的运行就不可能发挥最佳效益，就会变成一盘散沙，缺少向心力和凝聚力，“向实干要成果”和“向宣传要影响”也会遭到扼杀。“向管理要效能”和“向服务要质量”的作用就在于从组织和制度层面为学校发展的核心竞争力保驾护航，提供一种秩序力。

“向实干要成果”和“向宣传要影响”是学校发展的核心竞争力的最终表现，也是学校竞争优势的直接体现。学校的发展离不开浓郁的组织学习和知识共享的文化氛围，也离不开高效的组织和制度保障体系，而“向资源要政策”和“向项目要资金”“向管理要效能”和“向服务要质量”“向思路要出路”“向改革要发展”的强弱最终还要通过“向实干要成果”和“向宣传要影响”得以体现，特别是通过工作成果得以体现。学校的根本目的是培养人才和创新学术，学校核心竞争力的强弱最终要通过人才培养和学术研究的创新性成果才能显现。“向实干要成果”和“向宣传要影响”承载了其他六项的精华部分，为学校的发展提供源源不断的能量。所以，学校的核心竞争力最终体现为“向实干要成果”和“向宣传要影响”，体现为学校的成果。学校能否获得持续竞争优势，关键取决于“向实干要成果”和“向宣传要影响”的强弱。

总之，“八向八要”工作原则体现的是学校各项工作的相互作用、有机整合，构成学校发展的核心要素；体现的是学校发展的核心竞争力所在；体现的是在实践工作中以教学、科研和社会服务为载体，能够推动学校各项事业协调发展、互动提升的能力体系。

三、一体化办学工作方针的践行要求

（一）坚持凝聚智慧，群策群力

践行“一体化办学”工作方针和“八向八要”工作原则，一方面，要更加凝聚思想和认识，明确加快开放教育与高职教育一体化办学方式的转变，是应对新时期战略发展的重要举措；是对广播电视大学三十多年来办学经验的总结；是增强学校风险抵御能力的必然要求；是决定开放大学未来发展的又一次重要抉择。开放教育与高职教育一体化办学既是开放大学建设的现实问题，也是开放大学发展的重大课题。践行“一体化办学”工作方针和“八向八要”工作原则，必须将全校广大教职工的思想和认识凝聚到学校领导的战略举措上来。珍惜和坚持已取得的经验，巩固和发展已取得的成果，下最大决心因地制宜、扎扎实实加以推进，尽快取得实质性进展①。另一方面，要更加凝聚信心和精神。只要我们不为任何风险所惧，不为任何干扰所惑，凝心聚力，就一定能实现开放大学发展历史新的突破。一个好的精神状态是做好一切工作的重要前提，更是转思路、促发展的先决条件。为此，一要保持和发扬敢想敢干、敢闯敢试、敢为人先的创业精神，万众一心、众志成城，不畏艰险、百折不挠，以人为本、尊重科学的开拓精神，科学谋划、科学应对的抵御风险精神，为转思路、促发展注入强大的精神动力。最后，要更加凝聚行动和力量，时不我待、刻不容缓，全校教职工要以“等不起”的紧迫感、“慢不得”的危机感、“坐不住”的责任感，采取切实有效的措施把全校各方面的力量凝聚起来，形成转思路、促发展的强大合力②。加强学习，凝聚力量。思路决定出路，学

① 杨玉兰、宋发群：《大学战略管理的实施原则与策略》，《黑龙江高教研究》2013 年第 8 期。

② 彭福清：《把智慧和力量凝聚到发展上来》，《湖南社会科学》2010 年第 6 期。

习推进发展，要掌握和运用科学的新理论、新思想、新知识、新经验，明确思路、明确方向、明确目标、明确举措，把握科学理论、优化知识结构、开阔思路、把握规律中，提高战略思维、创新思维、辩证思维能力，提高谋划发展、统筹发展、优化发展、推动发展的本领。把一切可以依靠的力量最大限度地凝聚到转思路、促发展上来，为开放大学未来的科学发展、跨越发展提供强大推力。

（二）坚持全员参与，逐级负责

学校新时期的战略发展不仅要求学校的领导层做出科学合理的决策，还需要中层、基层管理者和全体师生的参与和支持，只有全员参与，齐心协力，按照既定的发展战略共同努力，才能真正实现学校的稳定发展，发挥每一个层面、每一个成员的积极性，增强学校的师生教职工对发展战略的认同感，这是发展战略取得成功的关键因素之一。学校战略管理要取得成功，还必须将学校发展战略的制定、实施、控制和评价等各个环节看作一个完整的过程来加以管理，不能忽视其中的任何一个环节，避免重制定、轻实施，重实施、轻评价，虎头蛇尾、头重脚轻等不利于学校发展的现象发生，应重视各个环节之间的相互统一、相互衔接，使得整个战略协调统一。各级人员都是组织之本，只有他们的充分参与，才能使他们的才干为组织带来收益。教职工是学校最根本的构成部分，是组织最重要的资源。每个教职工在组织中都有各自的岗位职责和权限，扮演自己的角色。学校发展战略的实施过程就是通过组织内各职能各层次人员参与实施过程及相关服务过程来实现的，而各级教职工的能力、意识和主动精神，决定这一过程的有效性。全员参与的核心就是通过调动组织内全体教职工的积极性，使每个人的能力都得到充分的发挥，以实现理念的创新与持续发展，从而为学校创造最大效益。实施全员参与，首先应让每位教职工充分了解自己在学校发展战略中的角色，明确自己的职责、权限和相互关系，了解自己工作的目标、内容以及达到目标要求的方法与途径，并充分理解自己工作的结果对学校发展目标的贡献和影响；其次，在以过程导向的组织活动中，应给予教职工更多思考、判断和行动的自主权，通过培训、教育、数据分析等方法，教职工不仅应加强自身的素质，还应提高如何在不断变化的环境中发现问题、解决问题的能力，以主人翁意识和责任感去正确处理问题；最后，需客观、公正、准确地评估教职工的业绩，使教职工能够了解自己对整个组织的贡献，从中获得成就感，并从工作的不足中寻找差距以实现持续改进。全员参与关注逐级负责作为学校质量管理的两大重点，不仅涵盖了质量管理的外部与内部所涉及的基本方面，还体现了质量管理以人为本的基本理念，人是管理活动的主体，也是管理活动的客体。实际上，所有的质量管理活动都是以满足人的需求，实现人的全面发展为出发点和落脚点的。因此，在实施践行“一体化办学”工作方针和“八向八要”工作原则时，不应单纯依靠刚性制度，杜绝质量管理僵化异化的倾向，而应努力创造条件，通过对学生的关注，对教职工的关怀，促进人的全面发展，从而实现学校的可持续发展。

（三）坚持整体把握，逐项实施

在践行“一体化办学”工作方针和“八向八要”工作原则的过程中，应运用系统论的观点来指导并认识相关的问题。坚持整体把握，逐项实施原则，从整体的视角看，开放教育与高职教育相对于整个社会和整个教育而言，它是一个子系统，在实施战略管理的过程中，应厘清与整个社会和整个教育各子系统的关系，如与社会环境的关系、与国家政策的关系、与地方经济的关系、与企业的关系、与文化的关系以及学校内部的关系等。实践证明，开放教育与高职教育和外部环境存在着彼此制约、互为因果的错综复杂关系，而环境的不断变化必然促使这些关系也发生新的变化。只有坚持整体把握的原则，才能有机、有效地把学校、地方、政府及企业等要素整合起来，实现多元机构的协同发展。在实施战略管理的过程中，逐级实施是一个关键的原则，学校组织是一个培养人的机构，涉及多方利益相关群体。工作方针的实施也是一项复杂的工程，涉及很多复杂且很难处理的关系和问题，如各学科门类之间的关系，教学与科研的关系，人才引进与培养的关系，校领导、院系领导、各学科教师对学校发展战略目标认识上存在差异性问题等。处理这些关系与问题应保持一定的平衡性，在坚持整体把握的同时，采取逐级实施的管理方式，充分注重发挥学校组织内部人员的积极性和主观能动性，提高所有成员对工作的热情程度，以便在践行“一体化办学”总体工作方针和“八向八要”工作原则的过程中，收到更大的成效。

（四）坚持实事求是，与时俱进

哲学思想表明，如果我们不去对于某事组成的模式或要素进行细节上的也就是对它的内容进行具体的把握，那么，我们也就失去了对整体或过程研究的基础，我们只有事先对于组成整体的各种要素作出了实事求是的客观分析，才能对其整体进行正确的综合，从而正确地认识思维的对象。实事求是，与时俱进正是践行“一体化办学”工作方针的重要原则。开放大学与高职学院教育管理工作的内容、方针原则和活动形式要符合客观实际，符合客观规律；坚持实事求是的思想路线，具体问题具体分析，教育管理工作依赖于实践，服务于实践，只有依靠实践，才能正确地认识和把握工作对象的实际，从而有的放矢地进行工作；只有深入实践，才能掌握并解决工作中出现的思想问题和实际问题。教育管理工作的任务、计划，都来自实践并接受实践检验。目前教育的对象极为广泛，特别是开放教育。求学者往往没有年龄、职业、性别、民族的界限。教育的对象是人，而人是有意识、有思想、有情感的，并且每个人的意识、思想与情感都是极为复杂的，它所引起的行为结果又是多变难测的，必须运用多学科知识，进行全方位、多视角的观察、研究①。党的思想路线即“一切从实际

① 郝进仕：《新建地方本科院校发展战略与战略管理研究》，华中科技大学2010年博士学位论文。

出发，理论联系实际，实事求是，在实践中检验真理和发展真理”的核心就是实事求是。实事求是高校教育工作的根本要求，贯彻求是原则要求教育者深入客观实际，认真调查研究。这就要求我们在任何时候、任何问题上坚持一切从实际出发，而不是从主观想象出发，这也就是实事求是、与时俱进的践行原则。

四、一体化办学工作方针的运行机制

从目前开放教育与高职教育办学情况来分析，教育服务于区域经济建设发展的能力依然不足。学校重点需求和投入的项目还缺乏系统规划和整体设计，自我发展、自我约束的机制尚未很好形成，办学功能的划分不够清楚和缺乏逻辑性，在结构上中专、专科、本科的功能定位不清晰，专业划分与设置不尽合理，实现开放教育与高职教育的一体化办学是解决当前面临问题的有效途径。践行开放教育与高职教育一体化办学方针，需要建立一套行之有效的运行机制，形成一个以主导运行机制起带动作用、其他各种机制起辅助作用的多层次的运行机制系统，使开放教育与高职教育实现资源整合共享、优势互补，实现真正意义上的协同发展和互动提升，进而实现开放教育与高职教育一体化发展。

（一）一体化办学调控机制

1. 统筹规划。即学校应以可持续发展方针为指导，正确认识和处理社会总需求与学校内部人才培养之间的供需关系，进行总体部署。

2. 指导监督。即由学校制定一定时期学校发展的路线方针和政策，建立健全以开放教育和高职教育为主体、以其他办学形式为补充，多种办学形似并存的质量评价和监督机制，保证学校办学沿着正确的方向健康发展。

3. 制订标准。即学校应根据区域经济发展的需要，在各级教育主管部门的政策指引下，与时俱进地制定各种办学形式的专业设置标准、教学质量标准、学生服务标准等。

4. 协调服务。即作为开放教育与高职教育并存教育机构，学校首先应树立服务观念，及时、主动、积极地解决不同办学形式在办学过程中遇到的实际问题，协调不同的办学形式在办学过程中的矛盾冲突。

5. 激活潜力。即在学校宏观调控指导下，各种办学形式可根据社会需求和自身办学条件，依法充分行使自主办学权力，自主组织实施教学、科研工作及相应的人、财、物配置和对外交流、合作，自动调整招生规模，培养社会需要的人才，有效的调控机制可以帮助学校对的人才培养的质量和适用程度作出客观评价，激活学校内部动力，推动完善内部管理，调节资源配置，提高教学质量。

（二）一体化办学共享机制

1. 开放办学。通过一体化办学，实质上是通过一种新型的办学方式，最大限度地促进各种教育资源的有机融合，将不同层次、不同水平的教学衔接拓展至与教育教学活动相关的各大领域，扩大学校优质教育资源在区域内的覆盖，从而推动开放教育与高职教育从各自的相对封闭走向更加开放的进程。

2. 资源共享。实现开放教育与高职教育以及他办学形式从“自给自足”到“资源整合共享”的转向，才能从实质上推动一体化办学的紧密衔接。在不同层级办学主体都受益的前提下，资源共享对不同主体成员积极性的调动是不言而喻的。资源共享能实现资源在各办学主体之间的多元化、宽领域内的共享，由此而使开放教育与高职教育的内涵得以延伸，衔接的深度和广度也能得以拓展。

3. 协同发展。开放教育与高职教育的一体化办学，可以从整体上发挥功能效益，能有效将开放教育同高职教育乃至多种办学形式的互助合作利益链纳入协同发展的范围内。另外，开放教育与高职教育一体化办学，还能够通过对内外部办学环境的控制，多方减少并有效协调内外部办学环境之间的冲突，减少并化解矛盾。在互动提升以实现整体发展的前提下，办学需要进行有机的统整，有效发挥整体的功能协调作用。也只有通过优势互补、互动提升，才能使开放教育与高职教育从“相对独立”走向“和谐统一”进而“协同发展”。

（三）一体化办学保障机制

1. 优化资源。开放教育同高职教育为主的一体化办学，其最大的优势在于能够有效集合个成员单位的丰富资源，实现资源的优化配置，使成员单位间的资源共享和资源互补，并能够有效发挥规模效应，从而适应市场竞争。但系统内部各成员单位之间由于彼此都是作为相对独立的整体而存在，其中就涉及各种办学形式在一体化前提下如何协调彼此之间的关系，从而使校内整个教育系统能够良好的运作①。应当保持各种办学形式在彼此相对独立的前提下，在培养目标、教学基本建设和教学管理、学籍管理和招生等方面实现全方位的统筹协调；而对于课程设置、专业建设、实训基地、学生就业等方面实现协调和对接，有效调动积极性，促进良性竞争，最终实现多元化办学形式的共赢发展。

2. 强化特色。随着现代社会经济的高速发展，教育市场的竞争也变得越来越激烈，然而这又对开放教育同高职教育的一体化办学更好地适应激烈的市场竞争起到了鞭策和激励的作用。一体化办学的成效以及给社会经济发展所带来的效益如何，还有待社会发展的检验和评价。因此，开放教育与高职教育一体化办学应当不断通过结构布局的调整和资源整合，利用规模优势办出自身特色，通过特色品牌的打造，从总体上提升学校的教育教学水平，以培养出具有较高市场适应能力的高质量高素质的人才。开放

---

① 陈静漪：《中国义务教育经费保障机制研究》，东北师范大学2009年博士学位论文。

教育与高职教育的一体化办学，通过自身特色品牌的打造，有效地对市场的需求与评价进行反馈，因而，通过特色品牌的打造又是社会对其进行有效评价的重要方式。

（四）一体化办学激励机制

1. 统筹兼顾。建立起有效的一体化办学激励机制有利于提高学校内部分配的科学性，有利于促使资源的合理配置，有利于推动学校的民主管理，有利于深化体制机制等一系列建设与改革。办学激励机制是一个复杂系统，办学需求是建立激励机制的前提，办学动机是激励机制发挥作用的原动力，刺激诱导是激励机制功能发挥的重要环节，绩效评定是激励机制运行的关键点，对整个系统运行过程的控制是激励机制贯穿始终要把握的难点。激励主体是激励机制系统目标科学决策的制订者、是激励机制运行的实施者和激励后果的调控者，激励主体的激励意识、自身素质以及对激励主体的监督机制是决定激励机制系统是否运行有效的关键。

2. 以人为本。激励机制系统内部构成的优化组合对于激励机制的功能发挥具有极大的促进作用，必须坚持以人为本原则，体现民主性和公平性。开放大学和高职学院无论采用何种激励方式，都应将对教师需求的重视贯穿其中，充分体现民主和尊重，这样，每一项制度才会得到教师的拥护和认真执行，在管理中，激励机制系统的建立、模式的设计必须力求公平公正，一视同仁，建立一套科学公正的制度化、规范化的测评标准，切实做到让每个人都能人尽其才。

3. 科学设计。激励机制系统建立必须体现科学的设计，具有竞争性、差别性和时效性三个方面的特征。激励体系实际上就是一个学校的战略竞争工具，系统构成等必须体现竞争性；差别性表现在人的需要是有阶段性的，在不同时期常常有压倒其他需要的主导因素，了解和掌握教师不同时间的需求层次和需要结构的变化才能达到激励的良好效果；高校教师在激励的内容和时间上要充分体现及时激励与持续激励、短期激励与长期激励相结合的原则，避免因耽搁而造成激励的时间延后，很多精神或物质的奖励若延迟兑现，就会造成激励效果的大大降低。为了实现高校教师激励机制系统整体的最优化状态，我们有必要先弄清系统内部构成成员之间各属何分力，研究其群体性、交互性、分布性和协作性特征，以促使构成部分充分发挥角色效应，协同一致，发挥良好的激励效果，结构元素各自之间的协调、协作形成拉动效应，推动学校事业的发展大步前进。

（五）一体化办学督导机制

1. 建设队伍。保障开放教育同高职教育一体化办学的顺利开展，就要建立起一套专门化程度高，督导职责明确，督导人员专业化程度高，督导方式灵活多样，督导程序严密，确立完整、系统的督导制度。督导机构的权能独立性是督导效能发挥的大前提，督导机构的职能要与办学机构的行政权能泾渭分明，督导队伍专业化程度要高，督导人员要有明确的任职标准，有相当的学历和资历，有丰富的教学经验、管理经验和实际工作的能力，具备各个领域专家的资格，在选拔、任用上都必须按法律规定的程序进行，任职前还要接受长时间的专业培训，保证督导队伍的专业水平，进而保证督导的高质量。

2. 完善制度。要实现督导制度化，应根据我校发展实际，立足于我校开放教育同高职教育的发展需求，借鉴国内外的先进督导实践经验，通过完善的督导制度化，构建具有符合开放教①育同高职教育一体化办学特色的督导机制。要明确督导的地位，使督导的职、责、权统一起来。要明确督导职能，厘清与办学部门的关系。督导机构代表学校领导对办学部门进行的监督与指导。它是对校内办学进行管理的职能行为，督导的行为侧重点在检查督促，具体的督导职权内容应包括：教育法律、法规、规章的执

---

① 杜利：《我国职业教育发展的理论与实证研究》，武汉理工大学2009年博士学位论文。

行情况；管理制度完善情况；教育经费投入情况和使用效果；教学水平、质量情况；教师队伍建设及条件保障情况等方面。要实现督导程序规范化。作为职能行为，督导行政行为必须遵守相应的程序法律规范，具有程序性。要建立督导申诉制度，明确督导的职能效力。督导作为一种职能行为，其结果与处罚是紧密相连的。建立督导申诉制度，即是给被督导对象以申辩的权利。不仅可以建立督导的互助机智，为学校决策提供更准确的依据；而且也可以体现督导的效力，强化督导的作用。只有这样才能规范督导机关的督导行为。

3. 强化服务。完善督导对教育教学实践的服务职能。改变当前的督导行为的只重结果的监督，忽视教育质量和过程管理的弊病，督导部门要给予被督导对象以具体的指示指导、指点带领、指导帮助等，通过商量讨论求得督导对象对督导活动的理解和主动配合，促使某些较大较复杂的问题获得较好解决，促进以服务教育教学为核心的发展性、服务性来督导工作的开展。

第八章
开放教育与高职教育一体化办学工作方针的实践成效

研究开放教育与高职教育一体化办学工作方针的实践成效，是对“一体化办学”工作方针和“八向八要”工作原则科学性与可行性的佐证、阐述和论证，随着以计算机技术、通信技术、多媒体技术为核心的现代信息技术的大力普及和应用，世界范围内的高等职业技术教育和远程开放教育必将得到更为长足的发展，两者必将在更高层面、更广的范围、更为积极主动地谋求衔接与合作。在我国，随着大众化教育时代的到来和学习型社会的形成，特别是教育“立交桥”的构建、教育管理体制改革的深入以及相关政策和法规的引导，这种沟通和合作只会强化，不会削弱，并将贯穿于办学理念、专业设置、师资队伍建设、教学模式改革、实习实训等各个环节与方面之中。以辽宁广播电视大学为例，在贯彻实施“一体两翼、资源共享、多元发展、互动提升”一体化办学总体工作方针和“八向八要”工作原则过程中，充分利用开放教育信息化基础设施建设比较完备、远程教学资源较为丰富的优势，努力打造网络教学平台，积极尝试高职教育与远程开放教育的结合，取得了丰硕成果。

一、一体化办学工作方针的实践探索

辽宁广播电视大学在开放教育与高职教育一体化办学工作方针的引领下，把远程开放教育与职业技术教育相互融通，实施“一体两翼、资源共享、多元发展、互动提升”一体化办学，形成了独具特色、优势互补而又互动发展的“远程＋职业教育模式”，促进了开放教育与高职教育的共同发展、互动提升。

（一）办学理念兼容并包

1. 确立了“开放、质量、服务、特色”办学理念

辽宁广播电视大学总体的办学理念是：“开放、质量、服务、特色”。开放，即实行服务对象开放、办学方式开放、管理方式开放、教育资源开放、学习时间开放、学习地点开放、入学资格开放，将开放理念融入办学过程和学习者学习过程；质量，即牢记质量是学校生存发展的生命线，树立与开放大学特点相适应的新型质量观。规范教师、资源、课程、教学互动、考试考核等各个环节，推行标准化教学、规范化管理和服务，建立有效的教育教学质量保证体系，形成学校质量品牌；服务，即始终把服务作为办学宗旨，面向社会提供教育服务，承担社会责任，促进教育公平，为辽宁经济社会发展服务，为全体社会成员的学习需求提供支持服务，为基层、农村、边远和少数民族地区的教育需求服务；特色，即要着眼省情，符合校情，适应辽宁省建设全国先进装备制造业基地、沿海经济带建设和城镇化建设的特殊要求，把培养新型产业人才、新型农民、新型城镇居民作为重点，培育发展学校教育特色和社会服务功能。

2. 提出了“六化”发展方向和目标

辽宁装备制造职业技术学院提出以“六化”思想作为发展方向和目标。作为全日制高等职业院校，学院以服务为宗旨、以就业为导向，面向装备制造业培养高端技能型人才。“六化”即：专业设置职业化，适应传统和新型产业职业群人才需求设置专业；人才规格标准化，以企业用人标准为导向，确定学校人才培养目标；教学内容集成化，基于岗位或工作过

程，系统和有机重组分散在各个学科、专业的相关教学内容，打破传统的专业课程体系；教学方式立体化，实现理论与实践、传统与现代多种方式综合并用，提高人才培养效能；校企合作实质化，学校与企业深度融合，共同制定培养方案、共同完成教学过程、共同开发学生就业岗位；就业服务全程化，从学生入学开始，向学生提供生涯规划、择业指导、信息推介等各种服务。

可见，开放教育的办学理念与高职教育的办学理念在强调的重点上虽有不同，但在实质上是兼容并包的。

（二）专业设置充分共享

辽宁装备制造职业技术学院高职教育的一批优势专业被成功转化成开放教育的专业，实现高职教育与开放教育的专业共享。辽宁装备制造职业技术学院焊接技术及其自动化和机电一体化技术两个高职专业现已经成为国家开放大学的共享专业，服务全国。同时，开放教育的一批优势专业也被打造成高职教育的优势专业，教学资源和师资队伍同时为开放教育和高职教育教学服务，实现了专业设置的充分共享。

（三）教学管理相互借鉴

1. 修订整合制度规则

教学管理涉及整个教学过程，如何保证在每一个教学环节严格管理，是提高教学质量的关键。辽宁装备制造职业技术学院根据高职教学情况，编制了“教案编制工作规程、课堂教学工作规程、课外作业的布置和批改工作规程、成绩管理工作规程、实践教学工作规程”等管理文件和评价标准。教务处严格按时间、内容和环节要求组织教学，并组织专家认真审查各门课程教学大纲。教学督导组定期按“规程”检查督促。成立了实践教学工作的领导和管理机构，建立了完善的实践教学体系。根据教学计划、教学大纲、针对职业岗位群能力要求，制订各专业的实训教学大纲和指导手册。

2. 完善实践教学环节

辽宁广播电视大学结合远程开放教育实际制订了相应的教学管理制度，组建了教学团队。作为远程开放教育对象主要是在岗成年人的职后教育，教学管理环节往往比较薄弱。对此，辽宁广播电视大学在高职教学管理的影响推动下，实行与辽宁装备制造职业技术学院高职教育共用校内实训室和校外实训基地，学习高职实践教学操作规范和管理规程。结合远程开放教育的特点，建立适合远程开放教育的实践教学模式，针对学生的具体情况进行个性化、分层次地实施。对从事工作与学习专业对口的学生重点提高其业务能力，对从事工作与学习专业不对口的学生，则注重其专业能力的形成，既能按照开放教育实践教学要求认真贯彻实施，又能根据学校实际，结台高职实践经验自行设计和开展部分学科的实践教学活动。

3. 确立“社会化导向”人才培养模式

远程开放教育社会化导向的人才培养模式被高职教育充分借鉴。辽宁广播电视大学多年来在远程开放教育中建立了以社会化为导向的人才培养模式——按“遵循规律、创新模式、宽进严出、保证质量”的基本要求，适应个性化、多样性、移动式教育教学新特点，在人才培养过程中推行办学项目社会化、人才标准社会化、培养过程社会化、技术手段社会化、教育资源社会化、管理服务社会化、质量评价社会化、学习成果社会化。以科学的质量观统领人才培养工作全局，坚持满足民众学习需求的价值取向，实行“一主多维”（学历教育以国家标准为主，非学历教育按实际需要实行多维标准）、能力本位的质量标准，突出全面发展兼顾个性的质量特色，开展围绕中心全程并行的管理服务，形成以标准规范、支持服务、考核评价为基本内容的质量保证体系，使各类学习者无论参加何种形式学习，都能有效完成学习任务，达到求学目的。辽宁装备职业技术学院借鉴了远程开放教育的教学模式和教学手段，研制了一套“科学化、制度化、程序化、信息化”的管理标准，取得实效。

（四）教师管理一岗双责

远程开放教育和高等职业教育都是培养学生职业能力的教育，培养的学生应具有较强的实践技能。远程开放教育和高等职业教育的培养目标决定了从事两类教育的教师应具备共同的基本要求。这就要求两类教育的教师都要熟悉职业岗位（群）对人才知识结构、技能结构要求，具有较强的动手能力和解决实际疑难问题的能力；都必须掌握现代化的教学手段，具备较强的教学能力等，这就给教师的大融合提供了理论依据。辽宁广播电视大学与辽宁装备制造职业技术学院实施“一岗双责”“一岗多责”，逐步提高队伍的综合素质和业务能力，实现教师、管理人员、教育技术人员既能承担开放教育任务，也能承担起高职教育任务的局面，打造出了一支“一技多能”的队伍。根据高职教育和远程开放教育的实际需要，统筹考虑，形成开放和高职教师队伍充分共享的大师资理念。辽宁装备制造职业技术学院通过引进、培养、资源共享等流动机制，调整优化教师队伍结构。同时利用社会人才资源，聘请相对稳定的兼职教师，已经形成了一支以中高级职称为主的专兼职教师队伍。鼓励高职教师到开放任教，高职教育师资与远程开放教育师资相互聘用，一岗双责。

（五）各类资源共建共享

远程开放教育是以现代化网络技术为依托，利用数字化的多媒体通信网，特别是计算机网络构建高水平的教学平台，开展交互式教学的教育方式，能够使教育资源的利用最优化。高等职业教育可借鉴其灵活的学习形式、多样化的教学手段和借助先进的信息技术设施等丰富自己的教学方式，延伸教学空间，实现网络教育。辽宁装备制造职业技术学院具有完备的教育基础设施，可提供实训实习所需的设施和装备。辽宁广播电视大学则可借助于高等职业教育完善的教育基础设施。弥补实践性教学环节的比较薄弱的不足。现代远程教育技术应用于高等职业教育，不是简单地取代传统教育手段，而是有机融合。它不排斥其他技术手段，而是在最大限度上发挥各自优势的同时合理整合各种资源。在选择和应用新技术的过程中，在满足基本教学的前提下，充分考虑成本效益，以最低、最普遍的技术标准取得最好的教学效果，两校的大融合很好地实现了这一管理目标。

二、一体化办学工作方针的实践重点

践行开放教育与高职教育一体化办学工作方针的重点，首先是要夯实一体化办学的基础条件，进一步提升办学理念、整合教学资源，把握实施一体化办学的关键要素。

（一）夯实开放教育与高职教育一体化办学的基础条件

1. 高职教育与开放教育的人才培养目标要充分接轨

高职教育和远程开放教育在都以“培养应用型、技能型人才”为培养目标的“趋同”理念下，都应由终结教育向开放性教育，由一次性教育向终身教育发展。可以采用“3＋2”或“2＋2”学制，使优秀的高职学生能够在较短的时间内完成学历提升。这不仅是拓展了高职学院的办学层次和办学规模，更是为学生的高层次发展，为终身学习打好基础。学校可以制订选拔制度，让优秀学生直接在二年级或三年级就可以注册进入“双专科”或者“开放本科”的学习。学生在接受高职教育的同时，能够体验远程开放教育，学会自主学习，必将对他们将来的职业生涯和终身学习打下良好的基础。在一个整合的办学理念和教育目标指导下，便于教学资源的统一规划和整合利用，以及教学管理的系统化。

2. 高职教育与开放教育的教学资源要实现整合

高职教育和远程开放教育相同层次的教学对象有着“教育目标的共性、教学内容的共性和教学资源的共性”。因此，对远程教育和高职教育的教学资源，要进行资源整合。应逐步放弃“双轨制”的并行管理，争取同步管理。类同专业的同一门课程，其教材、教学大纲、教学要求，可组织远程开放教育和高职教育的教师联合进行一定的规划，注意相互衔接，其网络课件、多媒体课件，应注意其共用性，便于高职教师在教学中应用。电大的专职教师，若同时担任开放教育和高职教育的课程，实现联合规划则有独特的优势。

3. 开放教育在线平台要同时满足高职教育需求

目前，远程开放教育电大在线平台只有开放师生注册可以收看到教学资源。这使得高职教育直接运用远程开放教育优质网络学习资源形成技术上的障碍。因此，对于电大远程教育在线平台，应进行补充开发，一是建立以注册课程为主的“一站式”服务的课程教学平台，保证电大投入大量人力、物力和资金建设的网络课程资源，尤其是精品课程资源得到实际的应用，以实现其价值，要面对学生实施“一对一”的快捷方便的服务；二是在教学平台上导人高职学生注册系统，使高职学生也可能像开放学员一样，能够注册进入平台，进行学习和讨论。这种远程开放教育和高职教育教学资源共享，网络教学平台的共用，对于培养高职学生的终身学习能力有着深远的意义。

4. 学分银行应同时应用于高职学生

高职教育与远程开放教育互动机制管理，除了采用“3＋2”或“2＋2”管理模式，还可以采用学分银行的方式，真正体现开放性学习。鼓励高职学生中学有余力的同学，在大专学习的第二年下半年起申请选修开放远程教育相关专业本专科的课程，在学生专科毕业后可以获得“双专科”学历，或者能够立即进入开放本科的学习。学分银行取得的学分，可以替代本科段学习的学分，使高职学生能够在最短4—5年的时间里获得本科的文凭。当然，这需要教务部门针对相应专业制订一整套可以衔接的教学计划，以便于实际操作。可以进一步开拓开放本科的生源，更重要的是可以让高职学生在4—5年时间里也能完成本科学历的教育。

（二）把握开放教育与高职教育一体化办学的关键要素

1. 两种教育形式要实现有效衔接

国内外各种教育形式，尤其是远程教育和高职教育的独立发展和相互合作，政策法规是前提。在德国，《高等教育法》首次以法律条文形式明确了高职的地位、学制（4年制并可授予学位）。所以德国企业工程师中有高职高专学历学位者高达64%。1963年出台的《联邦职业教育法》及其修正案更是使德国职业教育招生数的增长率在随后的20年内一直持续高于普通高等教育的招生数，以致每年约有30%的文理高中毕业生自愿放弃升大学的机会而选择读高职，就是因为技术工人、技术员和工程师类人才更好地满足了德国产业结构调整对人才和对职业岗位的需求，因而就业形势相当喜人。

在我国，国家教育部已对运用远程开放教育模式发展职业教育提出了明确的要求。《面向21世纪教育振兴行动计划》就勾勒出了积极发展现代远程职业教育和成人教育的蓝图，指出这也是职业教育与成人教育自我发展的客观需要。2000年教育部职成教育司在中华教育信息网上刊发的题为《积极发展现代远程职业教育与成人教育，广泛提高劳动者素质》一文中进一步提出：要面向21世纪，根据《现代远程教育工程》和当前职业教育和成人教育发展情况，确立我国发展现代远程职业教育与成人教育的主要目标，积极发展我国现代远程职业教育和成人教育，构建完善的职业教育和成人教育体系，这也为我们指明了现代远程开放教育与高职教育进行沟通与合作的途径与前景。

2. 专业设置要共同服务区域经济发展

紧密跟踪劳动力市场的变化和态势、适时更新课程设置，是远程开放教育和高职教育持续健康发展的突破口。也是两者成功实现沟通和协作的契合点。针对区域经济发展的要求，灵活调整和设置专业，是高等职业教育的一个重要特色。学校要根据教育行政部门发布的各专业人才培养规模变化、就业状况和供求情况，调控与优化专业结构布局。要及时跟踪市场需求的变化，主动适应区域行业经济和社会发展的需要，根据学校的办学条件，有针对性地调整和设置专业。要根据市场需求与专业设置情况，建立以重点专业为龙头、相关专业为支撑的专业群，辐射服务面向的区域、行业、企业和农村，增强学生的就业能力。

发挥行业企业和专业教学指导委员会的作用，加强专业教学标准建设。逐步构建专业认证体系，与劳动、人事及相关行业部门密切合作，建立职业技能鉴定机构，开展职业技能鉴定工作，推行“双证书”制度，强化学生职业能力的培养。学校要积极与行业企业合作开发课程，根据技术领域和职业岗位（群）的任职要求，参照相关的职业资格标准，改革课程体系和教学内容。

要积极推行与生产劳动和社会实践相结合的学习模式，把工学结合作为高等职业教育人才培养模式改革的重要切入点，带动专业调整与建设，引导课程设置、教学内容和教学方法改革。人才培养模式改革的重点是教学过程的实践性、开放性和职业性，实验、实训、实习是三个关键环节。要重视学生校内学习与实际工作的一致性，校内成绩考核与企业实践考核相结合，探索课堂与实习地点的一体化；积极推行订单培养，探索工学交替、任务驱动、项目导向、顶岗实习等有利于增强学生能力的教学模式；引导建立企业接收高等职业院校学生实习的制度，加强学生的生产实习和社会实践，高等职业院校要保证在校生至少有半年时间到企业等用人单位顶岗实习。工学结合的本质是教育通过企业与社会需求紧密结合，高等职业院校要按照企业需要开展企业员工的职业培训，与企业合作开展应用研究和技术开发，使企业在分享学校资源优势的同时，参与学校的改革与发展，使学校在校企合作中创新人才培养模式。

3. 师资队伍建设要同时突出双能力

在一体化办学方针指引下，高等职业教育教师和开放教育教师队伍建设要适应人才培养模式改革的需要，按照开放性和职业性的内在要求，完善高素质技术人员引进机制，畅通学校和企业的人才引进和交流渠道。要健全教师培养培训制度，提高教师专业教学水平和实践能力，提升双师素质。要加强校际交流，强化挂职锻炼，加强出国培训，拓宽教师视野。要注重加强中青年教师的培养，营造平等宽松的环境，创造施展才华的机会，解除工作生活的后顾之忧，激发中青年教师的创造力。增加专业教师中具有企业工作经历的教师比例，安排专业教师到企业顶岗实践和参加信息技术应用培训，积累实际工作经历，提高实践教学能力和信息化教学水平。同时要大量聘请行业企业的专业人才和能工巧匠到学校担任兼职教师，逐步加大兼职教师的比例，逐步形成实践技能课程主要由具有相应高技能水平的兼职教师讲授的机制。重视教师的职业道德、工作学习经历和科技开发服务能力，引导教师为企业和社区服务。逐步建立“双师型”教师资格认证体系。重视中青年教师的培养和教师的继续教育，提高教师的综合素质与教学能力。

两类教师都应以现代信息技术为支撑，具备网上教学和建设专业教学资源库的能力，满足专业建设共性需求，实现优质资源共享；能够开发虚拟流程、虚拟工艺、虚拟生产线等，作为实践教学和技能训练的有效补充，提高教学效益。学校通过校企合作平台，搭建校企信息化教学平台，实现企业的生产过程、工作流程等信息实时传送到课堂，企业兼职教师可以在生产现场直接开展专业教学，校企合作共同完成教学任务。

4. 教学模式要以学生为中心

根据人才规格不断革新教学模式，既是远程教育又是高职教育必须常抓不懈的永恒主题和关键性步骤。英国开放大学不但在专业设置上尽可能适合社会需求，而且已经朝着“淡化专业、文理渗透、跨校选课、学分互认”方向迈出了坚实的步伐。比如，申请学士学位必须修满360学分，其中一半的学分可以来自文科课程，也可以来自理科课程，甚至还可以选修其他高校的课程，只要通过开放大学的认定即可替换学分，因为英国开放大学还是继英国学位委员会之后具有部分普通高校学位授予权的高校。在教学模式上，英国开放大学逐步形成了以学生为中心、有支持的开放学习体系，学生主要通过专门设计的、高质量的、多种教学媒体自主学习，并辅之以个别化的指导和反馈。对所有课程从建设到实施，英国开放大学都有严格的监控。无论是录音、录像带的配发，还是电视会议系统的使用，既要强调媒体教学的重要性，更要强调如何使各种媒体真正能在学生学习中起作用。

辽宁广播电视大学在借鉴国外经验的基础上，实行“中心型互动”教学模式，实现以学生自主学习为中心，开展师生互动、人机互动、生生互动、学生与社会互动的教学过程。创建集过程开放、环节控制、个性服务“三位一体”教学管理模式。要实现高职与开放一体化办学，高职教育的教学模式必须要以学生为中心。

5. 实训教学要实现网络共享

远程开放教育和高职教育共同的培养目标，都锁定在面向生产、技术、管理和服务一线造就大批用得上、下得去、留得住的高级应用型专门人才，实践教学更是不可或缺的支撑和保证。高等职业教育要求学生在校期间要完成大量的技能训练，加强实训实习基地建设是高等职业院校改善办学条件、彰显办学特色、提高教学质量的重点。高等职业院校要按照教育规律和市场规则，本着建设主体多元化的原则，多渠道、多形式筹措资金；要紧密联系行业企业，厂校合作，不断改善实训、实习基地条件。要积极探索校内生产性实训基地建设的校企组合新模式，由学校提供场地和管理，企业提供设备、技术和师资支持，以企业为主组织实训；加强和推进校外顶岗实习力度，使校内生产性实训、校外顶岗实习比例逐步加大，提高学生的实际动手能力。要充分利用现代信息技术，开发虚拟工厂、虚拟车间、虚拟工艺、虚拟实验，把实训基地建设成果在网络上展现，实现与开放教育的充分共享。

三、一体化办学工作方针的实践成效

辽宁广播电视大学（辽宁装备制造职业技术学院）在一体化办学工作方针的指引下，稳步推进传统高职向现代高职以及电视大学向开放大学的“两大战略转型”，以建设更加开放、更具特色的“活力、实力、合力、魅力”高校为目标，以开放大学和特色高职建设为重点，坚持“八向八要”原则，团结拼搏，改革创新，真抓实干，攻坚克难，各项事业取得了长足发展。

（一）管理理念以人为本

基于学校的现实情况，学校领导班子提出“人事合一、目标一致、知行合一、互动提升”的管理理念，有效指导学校的各项工作。在教师队伍中倡导“三个坚持”：一要坚持科学态度与创造热情相结合，立德树人，脚踏实地、淡泊明志，做一个文以载道、知行合一的本色教师；二要坚持终身学习与寻求突破相结合，持之以恒，躬身实践，与时俱进，做一个开拓创新、上下求索的活力教师；三要坚持见贤思齐与无私奉献相结合，爱岗敬业，爱校如家，爱生如子，做一个求真务实、致力事业的有为教师。在处理具体问题时，要做到管事与管人合一，不能只管事，不管人，更不能只管人，不管事，既要发挥人的主观能动性，又要使个人的追求与学校的工作目标和总体事业目标相一致，从而高效完成工作目标的同时，个人的价值也得以充分实现。要做到人事合一、目标一致，知行合一、互动提升，才能收到事半功倍的成效。

（二）开放办学成果丰硕

1. 开放大学筹建工作有序推进

学校把申办和建设开放大学作为全校工作的重中之重，一手抓申办，一手抓建设，各项重点工作均取得了阶段性成果。多次向教育部、省政府、省教育厅和国家开放大学汇报开放大学工作，并在省人代会上提出提案，积极争取上级指导支持，得到了高度重视和积极反馈。省领导听取我校工作汇报后明确提出电大要承担起协调社会教育资源，对终身教育进行综合协调、组织实施，为学习型社会服务的重要任务，进一步确立了学校发展方向。同时广泛征求政府、系统和专家意见，形成了辽宁开放大学建设方案和规划，确定了“社会化导向”人才培养模式等理念；成立开放大学建设委员会，有效推动了各项工作落实。

2. 系统凝聚力有效增强

学校领导班子注重与各市党委、政府沟通，为各市电大争取政策支持与保障，在推动系统参与政务、整合资源、校园搬迁、改善条件、扩大办学等方面给予了全方位的发展支持，促进了系统上下联动，基层电大办学条件与环境大有改观，办学能力大幅提升。在系统员工中开展了“我的中国梦，最美辽宁行”书画摄影大赛、“梦想在心，担当在行”技能大赛等丰富多彩的活动，召开系统运动大会，活跃了系统文化氛围。

3. 数字化校园建设有序推进

数字化校园是开放大学的重要特征，也是开放教育教学的基本要求。

学校把数字化校园建设纳入到高职省级示范校建设项目当中，并辅以世行项目贷款的资金支持，数字化校园的建设成果两校师生共享共用。同时，领导班子积极争取省经信委资金支持，投入自筹资金 395 万元，启动了一期工程首批硬件项目招标。目前，两校网页合并业已完成，自行开发的工资查询系统成功应用，申报沈阳市科技局“学习型社会信息化学习平台的研究与建设”项目进入专家评审，为后期平台建设打下了良好基础。

4. 开放教育教学改革稳步开展

以将高职装备制造类骨干专业转化为远程教育专业为切入点，积极开展机械电子工程等 7 个开放大学重点专业建设；电气自动化、焊接自动化专业成功申报为国家开放大学共享专业并招生 536 人。修订《专业负责人管理办法》《课程责任教师管理办法》，积极开展网上教学，加强形成性考核，确保考试安全。完善教学质量监控和保障体系，加强对重点环节和关键节点的督导检查，宣传、推广教学改革创新，保证了育人质量。

5. 资源建设取得突破

修订形成了《数字教学资源项目建设管理办法》，开展微课程等学习资源建设，完成了资源清查，与国家学习资源中心实行资源共建共享。修订形成了《纸质教材建设办法》和《教材征订发行办法》，十二部校本教材进入教育部“十二五”职业教育国家规划教材选题立项；教材到位率达到 99%，征订总码洋实现 1010 万元。大力推进数字图书馆建设，购买数字资源，实现了图书馆自动化管理。

6. 学习支持服务能力得以提升

完成 125 门课程问题库建设试点，“课程问题库建设和管理平台”投入试运行，全省系统学习支持服务团队初步构建；大力开展系统开放教育学生工作，调动和发挥了学生学习的积极性。积极开展国家开放大学委托的“国家继续教育学习成果认证、积累与转换制度的研究与实践”课题和两个子项目研究试点，喜获“国家开放大学学习成果认证辽宁分中心”的设立。

（三）高职改革全面铺开

1. 示范院校建设成绩斐然

2013 年 10 月，辽宁装备制造职业技术学院获“辽宁省职业教育改革发展示范学校建设计划第一批立项建设学校”殊荣，得到省财政 1200 万元专项引导资金支持。学校领导班子挂帅，确立示范校建设的顶层设计思想，形成了以数控技术、汽车检测与维修技术、机电一体化技术、物流管理四个重点专业为支撑的涵盖数字化校园建设和大学生综合素质教育在内的示范校总体建设方案，得到省教育厅及相关专家的认可。示范性高职院校建设项目，打造了我校高职教育品牌，树立了高职教育改革的示范、管理的示范、发展的示范，引领并带动了全省乃至全国高职院校的改革与发展。

2. 世行职教改革成效显著

借鉴吸收世行职教先进理念，学校已完成 6 个示范专业标准、12 门课程标准、10 门模块一体化课程申报采购，开发并完善了以能力本位为核心的教学效果及学生考核评价标准，教师信息化教学比赛、教师说课比赛已成常态并在省赛中喜获佳绩，教师培训常抓不懈。省级标准化考试场地已经建成。

3. 办学机制建设取得重要进展

学校积极组织开展政、企、校合作共建。以工学结合人才培养模式改革为切入点，积极探索“产学融通、合作共赢”的校企合作机制。校企共同确定人才培养目标，共同开发人才培养方案，共同建设课程体系，共同配置教学资源，共同实施教学过程，校企合作育人、合作共建机制已经逐步形成。校政共建沈阳机床城实训基地。该基地已成为全国青年高技能人才培养示范基地实训中心、辽宁省普惠制就业培训基地、沈阳市普惠制就业培训基地、机床装备高技能人才培训基地和于洪区装备制造业职工培训基地，沈阳市青年技师协会也即将在这里落户生根。

4. 专业和课程建设成果丰硕

主动适应我省产业结构优化升级和产业结构调整对高素质人才的迫切需求，不断调整和优化专业布局结构。一是认真调整完善学校专业设置和建设规划工作，进一步明确发展定位；二是优先发展现代装备制造业、现代服务业等领域应用性学科专业，确保人才培养的适应性和针对性；三是大力发展和培育优势特色专业，撤销几个陈旧过时的老专业；四是实施专业设置的动态管理。实行暂停招生专业、撤销专业年度备案制度。在课程建设方面，我校非常重视国家、省、校三级精品课程建设。目前，建设省精品课程 12 门、国家精品课程 6 门、校级精品课程 20 多门。

5. 人才培养模式改革彰显特色

积极开展校企深度融合，推进工学结合人才培养模式改革。一是通过任务驱动，项目导向，引导政校企合作办学，共同开展学校专业建设、课程设置、教学内容和教学方法改革，探索做中学、教学做一体化等教学，努力实现教学过程的实践性、开放性和职业性。如，学校要求各专业必须与一个对口行业、一家对口企业和一所国家级示范校深度合作，实施“三个一”对口工程，取得了丰硕成果；二是大力推进“双证书”制度。引入行业职业资格鉴定，依照国家职业分类标准和要求，调整教学内容和课程体系，使“双证书”教育全面融入教学过程中；三是积极开展订单式培养。选择一批行业背景突出，工学结合有一定基础的专业与企业签订订单式人才培养协议，校企共同制订人才培养规划，积极探索“招生即招工，毕业即就业”的人才培养模式改革。实现了企业对人才培养全过程的参与。如与沈阳黎明发动机有限公司、沈阳机床集团等企业的“订单培养”

取得了显著成绩。

6. 实训基地建设成效显著

开展国家、省高职教育实训基地建设项目，按计划进度组织项目建设。电气自动化、焊接自动化两个中央财政支持项目完成验收申报，物流、模具两个省财政项目完成验收准备。成功申报嵌入式实训基地项目并获得中央财政180万元资金支持，汽车实训基地获得省财政120万元资金支持。通过校企深度合作，校企共建汽车实训基地、进化动漫游实训基地、中兴通信实训基地和北京巨斯特物流基地等，共计利用企业资金3000多万元。

7. 师资队伍水平明显提升

学校十分重视教师队伍建设，努力做到建设目标、规划、措施和投入的四个到位，努力实现教师队伍稳定、结构优化、质量提高的建设目标。初步形成了一支专兼职结合、结构整体优化，具有“双师”结构和双师素质的教师队伍。学校现有省级教学名师3人，省教学团队6个。

8. 社会服务能力明显增强

强化社会责任，服务经济社会发展。以服务求贡献，以服务求支持，积极与企业合作开展应用研究和技术开发，实现了校企双赢，提高了社会服务能力。学校年均为社会开展就业培训、技术培训5000多人次，职业技能鉴定1000多人次。

（四）多元办学效益显著

1. 各类办学声誉良好

2013年，面对生源萎缩、竞争激烈招生形势，努力开拓创新，不断攻坚克难，年度招生 54432 人，同比增长 19%。开放教育主体地位进一步突出。全年招生 28094 人，同比增长 24%；实现收入 2730 万元，同比增长 5.7%。普通高职教育招生稳中有升。新生报到 2543 人，超额完成任务目标。办学实体规模效益同步增长。开放教育学院招生 8981 人，同比增长 214%，实现了跨越式发展。继续教育学院招生 5108 人，同比增长 37%。网络教育学院招生 13724 人，成人高职学院招生 2556 人，广播电视学校招生 1758 人，农科学院招生 649 人，均完成既定目标。各办学实体同时深化教学改革，狠抓管理创新，突出技能培训，强化支持服务，保证了人才培养质量，实现了经济、社会效益双丰收，2013 年实现收入 4350 万元，同比增长 25.3%，办学覆盖面、社会影响力、品牌美誉度得到有效提升。

2. 短期培训有所突破

学校与省监狱管理局探索合作面向服刑人员开展学历教育和技能培训，与省友协等单位探索合作举办企业家等高端人才培训、职业技能培训，目前正有序推进。开展营养师培训，组织辽宁大学生创业辅导等项目，非学历办学项目不断推陈出新。各市电大也积极开展社区教育、企业职工培训、岗位技能培训等活动，为建设开放大学奠定了基础。

当前，我国高职教育和远程开放教育正处于重要的快速发展阶段，两类教育在培养目标、教学资源等方面的共性决定了高职教育与远程开放教育互动机制建立的必要性和紧迫性。把高职教育和远程开放教育作为两个层次，两种教学模式，分别执行完全不同的教学计划，运用不同的教学管理方式、不同的考核制度，已经显示出许多的不适应。辽宁广播电视大学和辽宁装备制造职业技术学院本身所具有的天然优势，注定赋予这两所学校一个共同的使命——充分整合资源，发挥教学资源的最大效益，运用系统化管理，使得高职教育和远程开放教育实现互动，形成步调一致相互对接的一体化办学体制机制。

第九章
结　　论

《开放教育与高职教育一体化办学工作方针理念与实践研究》的初步研究成果，总体来看，按原设计的研究思路和研究方法，较为充分的阐述和论证了开放教育与高职教育的功能定位和价值取向、人才培养模式和教育方法、办学理念和和发展趋势等方面的共同点；阐述和论证了开放教育与高职教育资源整合共享、优势互补、互动提升是开放大学建设的本质体现和必然趋势；深刻揭示和阐述论证了开放教育与高职教育一体化办学工作方针的实质性内涵、核心理念、理论体系的架构；以辽宁广播电视为案例，阐述和论证了开放教育与高职教育一体化办学工作方针的实施方略和实践成效。初步研究成果从理论与实践两个层面得出了翔实、完整、科学、可信的结论，达到了前期设定的研究目标。

一、开放教育与高职教育在诸多方面有共同性

研究成果表明，开放教育与高职教育在功能定位和价值取向、人才培养模式和教育方法、教育理念和发展趋势等方面有其共同性的特征。

1. 功能定位与价值取向有共同性

开放教育与高职教育有其较多的可比性前提和基础，在我国教育体系中，开放教育与高职教育是最为接近和趋于相同的教育类别。高职教育属

于职业教育体系中的主体，从大类别和大职教观来讲，开放教育的主体也是同属于职业教育体系。开放教育与高职教育在人才培养对象、人才培养规格、人才培养目标、实施教育过程等功能定位上有其共同性，其功能定位都是以适应社会经济发展需求，培养技术型、应用型、实用型人才为培养规格和培养目标；以创新人才培养模式，提高社会人的能力与素质为己任；以为社会生产输入合格的劳动者，提高社会生产力为本质特征。基于功能定位的共同性，开放教育与高职教育在根本价值取向和现实价值取向、应有价值取向和特有价值取向上也有其共同性，其价值取向都是以构建终身教育体系、实现学习型社会，推动社会化进程，促进社会人的全面发展为根本价值取向；以继续教育、知识更新，扩展劳动者技术与技能，促进社会就业为现实价值取向；以按社会需求办学，培养技术型和应用型人才，促进经济社会发展为应有价值取向；以整合必要教育资源、运用现代教育手段，适应人的学习需求，促进社会教育公平为特有价值取向。

2. 人才培养模式的主体有共同性

开放教育与高职教育在人才培养模式的主体构建上有其共同性。开放教育与高职教育因在功能定位和价值取向上的共同性，决定其在人才培养模式的主体构建上也必然有其共同性，这一共同性集中体现在开放教育与高职教育都应以“社会化导向”为人才培养模式的主导思想。主张将“社会化导向”贯穿于办学项目、人才标准、培养过程、技术手段、教育资源、学习成果、管理服务、质量评价等办学主要环节的全过程；注重按“社会化导向”把握功能定位的方向；实现适应人与社会发展需求和服务人与社会发展需要的总体价值取向。

3. 教育理念与发展趋势有共同性

开放教育与高职教育的教育理念与发展趋势有共同性。从对开放教育与高职教育发展状况和面临的任务与使命来分析，开放教育与高职教育在其教育理念上的共同性是，都在教育理念上转变提升，即从以依赖政策提供项目，向主动为社会和民众提供教育服务转变；从以解决生存为出发点、重点关注规模和效益，向以壮大功能和信誉为出发点、重点关注人才培养质量转变；从以往传统的教育方式向现代教育技术和高度网络化教育方式转变。开放教育与高职教育在发展趋势上的共同点是，都要面向市场，面向社会和经济发展需求，通过参加市场竞争找到自己的发展方向；都要在办学功能上朝着多元化方向发展并以体现终身教育功能为本位特征；都要作为构建终身教育体系的先驱和支柱，开拓创新，积极储备资源和潜能。

二、开放教育与高职教育可资源共享的优势互补

研究成果表明，开放教育与高职教育在实际办学过程中的融合有其共同的客观需求，可有效的实现整合共享教育资源，可有效的实现优势互补。

1. 开放教育与高职教育融合有其共同的客观需求

开放教育与高职教育合为一体，实施一体化办学，有其共同的客观需求。一是网络时代教育发展的趋势使两种教育形式的融合成为可能；二是教育大众化、终身化的要求使两种教育形式的整合成为必然；三是建立教育教学资源共享体系呼唤两种教育形式的有机整合。从大多数省级广播电视大学在近十多年来陆续实施了在广播电视大学基础上组建、吸纳高等职业技术学院，在办好开放教育的同时开办高职教育的现实来分析，一是有地方区域社会经济发展对人才培养需求的客观性因素，因此可得到地方政府的支持和社会的认可；二是有开放教育与高职教育改革与发展的趋向性和适应社会经济发展需求的客观规律性因素。从实际效果来看，提高了广播电视大学整体办学的社会效益，增强了学校办学潜能和多元化发展的开放性，其成效是显著的，这是开放教育与高职教育一体化办学必要性和可行性的关键所在。辽宁广播电视大学按省委、省政府的决策，内设辽宁装

备制造职业技术学院，实施开放教育与高职教育一体化办学，其功能作用与实践意义深远，是一个成功的范例。

2. 开放教育与高职教育融合可整合共享教育资源

开放教育与高职教育一体化办学可有效的实现教育资源整合共享。几十年来，无论是早期建立的高职院校还是近期适应社会需求新建的高职院校，在其办学场所、设备设施、专业建设、实验实训，尤其是师资力量等方面的教育资源都是很宝贵的。广播电视大学开放教育资源也较为丰富，在目前我国教育经费、资源还贫乏的情况下，开放教育与高职教育将其教育资源整合共享，既有其重大的现实与长远意义，也必然无疑地能综合改善办学条件和增强整体办学潜能。

3. 开放教育与高职教育融合可有效实现优势互补

开放教育与高职教育一体化办学可有效实现优势互补。开放教育有其教育资源开放共享性、自主性、交互性、集成性和生动性等特性，尤其是具有现代教育信息技术手段，可以突破时空限制的优势。高职教育具有注重实践教学和实践基地建设与培养技能型人才的特性，尤其是“双师型”素质教师队伍是高职教育主要资源和优势。开放教育与高职教育一体化办学，对高职教育来讲，可将开放教育潜移默化的“开放”理念渗透到高职教育中，将现代化教育技术和手段应用于高职教育，促进高职教育教学内容的更新和课程体系的优化，使高职教育更具活力和开放性；可将开放教育专、本科层次学历教育服务于高职学生，为高职学生提供多元化的选择、多路径成才的途径，使高职教育进一步体现多层次、多类型职业教育的科学定位。对开放教育来讲，可发挥高职教育“双师型”教师的作用增强开放教育网络平台建设和学生支持服务的实力，搭建更为广阔的教育平台为构建终身教育体系、创建学习型社会奠定基础；可充分利用和发挥高职教育实践性教学实验实训基地的优势，推动开放教育实践性教学的实施和实践性教学体系的建设，使开放教育更具职业性；可依托高职教育氛围构建开放大学校园文化，推进素质教育，这对提升开放教育人才培养目标，实现培养技术型和应用型人才具有十分重要的实践价值。

三、高职教育是开放教育实施资源整合切入点

研究成果表明，资源整合共享是开放大学功能定位本质特征决定的，开放大学资源整合共享长远发展目标必须是多元化，开放大学实施资源整合共享的切入点首先应是高职教育。

1. 资源整合共享是开放大学功能定位本质特征决定的

开放教育是构建终身教育体系的重要支撑，是促进社会资源优化配置的重要手段，是建设学习型社会的重要形式，是促进社会教育公平的重要途径，是构筑知识经济时代人们终身学习体系的主要手段，是教育工业化和技术化的重要产物，是信息技术与教育深度融合的重要标志。开放教育具有师与生角色转换功能、教与学方式改变功能、提供个性服务功能、培养个性人才功能、学习输入——转化——输出功能；其性质定位是要以现代远程教育的特点，为建设全民学习、终身学习的学习型社会服务，是构建终身教育体系的重要组成部分。开放大学功能定位和本质特征决定，必须根据现实经济建设的人才需求设置专业，整合社会教育资源，兼收并蓄，不求所有，但求所用，力求更优；推动基础设施、多种媒体教学资源和队伍建设，以适应网络环境下交互式教学需要；用好现代信息技术实施多种媒体教学与现代化的管理，形成学生自主学习、个性化和协作式学习的模式。

2. 开放大学资源整合共享长远发展目标必然是多元化

从开放大学发展的长远目标来考量，在推动广播电视大学整体转型提升，有效整合共享广播电视学教育资源和系统网络资源的基础上，还要逐步实现远程开放教育、网络教育、自学考试等临近教育类别的资源整合，

还要注重利用高职教育资源和普通高等教育资源，唯有如此，才能有利于突破开放大学转型升级与体系建设这一重难点问题；才能有利于汇集和发挥现代远程教育资源的作用；才能有利于远程开放教育与高职教育及普通高等教育的对接；才能有利于充分体现开放大学的功能特征；才有利于储备承担起终身教育体系建构主体地位的潜能。所以，从开放大学长远发展目标来看，开放大学教育资源整合与共享必须解放思想，实施多元化发展战略。

3. 高职教育资源是开放大学资源整合与共享的切入点

整合现代远程开放教育资源，组建一个适应办学需要的、严紧、规范、有序的系统结构，这是开放大学建设重点和难点问题。从发散思维和因果关系思维方式的角度揭示，新型开放大学作为新类别的远程教育体系，必须要对原有办学网络系统的教育资源进行有效的整合共享，进而实现对远程教育资源的整合共享。广播电视大学内设、内联与合署、合作办学的高职院校，经多年在实践中的磨合、协调，已进入深度的融合，形成了“一体化办学”模式，因此，要十分珍惜这部分高职教育资源，将其作为开放大学资源整合共享的切入点，进而探索推进开放大学教育与高等职业技术教育在教育资源整合共享上提升到一个更宽、更深的层面。

四、多元发展是开放大学建设创新的必然趋势

研究成果表明，多元化发展是国外远程教育发展趋向和成功经验，多元化发展是我国开放大学建设客观推动力，多元化发展是我国开放大学建设创新的必然趋势。

1. 多元化发展是国外远程教育发展趋向和经验

多元化发展是国外远程教育发展的成功经验。国外现代远程教育在从与高、中等职业教育一体化办学到多元化相互沟通、合作办学方面，已经

有了许多成功的实践，并已经建立了较为成熟的多元化办学模式。在远程教育与职业教育一体化办学实践的基础上，相应建立了支持多元办学的学分互认制度，促进和保证多元教育和现代远程教育合作和融合。例如美国两年制社区学院与四年制大学合作模式、澳大利亚的高职教育与远程教育合作办学经验、英国职业教育与普通教育融合的经验；较有特色的主要有美国课程衔接模式下的学分互认制度、澳大利亚国家资格框架下的学分互认制度、英国资格与学分框架制度和韩国学分银行制度。由此可见，远程开放教育的多元化办学有其发展的趋向性和客观必然规律性。

2. 多元化发展是我国开放大学建设客观推动力

多元化发展是我国开放大学建设创新的客观推动力。多元化发展是社会、经济、科学发展的战略思想，也是现代社会发展的重要特征之一。从我国高等教育结构调整和高等教育体制改革的宏观思路来分析和把握，国家为构建终身教育体系，形成学习型社会，必将推动开放大学向多元化发展，发挥开放大学现代远程教育技术优势，扩宽开放大学教育资源的慧及面。从广播电视大学的发展来看，国家及地方政府一直在支持多元化发展，并推动其向更高层面上扩展。因此，开放大学建设创新，应把多元化发展作为发展战略思想和目标，顺应和把握开放大学建设创新的这一客观推动力。

3. 多元化发展是我国开放大学建设的必然趋势

多元化发展是我国开放大学建设的必然趋势。从我国远程教育发展状况来看，一方面，广播电视大学（开放大学）无论是发展初期，还是今后发展的需求，都必然要在教学资源等一些方面与普通高校联合开发；另一方面，具有较强实力的普通高校也在大力开办远程网络教育。近年来，国家开放大学从继续教育培养职业教育人才的角度进行了诸多改革，受教育部委托，国家开放大学开展的“国家继续教育学习成果认证、积累与转换制度的研究与实践”已经正式进入建设阶段；大多省级广播电视大学（开放大学）也都是在努力办好开放教育的基础上，积极开办继续教育、网络教育、自学考试教育，同时围绕着开放教育与高职教育一体化办学开展了诸多尝试，与职业教育院校之间的合作办学日趋紧密，重庆电大的“双模式”和深圳电大的“直通车”模式、上海市终身教育学分银行建设实践等都是较为成功的案例，这预示着“一主多维”，多元化发展趋势已是必然，国外的远程开放教育多元化发展的路径已经证明了这一点。开放大学建设多元化发展趋势，既符合网络时代教育发展的必然，也符合教育大众化和教育终身化的客观要求。

五、“一体化办学”工作方针研究的初步结论

本课题研究，通过采取文献法和分析论证法，在实证调研和成效检验基础上，表明了相关的研究成果。基于这些研究成果，得出的研究结论是：开放教育与高职教育一体化办学工作方针，在理论与实践两个层面上具有科学性和可行性。

“一体化办学”工作方针所概括的“一体两翼、资源共享、多元发展、互动提升”，符合广播电视大学（开放大学）客观实际并揭示了内在的本质特征和发展规律，体现了开放大学建设发展思路与核心理念；指明了开放教育与高职教育的办学方向和发展战略及实践方略。“一体化办学”工作方针理论体系建构的“八个一体化”符合教育规律并具有严谨的逻辑性；“一体化办学”工作方针所指引的发展方向和目标清晰明确；“八向八要”工作原则作为贯彻“一体化办学”总体工作方针的行动准则和切入点，工作原则和方式方法明确，切实可行。实践成效证明，“一体化办学”工作方针和“八向八要”工作原则，显现出具有一定的理论意义和现实与长远的实践价值。

以上研究成果和研究结论，属于课题阶段性研究成果，在此基础上还需要逐步扩展，深化研究。

附 录 一

专题研究

一体化办学工作方针在辽宁广播电视大学系统的实践与探索

在广播电视大学向开放大学转型和传统高职向现代高职转型的重要历史时期，辽宁广播电视大学果断提出以“一体两翼、资源共享、多元发展、互动提升”为核心理念的开放教育和高职教育一体化办学的工作方针。我校在一体化办学工作方针的理论研究和实践应用过程中体会到，依托高职教育的办学优势，借助电大系统办学的力量，可带动全省开放教育和高职教育的有效融合，夯实我省终身教育体系建设的基础。为此，我们以“省校主导、系统主体”为指导思想，通过组建全省电大系统的专业教学团队展开教学与教学管理模式改革与创新。在制度保障、流程规范、技术支持和运行机制等方面的阶段性成果凸显，一体化办学工作方针的系统推广和实践初见成效。

一、指导思想

（一）团队协作式教学管理运行机制创新的历史背景

2014 年年初，学校确立了开放教育与高职教育一体化办学工作方针的基本内涵是：以开放大学社会化导向人才培养模式为中心；以开放教育与高职教育“一体两翼、资源共享、多元发展、互动提升”办学思想理念为出发点；以提升办学潜能和人才培养质量为落脚点；推进开放大学建设更加开放、更具特色的创新发展。

同时明确要充分发挥全省系统的整体优势，提升全省系统教师的教学管理能力。要共建教学团队、共建教学资源，共建支持服务体系，共建质量保证体系，构建一个更加开放、更加灵活、更具活力、更加完善的办学体系。支撑两大战略转型，关键是提升学校内涵。内涵建设的突破口和工作重点：一是全面提高学校信息化水平；二是全面提高专业建设水平；三是全面提高课程教学资源整合水平。

为此，我们开展了以“省校主导，系统主体”组建教学团队，开展团队协作式教学管理运行机制创新，贯彻一体化办学工作方针在系统的研究和实践，全面推进两大战略转型。

（二）团队协作式教学管理运行机制创新的理论依据

1. 团队协作式教学管理运行机制是实现管理服务社会化的解决方案

管理服务社会化是“社会化导向”人才培养模式创新的重要内容之一，而管理服务社会化的解决方案就是要建立团队协作式教学管理运行机制。全面践行开放大学“开放、质量、服务、特色”办学理念，重点抓好队伍建设、制度规范、业务流程、技术支持四个方面的建设内容，遵循过程开放、环节控制、个性服务“三位一体”的基本原则，为学生提供“五A”式的教学管理服务，实现各类办学模式的横向协调、纵向衔接，搭建终身教育的“立交桥”。

2. 团队协作式教学管理运行机制是一体两翼办学模式的系统升级

在全国电大系统中，有61.4%的省级电大同时举办了高职教育。2006

年，辽宁省政府根据东北老工业基地振兴对装备制造业高素质技能型人才的迫切需要，在辽宁电大直属学院的基础上，建立了一所公立普通高职院校，即装备学院。至此，一体两翼的办学模式逐渐形成，如图1所示。

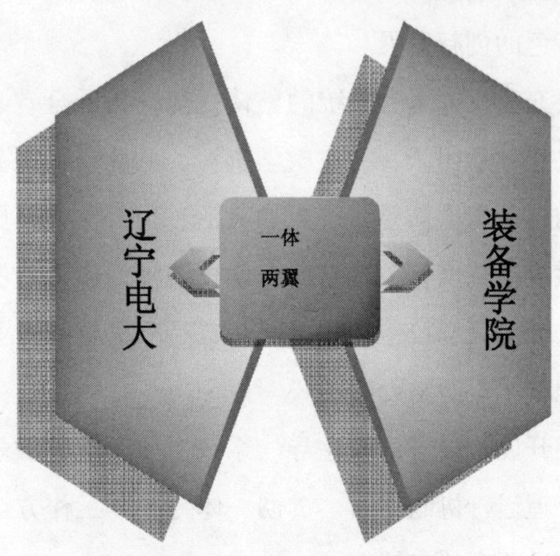

图1　辽宁电大一体两翼的办学模式

同样，辽宁电大系统内的12个市级电大中，也有6个同时开办了高职教育。在他们中间，有以电大办学为主体，也有以高职教育为主体。在“一体化办学方针”的指导下，利用系统办学的优势，建立属于电大系统的团队协作式教学管理运行机制，是带动系统实现开放与高职一体化的有效措施和办法，也是系统建设和内涵建设的全面升级。

3. 团队协作式教学管理运行机制是实现系统资源共享的根本办法

从学校内部看，自学院制改革以来，开放教育和高职教育的教师资源共享取得了一定的成绩；而在教学资源共享方面却没有任何突破。

从电大系统看，在2014年4月全省开放教育师资情况调查的结果显示，有很多的基层高职教师已经投放到开放教育教学工作当中；在教学资源共享方面也仅仅停留在文字资源上。

建立团队协作式教学管理运行机制，就是要举系统教师之力共建教学资源，架构教师信息和教学资源的管理系统，利用信息技术实现使得系统资源共享成为可能。因此说，团队协作式教学管理运行机制是实现系统资源共享的根本办法。

（三）团队协作式教学管理运行机制创新的指导思想

全面落实和践行“一体化办学”工作方针，充分发挥电大办学的系统优势，以“省校主导、系统主体”为指导思想，通过组建专业教学团队，建立团队协作式教学管理运行机制，从而推动教学管理模式改革和创新。

1.“省校主导”的基本思想

省校主导，是要在方向上主导、要在政策上主导、要在管理上主导。具体来说，在团队协作式教学管理运行机制的制度建设、流程规范、队伍建设、技术支持、监督管理等方面起主导作用，要在制定团队规划、建立团队文化、培育团队精神、形成团队合力等方面做好文章。

2.“系统主体”的深刻内涵

系统主体，就是要充分体现各办学单位在开放教育和高职教育一体化进程中的主体地位，而不是在省校主导下的简单参与。系统是团队建设的主体，是教学管理的主体，是资源共享的主体，更是利益分享的主体。系统各办学单位的领导、管理人员、科研人员、教学人员、技术人员等都要广泛的参与进来。

3. 团队建设的工作原则

专业教学团队是承担全省电大系统开放教育专业教学管理、教学指导、教学资源建设、教学改革与创新等任务，以提高全省开放教育教学水平为目标而组成的创新型教学组织形式。专业教学团队的建设要遵循以下基本原则。

（1）省校主导、系统主体的原则

专业教学团队的组建由省校统一组织实施，专业教学团队的构成以系统内专业教师为主体，专业教学团队的各项工作由系统内专业教师分工协作共同完成。

（2）统筹管理、分类指导的原则

专业教学团队的界定与划分、日常管理与运行，既要围绕总体教学目标任务实施统筹管理，又要结合专业特点和教学实际分类指导。

（3）制度规范、项目推动的原则

专业教学团队的日常工作，既要通过制度规范做到有章可循，又要积极开展科研立项，通过项目推动教学改革创新进程。

（4）凝心聚力、资源共享的原则

通过专业教学团队凝心聚力，充分发挥系统优势、形成系统合力、共建系统资源，将形成的教学成果在全省范围内完全共享。

（5）省开为主、兼顾统设的原则

全面深化教学改革和资源建设，以省开课程为主开展基于网络、基于团队协作的教学试点和课程建设；统设课程要在国家开放大学已有资源的基础上，建设符合我省实际学情的教学资源。

（四）团队协作式教学管理运行机制创新的重要意义

1. 团队协作式教学管理运行机制创新，实现了“一体化办学”工作方针的系统推广

“一体化办学”工作方针，不仅适用于学校内部，还适用于系统内同时开办开放教育和高职教育的办学单位。建立系统的团队协作式教学管理运行机制，将“一体化办学”工作方针在系统内进行推广应用，实现“一体化办学”工作方针的立体化推进，将系统内的开放教育和高职教育有机融合为一体，共享资源、互惠互利、共谋事业发展大计。

2. 团队协作式教学管理运行机制创新，夯实了终身教育服务体系的架构基础

在“一体化办学”工作方针指导下，开放教育和高职教育有效融合的基础上，利用电大独有的系统优势，通过团队协作式教学管理运行机制的建立，“一体两翼，优势互补，知行合一、互动提升”的办学理念将贯彻至全省系统，从而使之融合为一个整体。在办学条件、基础设施、师资能力、资源水平等得到全面的提升，为终身教育服务体系建设奠定基础。

二、制度保障

践行“一体化办学”工作方针，以“省校主导、系统主体”的团队协作式教学管理运行机制创新，制度保障是前提。为此，围绕着专业教学团队建设工作，2014 年上半年，先后制定了一个“规定”、两个“办法”和三个“规范”，形成了专业教学团队建设的基本规章制度保障体系。

（一）制度建设的依据

1. 系统教学工作调研

2014 年 4 月中旬，针对系统开放教育的教学及教学管理改革工作，先后开展了辽东和辽西两个地区的实地调研，并形成了两个调研报告。此次的调研结果，是教学模式改革方案制订和专业教学团队制度建设的基本依据。

2. 系统师资情况调查

2014 年 4 月下旬，针对全省系统师资情况组织了全面的调查与统计。收集包括省校、市级电大和直属办学单位的《辽宁电大系统专业教师基本

信息统计表》22 个，统计教师基本信息数据 1600 条，经过筛选、统计、分析后形成了“辽宁电大系统专业教师基本信息调查报告”。该报告中的相关数据信息是专业教学团队负责人及成员选聘条件设置的一个主要依据，也是开发“教师信息管理系统”实现系统师资共享的一个重要参考。

3. 广泛征求系统意见

2014 年 5 月初，召开全省电大系统教学和教学管理改革工作研讨会，组织系统各办学单位的领导、教学和教学管理人员专门针对此项工作进行了研讨，广泛征求和汇集系统意见，为专业教学团队的制度建设提供更多的参考依据。

4. 出台改革方案文件

2014 年 5 月中旬，学校出台文件《辽宁广播电视大学开放教育教学和教学管理工作改革方案》（以下简称《方案》)。《方案》中在开放教育教学和教学管理工作改革的工作原则、管理职责、运行机制及保障措施等方面作了明确的规定。该《方案》是制定专业教学团队制度建设的重要指导。

（二）一个“规定”和两个“办法”

2014 年 5 月下旬，先后出台了有关团队建设的一个“规定”和两个“办法”，并以文件形式下发。

“一个规定”即《辽宁电大开放教育专业建设管理规定》，它是专业教学团队建设工作的根本大法，在准入、运行、监管、考核和退出等方面作出了明确的规定。

“两个办法”是专业教学团队两大主体（即专业教学团队负责人和课程责任教师）通过团队协作方式开展专业和课程教学业务工作中，所必须遵守的规章制度，具体包括《辽宁电大开放教育专业团队负责人管理办法》和《辽宁电大开放教育课程责任教师管理办法》。

（三）三个“规范”

2014年6月，学校先后出台了有关团队业务工作开展的三个“规范”。即《专业团队负责人工作规范及质量评价标准》《课程责任教师工作规范及质量评价标准》和《网上教学活动工作规范》。

“三个规范”是专业教学团队负责人和课程责任教师开展业务工作的指导性文件。包括按业务流程制订的专业教学团队负责人和课程责任教师两个工作规范及质量评价标准，以及开放教育网上教学活动的工作规范和要求。

三、队伍建设

2014年7月，成功组建了22个专业教学团队，聘任了56个专业教学团队负责人和313个课程责任教师。并先后组织召开了专业教学团队负责人培训会和课程责任教师培训会。9月，辽宁电大系统开放教育专业教学团队正式投入运行。

（一）团队界定依据与专业划分

1. 团队界定依据

辽宁电大系统开放教育本专科目前共开设72个专业，不同专业的办学规模、师资配比等各不相同。系统专业教学团队的界定依据主要包括以下三个方面：各专业在籍学生的分布情况；各专业系统教师的分布情况；国家开放大学的学科分类。

2. 团队专业划分

除个别开课单位和人数较少或师资力量严重缺失的专业由教务处代管

外，其他专业根据以上三个界定依据，分别划分至22个团队当中。详见下表：

序号	团队名称	专业名称（或负责课程）
1	行政管理	行政管理（本）、行政管理（专）
2	法学	法学（本）、法学（专）、社会工作（专）
3	学前教育	学前教学（本）、学前教育（专）
4	教育学	教育管理（本）、小学教育（本）、小学教育（专）
5	工商管理	工商管理（本）、市场营销（本）、工商管理（专）、人力资源管理（专）
6	财务会计	会计学（本）、财务管理（本）、会计学（专）
7	金融学	金融学（本）、金融（专）
8	物流管理	物流管理（本）、物流管理（专）
9	土建	土木工程（本）、建筑施工与管理（专）、道路桥梁施工与管理（专）、工程造价管理（专）
10	医药	卫生事业管理（本）、护理学（本）、药学（专）、药品经营与管理（专）、护理学（专）
11	机械	机械设计制造及其自动化（本）、机械制造与自动化（专）
12	计算机	计算机科学与技术（本）、计算机网络技术（专）、计算机信息管理（专）、信息系统开发与维护（专）、数字媒体设计与制作（专）
13	汉语言文学	汉语言文学（本）、汉语言文学（专）、现代文员（专）
14	水利水电	水利水电工程（本）、水利水电工程与管理（专）
15	英语	英语（本）、英语（专）
16	电子商务	电子商务（专）
17	旅游	旅游（专）
18	数学	各专业数学课程

续表

序号	团队名称	专业名称（或负责课程）
19	园艺	园艺（专）
20	采矿工程	采矿工程（专）
21	电气	电气自动化技术（专）
22	焊接	焊接技术及自动化（专）
23	教务处代	汽车（专）、城市轨道（专）、物业管理（专）、应用化工（专）、广告（专）、其他公共课部分

（二）团队构成及结构分析

1. 团队负责人的构成

专业教学团队负责人是从系统各办学单位、省校各学院及相关部门三个部分在职专业教师中选拔产生的。由3—5名专业教学团队负责人组成专业教学团队的管理层，其中：首席负责人（正职）1名，负责人（副职）根据团队规模设定，不超过4名。

2014年6月底，22个专业教学团队共聘任了56个负责人（其中首席负责人22个，负责人14个），有52%来自系统各办学单位，分布在鞍山等15市级分校或学院，如图2和图3所示。

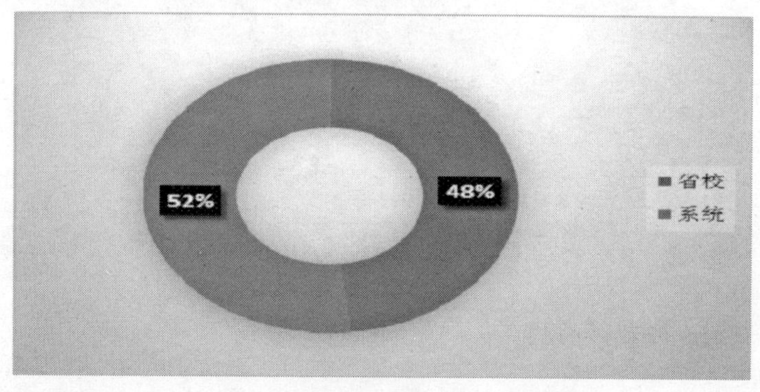

图2　专业教学团队负责人构成情况

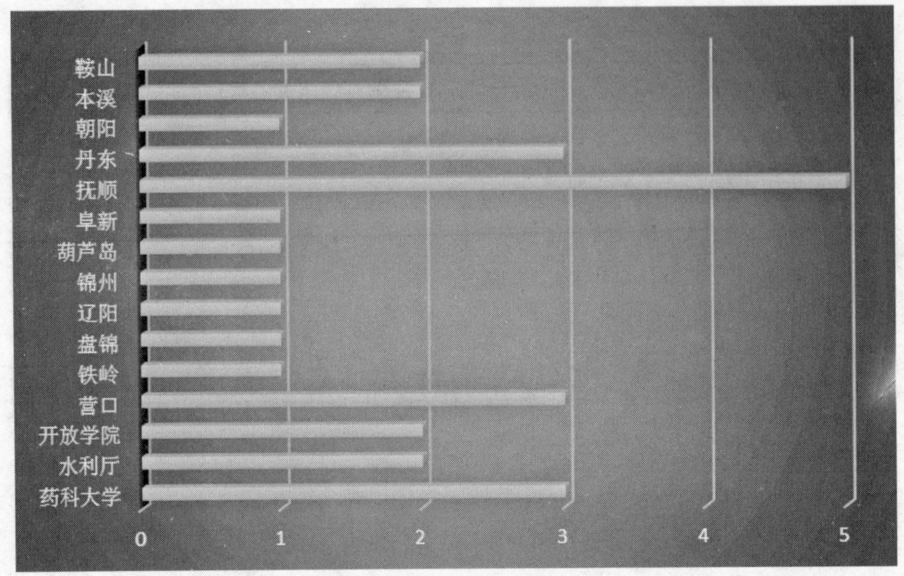

图 3　专业教学团队负责人各办学单位分布情况

从职称情况看，教授 6 人、副教授（或同等级别技术职称）18 人、讲师 12 人，如图 4 所示。他们平均年龄 42 岁，可见他们的开放教育教学和教学管理经验丰富，能够较好地完成专业教学工作。

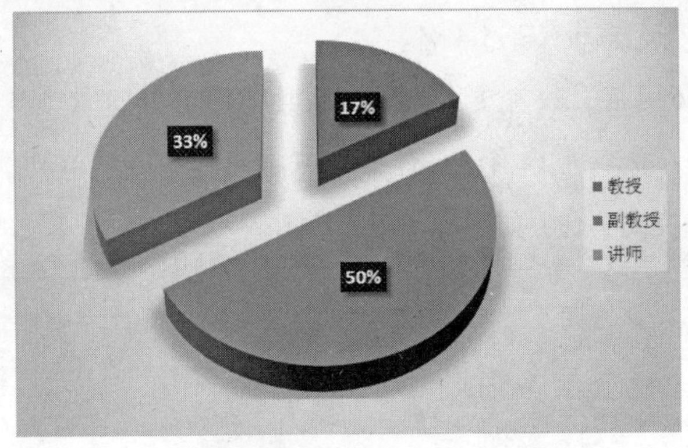

图 4　专业教学团队负责人职称情况

2. 课程责任教师的构成

课程责任教师是各专业教学团队的成员，承担全省电大系统开放教育课程的教学业务指导与管理，工作上接受专业教学团队负责人及开放教育教务处的组织、管理及考核。

经过个人自愿申报、所在单位审核、专业教学团队负责人推荐、省校领导审批，2014 年 7 月最终聘任了 313 名课程责任教师。其中：省校 111 名，系统 202 名，系统教师占比 64%，如图 5 和图 6 所示。

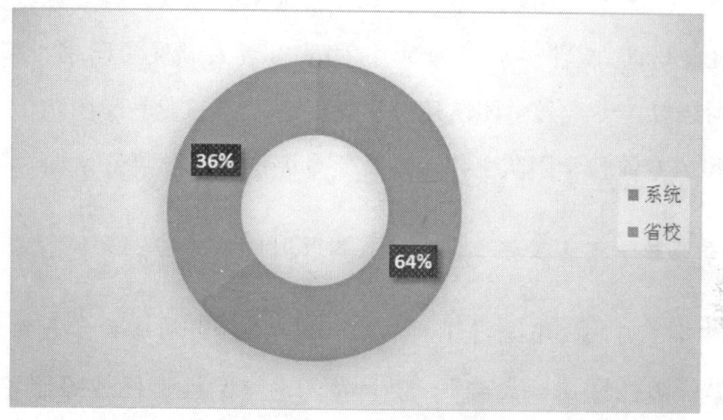

图 5　课程责任教师构成情况

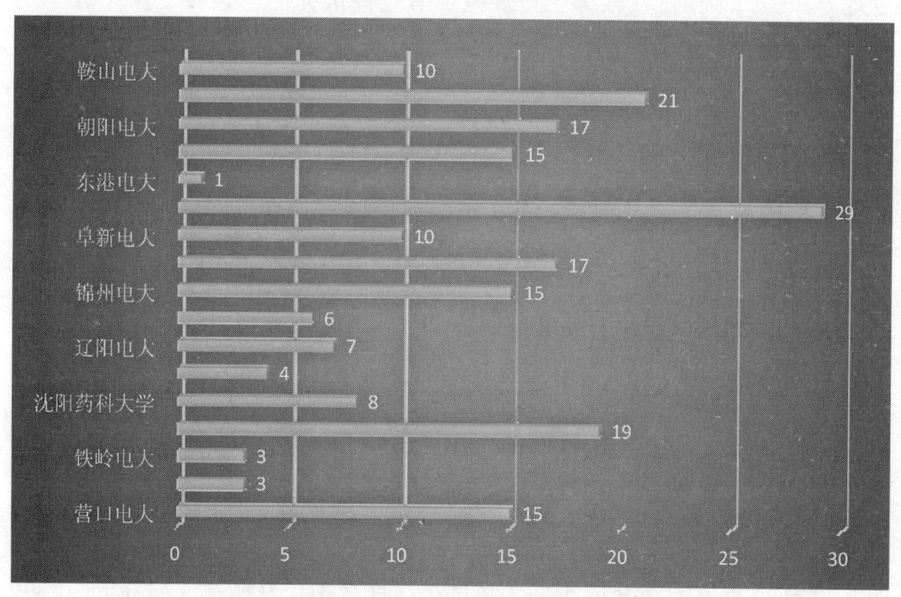

图 6　课程责任教师系统各办学单位分布情况

（三）团队管理与业务培训

1. 专业教学团队负责人业务培训

2014 年 7 月初，组织召开了“辽宁电大系统开放教育专业教学团队负责人聘任暨培训大会”。会上为 56 位团队负责人颁发了聘书，聘期三年。同时又围绕着“专业教学团队建设管理规定”、“专业教学团队负责人管理办法”和“专业教学团队工作规范及质量评价标准”展开培训。

2. 专业教学团队课程责任教师业务培训

2014 年 7 月底，组织召开了“辽宁电大系统开放教育专业教学团队课程责任教师聘任暨培训大会”。会上为 313 位课程责任教师颁发了聘书，聘期三年。同时又围绕着“专业教学团队建设管理规定”“课程责任教师管理办法”“课程责任教师工作规范及质量评价标准”以及“网上教学工作规范”等内容展开培训。

3. 微课设计与开发培训

2014 年 9—11 月，先后举办 3 期微课设计与开发培训班，共计培训团队成员 202 人次。其中：参加国家数字化学习资源中心组织的微课培训达 53 人次；参加我校组织的微课培训达 149 人次。专业教学团队的资源建设能力得到加强。

四、运行机制

从 2013—2014 学年度第二学期期末评评卷工作开始，专业教学团队成员正式投入运行。2014 年 9 月，本着“统筹管理、分类指导”、“制度规范、项目推动”、“凝心聚力、资源共享”、“考核监督、评优选先”的工作思路，团队协作式教学管理运行机制全面开始投入实践。

（一）团队运行机制

依据三个“规范”（《专业团队负责人工作规范及质量评价标准》《课程责任教师工作规范及质量评价标准》和《网上教学活动工作规范》），建立以“省校主导、系统主体”的团队运行机制，如图7所示。

图7　“以省校为主导，以系统为主体”的团队运行机制

1. 任务发起

省校负责团队建设与管理的职能部门是教务处，每学期每一项教学任务的发起都从省校教务处开始的。教务处通过专业教学团队负责人QQ群和“教学服务网”（详见第五章）来发布教学公告和通知，明确工作任务、质量要求和完成时间等。

2. 任务布置

专业教学团队接到任务通知后，由团队负责人根据团队的分工，将任务进行进一步分解，每一项任务都要落实到人头上，并通知教师本人。

3. 任务落实

专业教学团队成员在接到具体的任务后，要按教务处和团队负责人的要求认真落实。在任务落实过程中遇到问题、难题要及时予以反馈，以便及时调整和修正。

4. 任务完成

每一项具体任务完成后，要及时反馈至团队负责人，再由负责人汇总完成情况，在规定时间内反馈到教务处。过程中，专业教学团队负责人紧密围绕专业建设的要求，切实把好质量关，确保任务完成的高质、高量和高效。

5. 考核评价

教务处要对团队每项工作完成的情况做好评价，并留有记录。每学期期中，要针对网上教学活动进行期中抽查；每学期期末，要做好学期考核；每学年，要做好年度评比工作，包括团队评比、负责人评比和课程责任教师评比等，建立科学公正的激励机制。

（二）教学工作流程

在原有“电大在线平台”的基础上，开发“开课信息查询平台”和“省开课考核平台”（详见第五部分），为专业教学团队的教学工作提供完整的网上技术支持，实现从开课到教学再到考核的全过程网上教学，如图8所示。

图8　团队协作式教学工作流程

（三）汇聚教学成果

在“以省校为主导，以系统为主体”的团队运行机制中，专业教学团队负责人承担着12项工作职责和37项工作任务，课程责任教师承担着10项工作职责和36项工作任务。具体工作任务包括“常规工作”、“非常规工作”、“评优工作”三种类型：

1. 常规工作

即在教学工作中每学期循环出现的常规性工作任务，如制订教学文件、网上资源建设、网上教学活动等。

2. 非常规工作

非常规工作是每学期出现的临时性工作任务，当它出现时，则直接视为常规工作，如教学检查、教学评估等。

3. 评优工作

评优工作则是运用各种教学技术手段，开发教学资源或展开网上教学活动等，如网络课程、微课程等。

其中“常规工作”和“非常规工作”是靠制度规范来展开，而“评优工作”则是靠项目来推动的，“评优工作”是年度评比的重要指标，也是汇聚教学成果的主要手段。随着教学改革工作的不断推进，逐步形成各类教学成果，再通过评优活动的开展来进行展示和交流，如图9所示。

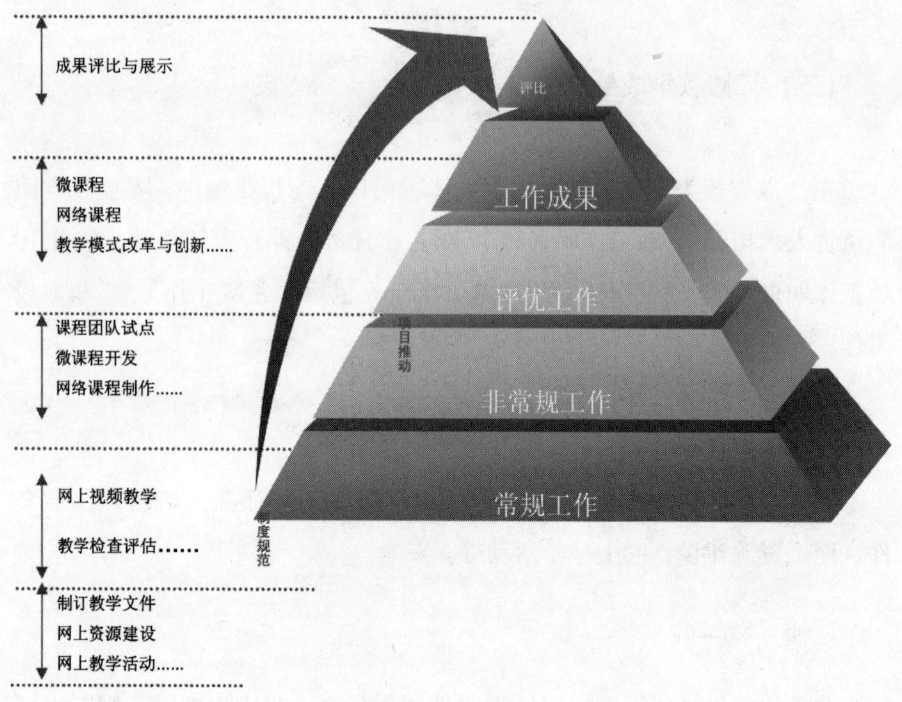

图9 “制度规范、项目推动”的工作流程

五、技术支持

电大系统开放教育拥有如此一支庞大的师资队伍，却分散在全省15个办学单位、13座城市。若要有效的开展远程教学活动，势必需要有一个适合远程协作、便于开展远程教育教学的网络办公环境作以支撑。为此，组织设计了基于网络团队协作式教学管理的技术支持服务体系——“一网两库三平台”。

（一）“一网两库三平台”的框架结构

“一网”，“教学服务网”（teacher. lntvu. com）；“两库”，“教学资源管理系统”和“教师信息管理系统”；“三平台”，“开课信息查询平台”、“电大在线学习平台”和“省开课考核平台”。如图10所示。

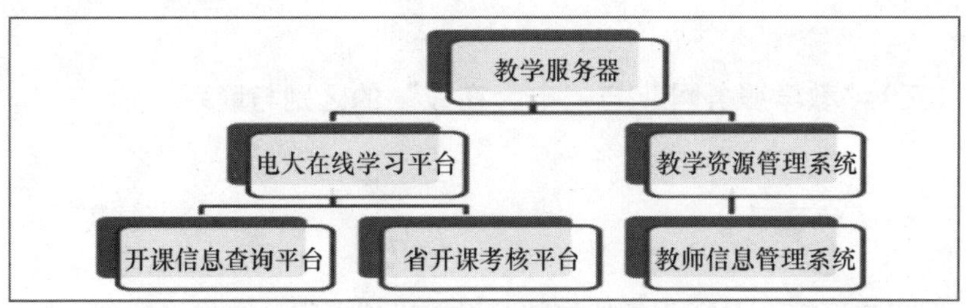

图 10　“一网两库三平台”的基本框架

（二）“一网”与“两库”的关系

“教学服务网”，相当于专业教学团队和基层导学教师的 OA 办公系统，解决了分散在不同地区专业教学团队成员之间网络办公的难题；

“教学资源管理系统”，就是全省系统的教学资源库，解决了系统办学单位之间、高职教育与开放教育之间的资源共享的问题；

“教师信息管理系统”，就是全省系统的师资库，解决了系统办学单位之间、高职教育与开放教育之间的师资共享的问题。如图 11 所示。

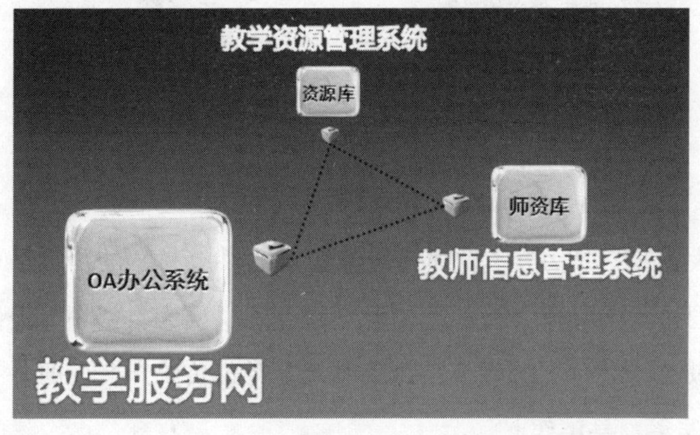

图 11　“一网两库”关系示意图

一网两库的三角形架构，形成了稳固的教学管理支持系统。既可方便团队成员和导学教师开展业务工作，又可实现对团队工作的监控，同时为系统资源和师资的共享提供了可能。

(三)“教学服务网”与“电大在线”的区别与联系

1. 二者的区别

“电大在线”是课程责任教师开展教研和教学、学生进行网上学习的平台，面对的是学生用户，接受的是国开的监督；“教学服务网”是学校布置教学任务、团队工作进展交流、团队内部工作研讨的办公系统，面对的是教师用户，接受的是系统的监督。如图 12 所示。

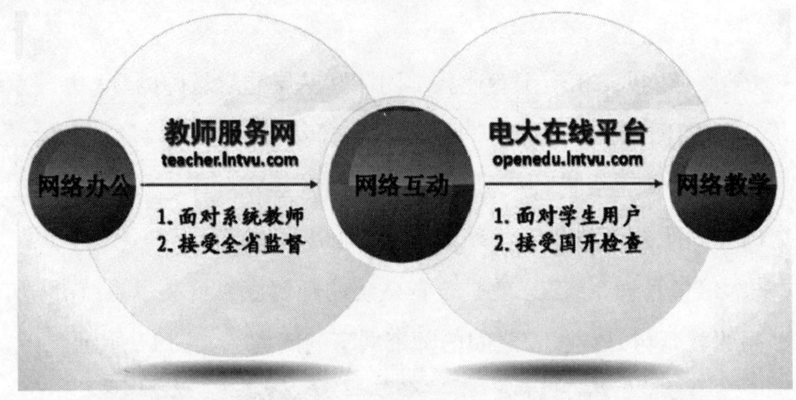

图 12 “一网两库”的关系示意图

2. 二者的联系

“电大在线”是为导学教师和开放学员提供教与学的网络平台，类似传统意义上的教研室和教室；而“教学服务网”要为教学环节提供教学准备支持，是教学环节的后台支持服务系统，类似传统意义上的各专业办公室、会议室等。具体如下：

学校可以通过“教学服务网”向教师发布公告进行工作部署；团队负责人可以在“教学服务网”上随时发布工作进展情况，可以在“教学服务网”上布置任务开展工作研讨；课程责任教师可以在“电大在线”上组织开展网上教研活动，可以在“电大在线”上组织开展网上教学活动。

（四）“教学资源管理系统”与“电大在线”的关系

“教学资源管理系统”是本着“资源共享，互动提升”的原则而建立。为解决资源短缺、资源流失和资源管理等问题而建立的。它不同于“电大在线”的资源建设和服务功能，但又与“电大在线”有着不可分割的内在联系，它是“电大在线”的资源建设工作的有力保障和重要补充。如图 13 所示。

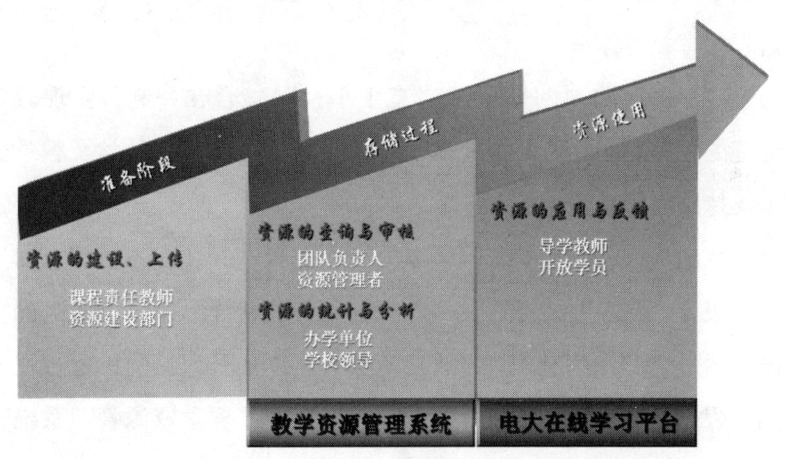

图 13　“资源库”与“电大在线”的关系示意图

1. 从用户上看：“电大在线”的用户是课程责任教师、基层导学教师和学生；“教学资源管理系统”的用户是全省系统的基层导学教师、课程责任教师、专业教学团队负责人、管理者和领导。

2. 从功能上看：“电大在线”的资源为基层导学教师和学生提供教学支持服务；“教学资源管理系统”的资源为全省系统教师、管理人员提供查询统计服务、为领导提供决策支持服务的。

3. 从期限上看：“电大在线”按提供的学期学习资源；“教学资源管理系统”存储各学期的学习资源，是全省系统教学资源的“图书馆”和“档案库”。

4. 从流程上看：“电大在线”中的资源是在“教学资源管理系统”中

经团队负责人和管理人员审核合格后的资源；“电大在线”上的资源在教学实践中发现的问题得到反馈后，回到“教学资源管理系统”后进行修改、审核并再次应用。

(五) 基于网络的“团队协作”教学过程

“三个平台”，由“开课信息查询平台”开始，到“电大在线学习平台”，再到“省开课考核平台”，构成了一个完整的由开课到教学，再到考核的远程教育教学体系。

通过“一网”将“两库”和“三个平台”整合在一起，实现教学与教学管理的无缝对接，从而构成基于网络“团队协作”式教学及教学管理的技术支持服务体系。

从团队的工作流程上看，网络办公、网上教学和在线考核都有对应的技术支持服务。网络办公可通过“教师信息管理系统”来查询各类师资配置情况、通过“开课信息查询平台”查询各学期的开课情况，通过“教学服务网”发布公告和教学信息；资源建设可通过“教学资源管理系统”来加强管理，网上教学可通过“电大在线学习平台”来开展教研和教学活动；最后的在线考核则可通过“省开课考核平台”来实现。如图 14 所示。

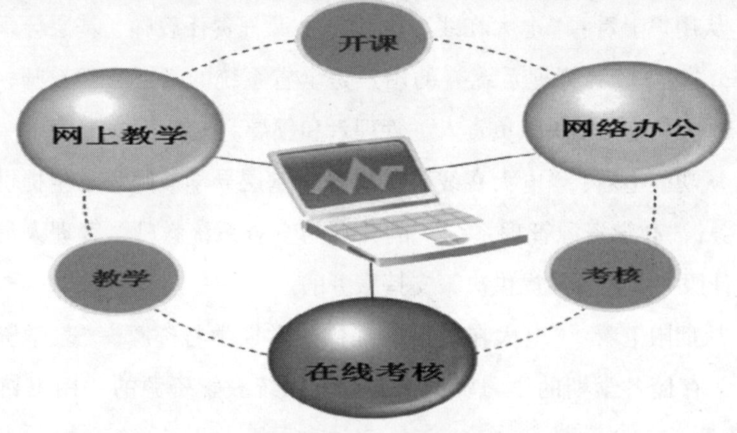

图 14 基于网络的“团队协作”教学过程示意图

（六）“省开课考核平台”的功能实现

通过“省开课考核平台”，可实现形成性考核、统一考试、预约考试、随到随考、完全开放等多种考试形式，逐步实现省开课形成性考核和完全开放式考试等功能。

形成性考核：是指对学习者学习过程的全面测评，是对学习者课程学习成果的阶段性考核，是课程考核的重要组成部分；

统一考试：就是考生按照省校统一安排，在指定时间到指定考点参加考试的考试组织模式；

预约考试：就是以现代信息技术为重要支撑，由考生以预约的方式自主选择考试时间，到指定地点参加考试的考试组织模式；

随到随考：就是考生按照省校统一安排，在指定时间范围内，随时到指定考点参加考试的考试组织模式；

完全开放式考试：就是考生按照省校统一安排，在指定时间范围内，在任何地点均可参加考试的考试组织模式。

六、远景目标

以“省校主导、系统主体”为指导的团队协作式教学管理运行机制的建立，目前在制度保障方面有一个“规定”、两个“办法”和三个“规范”；在队伍建设方面有22个团队317名成员；在运行机制方面有集“开课”、“教学”和“考核”为一体的团队协作模式；在技术方面有“一网”、“两库”和“三个平台”做支撑。相信在“一体化办学”工作方针必将在系统内得到全面推广，团队协作式教学管理运行机制必须会为学校、系统乃至终身教育体系的建设作出突出的贡献。

（一）发展目标

依托团队协作式教学管理运行机制，统筹全省资源、智能决策管理，充分发挥省校的主导作用；降低教学成本、扩大招生规模，全面体现系统的主体优势。具体发展目标包括：

1. 创新运行机制，改善教学环境；
2. 方便团队运作，推动教学改革；
3. 强化资源建设，提升教学质量；
4. 共享全省师资，促进系统招生；
5. 智能决策支持，科学规划发展。

（二）远景规划

1. 通过团队建设打造系统核心竞争力，实现开放大学和现代高职两个重要战略转型。

2. 通过资源建设和教学创新培育职业品牌，逐步打入全国远程教育和高职教育市场。

3. 师资与技术相融合，不断推出优质教学资源，择机开展省外推介。

4. 师资库升级为智库，进一步推动共享专业建设，不断扩大招生办学规模。

5. 融合社区教育、老年大学、职业培训等非学历教育形式，全面铺开终身教育体系的建设和发展。

一体化办学工作方针在学校开放教育学院的实践与探索

《国家中长期教育改革和发展规划纲要（2010—2020年）》明确提出，要继续大力发展职业教育和开放教育，体现终身教育理念。各省、自治区、直辖市出现了开放大学（电大）办学模式与高职高专办学模式并存的独特“一体两校”现象，这是我国高等教育办学模式在改革和发展中出现的新变化。站在国家终身教育体系整合的战略高度，从辽宁广播电视大学实际出发思考两者的互动与融合具有重要的理论意义。

一、开放教育与高职教育互动提升的切入点

现代远程开放教育与高职教育完全应该而且可以互相沟通与合作。二者虽然分属不同的教育类型，且各具特色，但是二者在许多方面存在着共性和互补性：在培养层次方面，主体均为大专层次，只是现代远程开放教育还可以为中等甚至初等教育服务；在培养对象方面，主体均可包括两大类：一类是面向高中毕业生的全日制学生；另一类是面向社会的成人业余学员；在教育教学模式方面，二者可以互相学习与借鉴，各扬其长；在教学的硬件设施方面，二者可以资源共享，互补所短。这些因素决定了二者的沟通与合作不仅具有必要性和可行性，而且具有内驱力。

（一）人才培养目标趋同

教育部2006年在《关于全面提高高等职业教育教学质量的若干意见》中明确提出：高等职业教育要“培养面向生产、建设、服务和管理第一线需要的高技能人才”。开放教育是培养适合地方经济建设和社会发展要求的技术应用型人才。虽然两者招生对象不同，高等职业教育目前属于全日

制普通教育层次招生，开放教育则以招收各类在职人员为主，两者对人才培养目标的表述有所不同，但从根本上说，两者的最终教育目标都是强调应用型和技能型人才的培养。高职教育在保证学生理论学习够用的基础上，突出实践性教学环节，以培养大量优秀的实践性人才为教育目标；远程开放教育的最终目标是为在职学生提供更多的知识储备，提高理论指导实践的工作能力，使学生从专业的角度掌握更多实用的专业技能，二者在教育目标上存在共性。

（二）教育教学内容相近

开放教育教学以学生自学为主、学校导学为辅的教学方式，利用互联网、多媒体等现代教育技术，建设开放教育教学平台，让学生通过网络进行个体化自主学习、考核以及答疑。而高职教育教学以“双师型”教师团队为主导，根据技术领域和职业岗位的任职要求，参照相关的职业资格标准，设置培养方案和选择教学内容，通过“教、学、做”三位一体的教学方法，凸显实践教学作为专业教学的重要核心环节，将理论教学与实验、实训、实习密切联系，行业、企业参与教学方案设计和教学过程的实施。虽然两者教学方法存在差异，但由于教育目标的一致性使得两类教育在教学内容方面具有一定的相近性，都是以满足社会需求为目标，保证学生在今后工作中够用、实用。

（三）教育资源需求一致

远程开放教育和高职教育资源的有效整合，是一个双赢的合作。远程开放教育具有覆盖面广、学习形式灵活、教学方法多样、教育设施先进的优势；而高等职业教育明确要求要以就业为导向，实行工学结合、校企合作、顶岗实习的人才培养模式，重视实践性教学环节，坚持学校教育与职业培训并举，强调“双师型”教师队伍和实训基地建设。两类教育可以共享重复的教学资源，互用教师、教学设备、教学场所和网络资源。两者资源的整合，一方面可以弥补高职学校办学层次单一、教学形式较为传统、学生学习时间相对不灵活的缺陷；另一方面又可以弥补远程开放教育实验实训硬件欠缺、师资力量相对不足的弱点，从而促进两种教育的协调发展和共同进步。

二、开放教育和高职教育的互动基础

开放教育和高职教育建立互动符合教育大众化和社会化的要求，两类教育建立互动是网络时代教育发展的必然趋势。广播电视大学与高职教育合体办学，高职学生接受远程开放教育的理念，打破时空的限制，学会自主学习，必将为他们将来的职业生涯和终身学习打下良好的基础。

（一）开放教育基础

辽宁广播电视大学与其他各省广播电视大学一样创办于1979年，是一所省政府主办、省教育厅主管、致力于为终身教育和学习型社会提供支持服务的高等学校。随后于20世纪80年代中期开始招收全日制普通大学专科学生，1995年进行高等专科“注册视听生”的试点工作，1999年起实施“人才培养模式改革与开放教育试点”项目，学员可以免试入学，尝试实施宽进严出的开放教育模式。在搭建覆盖城乡办学网络的同时，电大还形成了系统化的支持服务体系，拓展了社会化的服务功能，无可争议地成为了中国现代远程教育发展的主力军。2006年，全国电大停止招收普通大学专科学生，辽宁装备制造职业技术学院是辽宁省政府根据东北老工业基地振兴对装备制造业高素质技术技能型人才的迫切需要应运而生。由此，开放教育与高职教育并存于电大两个牌子、一套人马的格局悄然形成。

（二）办学能力基础

辽宁广播电视大学（辽宁装备制造职业技术学院）占地近600亩，建筑面积16万多平方米，教学仪器设备价值6500多万元。具备开展开放教育、普通高职教育、网络教育、自学考试和非学历继续教育等多元发展的办学功能。各种形式本专科学历教育开设170个专业；全省电大系统具有了良好的现代化信息网络设施条件，形成了“三网合一”的特色，完全能够满足远程开放教育和高职教育两类教育教学的需要。建成各类专业课程多媒体教学资源852门、10301学时，还有一些非学历教育媒体资源，供在籍学生和社会自学者选择使用。目前，各类在籍学历教育学生13万余人，其中开放教育7万多人、普通高职7651人。教职工675人，其中教师436人。35年来累计为社会输送了约40万名毕业生。

（三）互动组织基础

电大远程开放教育实践所形成的先进教育理念和“以学生为主体、以教师为主导、学生自主学习、教师导教结合”的教学模式已经深入到学校管理者、教师的思想和行动中，为创新和形成开放性高职教育模式奠定了较为扎实的基础，并已在高职教育教学和管理中得到了充分的体现。我校在高职教学中采用面授教学与在线学习相结合的混合教学模式，在开放教学中强调学生自主学习的同时辅以适当的面授教学，不但提高了人才培养的质量，而且促进了学生学习能力的提升。改革开放教育人才培养模式，是在坚持以学生自主学习为中心的前提下，针对开放教育学生客观存在的学习困难，由学校利用高职教育的师资力量，开展适当的集中面授教学，以帮助开放教学学习者知识建构的系统化，解决开放学习的难点和疑点问题，提升开放学习的效果和人才培养的质量。改革高职教育人才培养模式，在保持工学结合基本教学格局的情况下，更多地在高职教学中注入开放教育教学的元素，构建“面授教学＋在线学习”的混合学习模式，不仅有利于深化高职教育“在学中做，在做中学”的内涵，还可使高职教学在工学交替过程中，实现理论教学与实训实习的统一，真正做到学做一体的境界。

三、开放教育与高职教育一体化现状和问题

高职教育借助远程开放教育形式，远程开放教育开展高等职业技术教育，二者融合或主动谋求沟通与合作，已经成为趋势。但客观地说，开放教育与高职教育在招生培养对象、人才培养目标、课程教学模式、学生管理方式等方面存在较大的差距。目前，电大中的开放教育与高职教育两种教育模式仍处于磨合阶段，开放教育的理念与高等职业教育的观念时有冲突。在这方面我们可以采取优势互补、扬长补短的对策和措施：

（一）发挥现代远程开放教育之长，补高职教育之短

现代远程开放教育的突出优势主要有三个方面：一是覆盖面广，不受办学层次、教育类型、教育对象的限制；二是学习形式灵活，学生可自主安排学习时间、地点、内容和进度；三是教学方法多样，多种媒体并用，远程教育设施较先进。相比较而言，这几个方面恰恰是目前我国高职教育的相对弱项：一是高职教育一般覆盖面较窄，服务半径多半圈定在地方的某些行业范围之内，即使有叫得响的品牌专业，也难以在更大范围上推广，且办学层次、类型都比较单一，教育对象目前也主要局限于高中学历后的全日制专科生；二是高职教育的教学形式尚不够灵活，多半是以年级为单位按学期组班教学，学生一般无法自主安排学习时间、地点、内容和进度；三是多数高职教育人才培养模式改革尚在积极推进之中，教学方法从总体上看还比较单一，主要还是以课堂讲授或集体参加实验实训为主等。

（二）发挥扬高职教育之长，补现代远程开放教育之短

高职教育的突出优势也可以概括为三个方面：一是高职教育一般比较重视结合职业岗位群的实际需要加强专业建设，实践性教学环节抓得比较扎实，建有各类实验实训设施或校外实践基地；二是高职教育一般都已经有了相当规模的校园，尤其是办学历史较长的高职院校，已经形成较为浓厚的校园文化氛围，有利于对学生实施素质教育；三是高职教育师资比较稳定，数量比较充足，在组织教学的过程中，容易与学生进行面对面的交流、手把手的辅导等。毋庸讳言，这些长处又刚好是现代远程开放教育目前所深感不足的地方。因为从总体上看，现代远程开放教育在解决实践性教学环节比较薄弱的问题方面还没有取得令人满意的进展，实验实训场所和设施的建设难度很大；由于倡导无围墙，加上虚拟校园建设还跟不上学生的实际需要，因此缺乏具体可感的校园文化氛围；由于师生处于准永久性分离状态之中，因此极难开展师生面对面的交流，难以实施素质教育等。

因此，只要两种教育形式实施沟通与合作，就为有效地实现软硬件资源共享提供用武之地，就能达到既扬远程开放教育之长又扬高职教育之长，既避远程开放教育之短又避高职教育之短的效果，出现沟通与合作双方互赢的局面。

四、开放教育与高职教育一体化互动提升的实现途径

远程开放教育与高等职业教育应如何做到既各具特色，又优势互补、互动发展，可以各扬其长，互补所短，更有利于两类教育健康发展。实现开放教育与高职教育有机融合，要从学校的历史沉淀和现实出发，合理选择关键路径，以实现开放教育与高职教育一体化的可持续发展。

(一) 创新治理结构，整合体制机制

要实现开放教育与高职教育融合发展的管理学目标，关键是要以终身学习理念为统领，以一体化教学理论为支撑，以实现办学管理最优化和效益最大化为目标，一体化设计学校办学运行的制度和模式，在综合考虑两类教育自身特点的同时，统筹院校运行管理，力求能统则统，一体运行，强化过程监控，确保运行的质量和效益。

1. 管理体制一体化

行政管理的不可分割性决定开放教育和高职教育同步协调发展的必然性和可行性。学校虽然挂两个牌子，但实行的是一个法人代表、一套领导班子的管理模式，这种管理模式能有效地统一从上至下全体教职员工的思想，使得学校的办学思路得到很好的贯彻。作为“一体两校”办学模式的辽宁广播电视大学，在转型建设开放大学中，坚持从自身实际出发，发挥远程教育优势和高职教育特色，充分发挥学术委员会、职代会、教代会的作用，将学校重大事件的决策、日常事务的管理、具体工作任务的执行、目标绩效的考核等各项工作，纳入民主化、制度化、规范化的轨道。同时，根据开放大学及系统建设的迫切需要，按照“共商、共建、共管、共享、共赢”的原则，成立系统校务委员会、专家委员会、质量保证委员会，凸显办学体制和主体地位，秉承职教理念，盘活政府、行业、企业、学校、家长、学生等多方参与的运行机制，实现“大教育”理念下的优质资源共享，把学校建成理念先进、特色鲜明、在东北具有引领作用的装备制造业高端技能型人才培养基地，以夯实开放大学建设的基础。

2. 运行模式一体化

通过开放教育与高职教育资源整合建立的大学实体，根据自身资源状况和条件，探索出比较切合实际的“一体两翼、资源共享、协调互动、服

务社会”的一体化运行模式。由学校统筹规划和安排事业发展，开放教育与高职教育办学除遵循开放教育和高职教育不同的规律与教学特点外，及时强化了开放教育教务处、高职教务处、信息化及资源建设中心、学习支持服务中心、教学督导处和专业学院的职责，构建了导学服务、助学服务、教学管理、技术支持、系统保障等相互协调的运行机制，其机构设置、资源设置、教学管理等均不分开放教育和高职教育实行一体化运行，为双模式办学的运行奠定了坚实的基础。在办好开放教育的同时，重点办好高职教育。既要充分发挥开放教育的办学优势，巩固和发展远程教育事业，做强做优做出特色，提升为经济社会发展服务的能力和水平，把我校建设成中国特色的现代远程开放大学。也要利用开放教育的办学资源，按照中央和辽宁省委省政府大力发展职业技术教育的部署和政策，乘势而上，把辽宁装备制造职业技术学院办成全省一流的高等职业学院。总之，在发展的过程中，两者始终并机齐发，互促互补，共同前进。

（二）明确发展战略，把握有利契机

随着教育大众化、终身化等理念的社会认同度的不断提高，在开放大学这面大旗下，应厘清如何协调好开放教育与高职教育两类教育之间的关系，充分整合现代化教育资源的优势，提高广播电视大学的教育质量和办学效益；明确如何依据国家开放大学的建设方针，做好开放大学的顶层设计，探索职业性教育与开放性教育融合的路径。

1. 依托开放大学搭建终身教育“立交桥”推动高职教育社会化进程

要实现开放大学的办学目标，有效整合社会教育资源，更好适应经济社会事业的发展，就必须实现开放教育和高职教育的有机融合。云时代下的教育大众化、终身化迅猛发展以及开放大学的全民化、可持续化的顺势发展，客观上要求高职教育与开放教育融合。为适应国家从精英教育转向大众教育的开放的、全民的、终身学习的需要，开放大学教育的工作重心

应定位在应用型、职业型、技能型人才的培养上。开放教育先进的办学理念和灵活的办学方式，使教育对象可以解决高等职业教育的规模和格局瓶颈。开放教育通过借助高职教育较为成熟的实验实训平台和经验，可以有效弥补在实验实训技能培养上的开放教育的一个短板。协同的办学方向和相似的培养目标，使得两类教育相互促进、优势互补。目前，基于计算机网络的云技术发展迅速，高效的网络教育和实时的人机沟通，推动了高职教育的大众化和远程开放教育的终身化。以开放大学为载体，实现开放教育与高职教育的融合，已成为云时代对终身教育发展的必然要求。国外开放大学早已把职业教育纳入办学范畴。在终身学习理念看来，把高职教育从原来和开放教育分属两种的办学体制，科学整合到“大教育”平台上，便于构建终身教育的“立交桥”，实现两类教育的相互衔接，体现的是一种办学理念的进步和教育理论的创新思考。

2. 依托高职教育资源建设地方开放大学促进开放教育的职业性发展

高职教育的集团化、国际化强劲发展，有利于职业性逐渐渗透于开放大学。国外成功经验表明，在资源共享的基础上，高职教育和现代开放教育若能进行更深层次的沟通与合作，必将对双方的健康、快速发展产生促进作用。借助辽宁装备制造职教集团和全国职业院校汽车专业学生技能大赛，在集团成员间形成紧密型的校际联盟、校研联合、校企合作，探索搭建中高职一体化、中高本一体化立交桥；与沈阳市于洪区政府在机床城共建产学研中心及实训中心，利用政策资源和政府主导作用，联合政府、企业共同开展人才培养、生产研发和成果转化，不断拓展自身功能，完成从事面向全社会成员的学历教育、岗位职业技能培训、社区教育等办学任务，发挥辽宁装备学院行业影响力及电大系统与职业院校合校优势，实现共同发展、合作共赢。要提高开放大学办学整体实力，就必须正视职业性逐渐渗透于开放大学这一无法回避的问题。作为主要承担着向社会成员开展学历教育和非学历教育的新型高等学校，开放大学除了保质保量地开展好学历教育外，在非学历继续教育方面也应积极开展卓有成效的工作。探索继续教育发展新模式，形成覆盖全省城乡、面向全省的终身学习网络和服务平台，以开放、灵活、全纳、终身的教育理念，提供面向全省的教育与服务，以适应经济社会发展和市民终身职业发展的需要。

五、开放教育与高职教育一体化互动提升的实践探索

开放教育和高职教育相结合，相互借鉴，实施互动管理，可以实现教育教学资源共享，促进两类教育共同发展。前者需要构建高水平的远程网络教学平台，开发高质量的教学课件和管理软件；后者需要开发高质量的职业技术教育课程，提供学生实验实训所需设施和装备。两者结合，可以互通有无，取长补短，充分共享资源。

（一）从资源整合优势下推动开放教育与高职教育共生共荣

所谓资源整合优势，是指已经实现开放教育和高职教育两类院校合并且建立了一个大学实体的高校，应积极推进两类教育融合发展，打造开放教育与高职教育融合发展的特色。高职与远程教育是两类不同的教育形式，既有差异性，又有共通性，远程教育借助的学习手段与高职有所不同，但共同都是走向职业。

1. 办学模式整合

远程开放教育和高职教育在都以“培养应用型、技能型人才”为培养目标的“趋同”理念下，都应由终结教育向开放性教育，由一次性教育向终身教育发展。可以采用“3+2”或“2+2”学制，使优秀的高职学生能够在较短的时间内完成学历提升，这不仅拓展了高职学院的办学层次和办学规模，还为学生的高层次发展，为终身学习打好基础。学校可以制定选拔制度，让优秀学生直接在二年级或三年级就可以注册进入“双专科”或者“开放本科”的学习。学生在接受高职教育的同时，能够体验远程开放

教育，学会自主学习，必将为他们将来的职业生涯和终身学习打下良好的基础。在相近的办学理念和教育目标指导下，便于教学资源的统一规划和整合利用，以及教学管理的系统化。

2. 专业课程整合

远程开放教育和高职教育要建立教育教学资源共享体系，必须对远程开放教育和高职教育的教学资源进行整合。应对在教育目标、教学内容和教学资源等方面存在共性的专业进行资源整合；全力做好共享专业建设，逐渐整合特色专业，优化专业结构，创建门类多样，布局合理的专业体系，形成专业集群的优势；逐步放弃“双轨制”，争取同步管理；两类教育在课程建设上则可相互借鉴，根据学习受众的实际情况，紧贴社会需求，提供适应学生当前和未来需要的课程，以实现两种不同类型教育资源的互补与共享。

3. 社会资源整合

与企业联办中锐汽车、中兴通讯、进化动漫游、巨思特物流等二级学院，实行“双主体”管理，由校企双方共同投入人力、资金和设备，共同进行专业课程体系建设，共同进行人才培养。这种模式找到了校企之间的利益共同点，既满足了企业对人才的需要，又缓解了学校办学资源不足、人才培养与市场脱节的问题，实现学校、企业、学生的共赢。远程开放教育的学员来自于社会的各行各业，其中不乏成功人士，要充分利用这些宝贵的人脉资源，建立开放学员人才数据库，争取他们的支持，建立高职的校外实训基地，或者建立合作办学关系。对合作办学单位，不仅可以是远程开放教育的合作办学，同时也可以进行高职的定点培养办学。对于一些有专长的学员，可以聘请他们当高职的课程兼职教师与实训师傅。这些远程开放教育学员的社会资源利用，无疑能使高职学校真正融合到社会各行各业，提高办学的开放性，与继续教育和终身教育接轨。

（二）从专业和课程教学要求入手推进开放教育和高职教育一体化发展

1. 相同专业层次，对教材、教学大纲、教学要求等资源整合

高职的课程一般分为基础课、专业基础课、专业课三类，基础课往往包含了学习该专业的专业基础课所需要的基础性知识；专业基础课是为掌握该专业的专业课而必须提前掌握的背景性、知识性课程；专业课直接指向该专业需要掌握的核心知识或技能，是该专业的学生必须掌握的。由于高职教育以技能型、应用型人才为培养目标，在课程设置上，突出了实训教学，尤其是在专业必修课的总体教学设计上，更是以实习实训教学为主，理论教学为支撑。开放教育的课程包括必修课和选修课两类，其中必修课是指为保证专业人才培养的基本规格和质量，学生必须修习的课程；选修课是指学生可以有选择地修习的课程，分为限选课（指学生在学校提供的选修范围内，按照规定要求选修一定学分，以深化、拓宽与专业有关知识和技能的课程）和任选课（指根据学生兴趣、个性和实际需要，发展职业潜能的课程）。近年，在选修课中，又增添了以提高学员素质的“通识课模块”。可以先以开放教育选修课程作为试点，其教材、教学大纲、教学要求，可组织开放教育和高职教育的教师联合进行一定的规划，注意相互衔接，其网络课件、多媒体课件，应注意其共用性，便于一体化在教学中应用。电大的专职教师，大都同时担任开放教育和高职教育的课程，实现联合规划有独特的优势。

2. 课程资源共建共享

实现开放教育与高职教育课程资源的共建共享，必须克服传统的课程资源建设思维定势影响，并以适应人的终身职业发展需要为目标，统筹规划课程资源建设。实践中我们以适应学习者个别化自主学习为基本要求，兼顾两类教育有区别的教学特点和学习者的不同状态，设计既适应开放教

育，又适应高职教育学生学习的课程资源，推进课程教学资源的共建共享。采用文字教材和网络资源结合的方式，网络资源具有更新及时、形象具体的特点。利用网络资源开展教学，是开放教育的优势和特色，相对而言，以传统班级教学为基本特征的高职教育就显得明显不足。充分利用开放教育网络课程资源进行教学，实现开放教育与高职教育网络资源的共建共享，不仅能有效促进高职教育教学模式改革，提高人才培养质量，而且还能有效提升学校办学效益，促进学校形成新的办学特色。

3. 教学模式渗透融合

教学模式是在一定教学思想或教学理论指导下建立起来的较为稳定的教学活动结构框架和活动程序。作为结构框架，突出了教学模式从宏观上把握教学活动整体及各要素之间内部的关系和功能，作为活动程序则突出了教学模式的有序性和可操作性。教学模式的选择除受教育自身规律作用外，在很大程度上还受到教学观的影响。一个大学实体里两种迥然不同的教学模式，在融合发展理念和环境影响下，某些要素是完全可以实现融合的，并在相得益彰中取得意想不到的效果。

开放教育可以利用先进的教学理念和现代信息技术，加强对高职教育教学模式的改造，高职教育可利用信息技术和移动终端，吸纳远程教育教学模式的相关元素打造自身的教学特色。

远程教育与高职教育教学模式的渗透融合，比较可行的路径如：利用远程教学方式和信息技术终端，实现高职教育基础课、通识课等在校园内的规模化教学，在一人授课百人听中提升高职教学的效益，改变高职教育单一的课堂教学模式。利用高职教育的实训基地和条件，开展远程教育的实践教学，弥补远程教育实践教学难以开展的“短板”。高职教育在工学交替的育人过程中，利用网络、移动终端和数字化资源，在学生分散实习实训时，及时开展释疑解惑，实现“学中做，做中学”的有机结合，进而提升教育教学质量。

（三）从推进教育与信息技术深度融合层面进行一体化实践

1. 对开放教育在线平台进行补充开发

目前，远程开放教育电大在线平台只有开放师生注册可以收看到教学资源。这使得高职教育直接运用远程开放教育优质网络学习资源形成技术上的障碍。因此，对于电大远程教育在线平台，应进行补充开发，一是建立以注册课程为主的“一站式”服务的课程教学平台，保证电大投入大量人力、物力和资金建设的网络课程资源，尤其是精品课程资源得到实际的应用，以实现其价值，要面对学生实施“一对一”的快捷方便的服务；二是在教学平台上导入高职学生注册系统，使高职学生也可能像开放学员一样，能够注册进入平台，进行学习和讨论，充分显示出开放教育、高职教育一体化精品课程资源建设和使用的特色。这种开放教育和高职教育教学资源共享，网络教学平台的共用，对于培养高职学生的终身学习能力有着深远的意义。采用面授教育与远程教育、社会实践相结合的教学方式，是值得尝试与可行的。

2. 建设开放教育、高职教育一体化资源平台

利用电大资源优势，要将部分课程的实训教学录像（数字化）、PPT教案、实验实训设备的电子挂图和部分计算机类课程实训所需的素材上传到教学资源平台，为教师的备课、教研活动、课堂教学、学生课后复习、自习提供丰富、直观的资源。与实施省级示范性高等职业院校建设项目相结合，建设“辽宁省广播电视大学开放教育、高职教育一体化资源平台”，整合校内各专业优质教学资源，实行校企合作开发，搭建一个具有自主知识产权，设计和辽宁省的开放教育、职业教育、终身教育提供优质的教学资源服务。

3. 探索高职远程共享型实训基地建设

利用网络技术和虚拟仪器技术构建远程虚拟实验室，实现远程测控、资源共享，是一个较为经济有效的解决方案。可以远程操作和访问，不仅能满足远程教学和远程实验对时间和空间的要求，更有利于充分利用教学资源、使某一学科的先进教学方法和实验仪器得到最广泛的利用。远程教学和高职教育课程设置要突出职业能力培养，课程方案应更具岗位针对性；将培养过程分为职业技术理论课程和职业岗位实训两个阶段；将理论课与实践课融为一体，课堂教学与动手操作有机结合；充分利用高职院校的实验室与实训基地，加强实习实训；相近专业的同一门课程的教材、教学大纲、教学要求，可组织远程开放教育和高职教育的教师联合进行规划，注意相互衔接，其网络课件、多媒体课件，应注意其共用性，便于高职教师在教学中应用。另外，高职教育在专业、课程、师资、实训等方面明显强于开放教育，开放教育也应充分利用高职教育的资源和优势促进自身的改革和发展。充分考虑两类教育不同的优势和特点，以一体化教育学理论为支撑，建设可共同设置的专业和课程，促进资源共享，教学资源和各种教学设施的利用率可以得到极大提高。

（四）社会服务能力下开放教育与高职教育相互促进

学习支持服务是教学实施的核心元素。开放大学应该是一种以全民学习、终身学习的现实需求为依据，整合全民学习、终身学习体系内的优质教育资源，从事各类教学活动的新型教育教学载体，它理应包括职业教育特质。它能解决不同层次、不同教学形式的教学的课程互通、学分互认，真正融合各类教育。

1. 统筹兼顾，规范教师“一岗双责”

在“一体两校”办学体制中，教学管理的职能部门与高职学院的职责相对比较单纯。现在，如何适应两类教育同时存在，如何做好在校脱产生和成人学生的教学，承接对基层电大的服务工作，如何转变教师的思维方式，改变工作运作方式，如何使得与基层电大的沟通更通畅、便捷，教师的角色呈现出多样化趋势。开展“教学质量年”活动，深化学院制改革，进一步理顺教学工作运行机制，充分发挥开放教育教务处在教学工作中的统筹协调、支持服务作用，坚持学院承担开放教育和高职教育双重教学任务的“一岗双责”。修订教师教学工作量管理办法，加强教学团队建设，开发开放教育“教师服务网站”、“教师信息管理系统”和“教学资源信息管理系统”，设立院士学者工作站，聘请长江学者对学校发展提出建议，强化专业带头人、骨干教师管理，推进系统师资共建共享。按照“一主多维、能力本位”质量标准，加强开放教育和高职教育一体化督导团队建设，建立教学质量保证体系和评价标准，完善网上教学督导考核体系，形成齐抓共管的质量监控机制，提高育人质量。

2. 平台适用，共建共享“教育资源”

大力推进教育与信息技术的深度融合，充分发挥网络信息技术的作用，一是统筹规划教学信息化基础设施建设，重点要建设好高职教育教学所需的信息化基础设施，如网络介入、学习终端、数字化资源等；二是着力提升教师的信息化水平，要进行技术培训；三是利用信息技术和方法推进高职教育和开放教育教学模式改革，把在线学习纳入课程教学计划，在学生到工厂、企业实习、实训期间，开展在线远程指导、答疑、解惑。目前，远程开放教育电大在线平台只有开放师生注册可以收看到教学资源，而高职教育直接运用远程开放教育优质网络学习资源存在技术上的障碍。因此，对于电大远程教育在线平台，应进行补充开发，一是建立以注册课程为主的“一站式”服务的课程教学平台，保证对学生实施“一对一”的快捷方便的服务。二是在教学平台上导入高职学生注册系统，使高职学生像开放学员一样，能够注册进入平台，进行学习和讨论，促使两类教育共享精品课程资源。以“精品、特色、优质、足量”为目标，以“建设一应用—共享”为原则，制定《数字化学习资源建设长期规划》，充分发挥教学团队作用，加强精品课程、微课程建设，并组织开展培训，以开放教育共享专业课程和省管课程建设为重点，实施数字化学习资源建设创新工程。

3. 以“学分银行”搭建学习转换衔接平台

在总结运用“开放教育与高职教育一体化办学工作方针”项目经验的基础上，探索采用学习成果认证、学分互认、学分置换等方式，建立学分银行。

党的十八届三中全会提出，“试行普通高校、高职院校、成人高校之间学分转换，拓宽终身学习通道”。《国家中长期教育改革和发展规划纲要(2010—2020年)》也明确指出，要构建灵活开放的终身教育体系，搭建终身学习“立交桥”，促进各级各类教育纵向衔接、横向沟通，建立继续教育学习成果认证、积累与转换制度，实现不同类型学习成果的互认和衔接。

辽宁广播电视大学办学35年来，为满足市民多层次、多样化、个性化的学习需求，充分发挥开放教育优势，积极搭建全民学习、终身学习的服务平台，始终坚持拓展办学方式，在开放教育与职业教育的对接、校企合作、社区教育以及残疾人高等教育等方面都进行了积极探索。2012年，教育部正式批准中央电大开展“国家继续教育学习成果认证、积累与转换制度的研究与实践”项目，对国家“学分银行”制度进行全面的探索与实践。该项目是目前国内唯一的国家级“学分银行”试点项目，项目吸纳了来自电大系统、行业部委、大型企业、培训机构等相关单位参与实施，各参与单位在中央电大的统筹安排下，深入开展研究与实践探索，其中辽宁广播电视大学也参与了课题研究。近年来，辽宁广播电视大学在推进开放大学建设的各项实践中，围绕着“学分银行”建设这个核心内容，进行了大量的探索，成果显著，成立了国家开放大学学分认证中心（辽宁）。

学分银行是模拟或借鉴银行储蓄、兑换功能，以学分为计量单位，具有学习成果认证、积累、转换和学分兑换等功能的新型学习制度和教育管理系统。

实践中例如我校高职数控专业的学生毕业后参加我校开放教育本科数控专业学习，通过学分互认，他在高职阶段所接受的相关专业多数学习成果被认定为辽宁广播电视大学数控专业本科的相应学分，避免了重复学习，大大提高了学习效率，节省了费用。这既能减轻经济负担，也能让学生集中精力学习其他专业课程。这种新型的学习制度既实现了各类教育的衔接，又充分调动了学习者的积极性，让学习者终身受益。

建构学习支持服务中心，创新服务内容。支持服务对象应该是所在施教区内的成人和高职学生及参与学历和非学历教育、阶段学习和终身学习、技能培养和修身益智等知识学习的人。远程开放教育与高职教育互动机制管理，除了采用“3+2”或“2+2”管理模式，还可以采用学分银行的方式，真正体现开放性。做好国家开放大学学习成果认证辽宁分中心的研究和实践，推进学分银行学生账户、平台操作等业务的试用和实践。鼓励高职学生中学有余力的同学，在大专学习的第二年下半年起可以申请选修远程开放教育相关专业的课程学习，参加考试通过即取得学分，使学生专科毕业后可以获得“双专科”学历，或者能够立即进入开放本科的学习。学分银行取得的学分，在参加工作以后，继续有效。这需要制定一整套可以衔接的教学计划，以便于实际操作。

（五）校园文化视域下开放教育与高职教育一体化发展

校园文化是以学生、教师为主体，以育人为根本导向，以课外文化活动为主要内容，以校园为主要空间，以校园精神为主要特征的一种群体性文化校园文化建设给高职教育与开放教育的有效融合提供了新的平台和视角，既能够促使高职教育和开放教育注重内涵建设，又能够提高两者的校园文化层次，增强办学软实力和竞争力，也能够提高师生的满意度、增强认同感和归属感，最终推动两者的共同可持续发展。

1. 共树终身学习的校园文化理念

中国共产党的十八大报告提出："文化是民族的血脉、是人民的精神家园。全面建成小康社会，实现中华民族伟大复兴，必须推动社会主义文化大发展大繁荣，兴起社会主义文化建设新高潮，提高国家文化软实力。"作为教育系统的重要组成部分，无论是高职教育还是开放教育，都应以十八大精神为指引，在实践中加强校园文化建设，在文化强国建设中主动承担文化传承与创新的责任和使命。高职教育与开放教育在体现其自身办学特色的同时，都重视对学生终身学习能力的培养。因而，在校园文化建设方面，高职教育与开放教育应该共同树立终身学习的理念。两者在教学过程中强调终身学习、自主学习的理念，在网络环境中营造终身学习的文化氛围，在各种活动中体现终身学习的意识，从而在校园文化理念上引领高职教育与开放教育的融合。

2. 共建多元文化交流机制

校园文化是一种群体性文化，是由全校师生薪火相传而成。文化的交流与沟通对于校园文化和谐发展显得尤为重要。高职教育与开放教育可以共建多元文化交流机制，以高职院校的实体校园和开放大学的虚拟校园为纽带，创建各类交流平台，既能为各自的校园文化传承提供新的空间，又能为校园文化的创新提供新的视角。例如，高职教育可以借鉴开放教育的网络信息化平台加强网络校园文化建设，开设师生网上聊天室、网上学术报告厅等；开放教育可以利用高职教育实体的设施、设备、场地及实践实训平台，让学生真切体验高职的校园文化。学生工作应延伸到开放远程教育的学员中去学生会应该有开放学员的代表。开放学员人数占到全校学生人数的半数以上，必须承认他们学生主体的地位。学生的某些活动，比如演讲比赛、创业大赛、歌唱比赛，应尽可能吸收开放学员参加，开放学员取得的成果，应该到其所在单位进行宣传。开放学员的优秀学员评比，优秀毕业生材料等，应该进入其学习档案。应经常开展高职学生与开放学员的联谊活动，为他们创造相互交流学习的机会。

3. 共创行企实践锻炼平台

开放教育也有自身的劣势所在，由于师生处于准永久性分离状态之中，教学常常异步，师生之间、学生之间面对面的交流较少，加上缺乏具体可感的校园文化氛围，素质教育往往难以实施。另外，在实践性教学环节方面还比较薄弱，由于学员的工学矛盾，学生的实践性环节仅仅停留在毕业前夕的社会调查和毕业论文，课程的实习实训场所和设施的建设难度大，学员参加课程的实践性环节十分困难。利用开放教育、职业教育一体化办学的行业企业实践锻炼平台，解决了开放教育学生实习实践环节的短板。

总之，开放教育与高职教育完全可以做到相互促进、优势互补。开放教育先进的办学理念和灵活的办学方式，使教育对象可以破除时空限制得以接受高等职业教育，解决高职教育在规模和格局方面还远远不能满足广大的社会教育需求的短板，并使学生在学习的过程中学会自主学习和掌握运用现代技术手段去学习知识。开放教育通过借助高职教育较为成熟的实验实训平台和经验，可以有效地弥补在实验实训技能的培训上的开放教育的一个短板。所以，将开放教育与高职教育二者融为一体，充分发挥各自领域的优势，将有助于开放大学大教育体系的构建，既符合我国从人力资源大国迈向人力资源强国的要求，又能够满足经济社会亟须应用型技能人才的需要。开放教育的持续发展为开放教育与高职教育一体化办学奠定了坚实的基础，借助高职教育为开放教育与高职教育一体化办学提供了新的活力。开放教育与高职教育一体化办学的实践探索深化了学校办学体制机制改革，促进了两类教育的交互融合，丰富了发展内涵，提高了办学质量，提升了综合办学实力，发展了终身教育体系和现代职业教育体系。

一体化办学工作方针在学校高职教育学院的实践与探索

2014 年，国务院通过全国职教会议印发了《关于加快发展现代职业教育的决定》，全国政协专题协商会上就职业教育改革的重大问题进行专题协商，教育部、农业部、发改委、财政部、人社部等 6 个部门出台了《现代职业教育体系建设规划》。可见，我国职业教育改革处在新的拐点，而拐点的关键词就是构建现代职业教育体系，现代职业教育理念之一就是把职业教育纳入到终身教育体系之中，终身教育体系的开放性、社会化特点融入到职业教育中来，使得高等职业教育与开放教育同为我国构建终身教育体系的主体教育结构，两种教育体系在建设过程中既有各自的发展方向，同时又有互动提升的合作机遇。

一、现代高职教育与开放教育办学理念的融合

学校提出今后五年基本任务是实现两大战略转型：一是适应终身教育的要求，由广播电视大学向开放大学转型；二是适应教育竞争新挑战的要求，由传统高职教育向现代高职教育转型。我校具有的“一体两翼”的办学特殊性，所谓“一体”即在辽宁广播电视大学内设辽宁装备制造职业技术学院，建制为“一套班子，两块牌子”，实施开放教育与高职教育的一体化办学；“两翼”即同时发展辽宁广播电视大学开放教育体系和辽宁装备制造职业技术学院高职教育体系，师资共享、资源共享，达到多元发展，互动提升的目的。

（一）现代高职教育与开放教育办学理念的一致性

我国的教育方针是，教育必须为社会主义现代化建设服务，必须与生

产劳动相结合，培养德、智、体等方面全面发展的社会主义事业的建设者和接班人。无论何种教育必须符合我国的教育方针。

1. 两种教育的培养目标具有一致性

培养目标的一致性就是符合教育方针要求，就是培养生产、建设、管理、服务第一线需要的，具有德智体美劳全面发展的，高素质的社会主义事业建设者和接班人。

2. 两种教育的基本属性和主要特征具有一致性

（1）职业针对性。高等职业教育的基本属性是它的职业针对性；开放教育在具体的培养过程中，也具备职业针对性特点，这样才能为满足广大人民群众需求。

（2）大众性。高等职业教育主要培养第一线的技术、管理人员或高技术领域的技能性人才，而不是造就专家、经理人才，因而是大众性的高等教育；开放教育强调的建立“人人学习，时时学习，处处学习”学习型社会，就体现了其大众性特征。

（3）社会性。高等职业教育的职业性、大众性决定了它不能把自己封闭在校园内单独地进行知识传授或仅仅依靠学院自身的资源来进行职业技能训练，而必须向社会开放，依托地方、行业和企业的技术与管理人员，基础设施和职业工作环境以产学研结合为纽带，以服务求支持。同时，为地方、行业、企业开展职业技能培训。高等职业教育的办学形式应该是学历职业教育和非学历教育的培训并举，全日制的职前教育和非全日制的继续教育与职业培训相结合；开放教育的特征就是其开放性、社会化、学历与非学历教育并举，其落脚点就是前文提到的两种教育同为我国构建终身教育体系的主体教育结构。

（二）高职教育与开放教育一体化办学理论体系

在高职教育与开放教育办学实践中，我校提出了“一体两翼、资源共享、多元发展、互动提升”一体化办学工作方针。一体化办学工作方针究其实质，是将高职教育与开放教育两种办学形式，采取适当的方式、方法或措施，将其有机地融合为一个整体，形成全面互动提升的协同效力，实现两大战略转型。一体化办学方针，可概括为八个一体化。

1. 发展定位一体化——这是一体化办学的方向；即：与普通高校实行错位发展，承担普通高校不可替代的教育功能。按社会需求培养相关行业应用型人才，注重提高教育质量，为辽宁省社会经济发展服务。推进开放教育现代科技、教育内容与高职教育的深度融合，依靠现代综合网络教育平台和数字化学习资源库，为学习者学习需求提供各种服务；助推我省知识化、技能化、大众化终身教育体系的构建。

2. 办学理念一体化——这是一体化办学的动力；即：要将一体化办学工作方针及其核心理念成为全校师生的共识。在开放教育与高职教育各项工作中要注重一体化工作方针的导向性、明晰性、独特性、渗透性、相对稳定性。

3. 教育资源一体化——这是一体化办学的基础；即：人力（教师、管理、技术）资源、办学场地、物质资源、课程资源、专业资源等必须整合共享。

4. 培养模式一体化——这是一体化办学的目标；即：开放教育与高职教育在人才培养目标和人才培养规格、教学内容和课程体系、管理制度和评估方式等方面，都要以“社会化导向人才培养模式”为中心。按社会需求和要求培养合格人才。

5. 队伍建设一体化——这是一体化办学的关键（核心要素）；即：实施“一岗双责”、“一岗多责”，逐步提高队伍的综合素质和业务能力，实现其教师、管理人员、教育技术人员既能承担开放教育任务，又能承担起高职教育任务。打造一支“一技多能”的队伍。

6. 教学手段一体化——这是一体化办学的趋势；即：现代远程开放教育具有覆盖面广、学习形式灵活、教学方式多样等优势，高职教育具有重视岗位需求、强化专业建设、实践性教学环节扎实等优势。要扬长避短，优势互补；要全面推行现代远程教育技术与传统面授教育的有机结合与运用。这是开放教育与现代高职教育发展的动向和趋势，是一体化办学优势与特色的集中体现。

7. 日常管理一体化——这是一体化办学的保障；即：学校管理机构和制度、手段和措施要体现一体化办学的目标、原则、内容、过程、方法、制度等；要充分利用校内外的资源和条件，整体优化学校一体化办学工作效能，有效提升学校一体化办学工作方针的执行力，实现其学校发展目标。

8. 工作方式一体化——这是一体化办学的实施策略（基本工作方针）；即：为实现一体化办学目标，根据现实与发展需求，制定的行动方针和工作方式。具体内容就是我校领导班子提出的“八向八要”工作原则，其核心理念是“知行合一，互动提升”。

二、高职教育办学的实践探索

为了抓住学校建设与发展机遇，激发学校办学潜能，加速提升学校整体办学水平，我校一直在探索确立一个正确、可行、科学、长效的工作指导方针，整合学校办学指导思想、办学理念、发展定位，工作思路，统一思想，凝聚共识，形成协同效力。在实践运作中，我校提出了“八向八要”工作原则，即“向思路要出路、向改革要发展、向管理要效能、向服务要质量、向资源要政策、向项目要资金、向实干要成果、向宣传要影响”。在“八向八要”工作原则指导下，高职教育办学开展实践探索，取得丰硕成果。

（一）办学定位和办学理念

学院确定了服务于国家装备制造业振兴战略，坚持高职教育发展方向，围绕装备制造业高端技术领域及其服务业，培养高素质、高技术技能型人才，为我国产业结构升级提供智力支持的办学定位。办学理念是借鉴和融合企业生产、管理、经营的理念和先进的企业文化，规范学院的教学和管理，提高适应社会需求的技术型和应用型人才培养质量。在“八向八要”工作原则指导下，提出了“六化”的办学思路，即专业设置职业化、人才规格标准化、教学内容集成化、教学方式立体化、校企合作实质化、就业服务全程化。

（二）办学特色及办学成果

辽宁装备制造职业技术学院自2006年创办以来，全院上下紧紧围绕高职教育办学定位、指导思想、办学方向、办学宗旨，深入开展学习高职教育理论和解放思想大讨论，并形成了寻求发展的思想共识，即要发展，就必须“要改革、要创新、要开放、要合作”。高职教育办学坚持“八向八要”的工作原则，开展办学实践探索，形成了我校的办学特色，取得了可喜的成果。

1. 向思路要出路，逐步明晰了我校的办学特色

为了寻求发展，我校成功地举办了四届高规格的“校企合作高峰论坛”、“两院院士职校行”等活动，通过活动将教育部、省政府、省教育厅等政府、教育行政主管部门、中国科学院、工程院院士、合作企业、高职院校等各路专家引进校园，搭建了一个“亮剑、论道”的平台，共同探讨高职教育的发展方向，针对“办什么样的学校”、“怎样办好学校”开展深层次的探讨，通过活动，拓宽了我校办学视野，进一步明晰我院的办学定

位和办学特色。通过活动，引发了极大的社会反响，收到了极大的效果，得到了教育部的充分首肯。

2. 向改革要发展，开展多种形式的校企合作，改革了人才培养模式

（1）订单式培养模式

学院成立之初，就成立了“校企合作理事会”，理事会成员单位包括中航集团沈阳飞机制造有限公司、中航黎明航空公司、沈阳机床集团、沈阳鼓风机有限公司、三一重装有限公司、沈阳华晨金杯汽车有限公司、中国有色（沈阳）冶金机械有限公司、新疆特变电集团有限公司沈阳变压器集团公司等辽沈地区 13 家大型企业，签署了订单培养协议。学院数控技术、机电一体化技术、焊接技术与自动化等一批品牌专业与沈阳机床集团、新疆特变电集团有限公司沈阳变压器集团公司、三一重装有限公司、新东北电器集团沈阳高压开关有限公司等企业合作，成立企业冠名班，实施“订单”培养。“订单”培养的特点是：企业负责提交用人规划，学校负责招生，校企共同制定人才培养方案，学校根据教学计划和企业生产安排，实施“学校⟶企业⟶学校⟶企业”的“双循环”和“专门化”教学，毕业后，企业接纳学生实习、就业。学院成立的“黎明班”和“特变电工班”已经连续办了几届，深受企业和学生的好评。

实践证明，这一模式可以有效地实现学校招生与企业招工的同步，学生入校即成为企业的准员工，毕业后直接为该企业服务，使学校与企业成为办学共同体。学校主管教学与管理，企业重点参与技能培训的核心环节，人才培养质量显著提高，实现了学校、企业、学生三方共赢。

（2）校企合作二级学院模式

我校积极推动校企合作，以专业建设为依托和纽带，与企业联办了中锐汽车学院、中兴通讯学院、进化动漫游软件学院、巨思特物流学院等 6 个二级学院。企业方负责投入资金，学校提供实习实训场地，学校负责提供招生计划，校企双方共同参与招生、共同拟定人才培养计划，共同进行专业、课程等资源建设。日常的教学、学生管理工作由学校统一管理，顶

岗实习、就业岗位的开发以企业为主，学校为辅合作完成。形成了校企合作招生、合作育人、合作就业的良好局面。目前，独特的“校企合作办学的二级学院”新模式已经形成。

——中锐汽车学院。由上海中锐教育集团投资1200万元在校内建立汽车实训基地、提供行业培训资源，负责专业课和专业实践课教学，并安置学生面向全国汽车4S店就业，主要面向汽车销售、美容、维修等就业岗位。

——进化动漫游软件学院。由进化科技集团投资5000万元在校内建一座15000平方米的培训中心；投资585万元建动漫游软件实训基地，负责专业课和专业实践课教学，并安置学生面向东北三省动漫产业园就业。

——中兴通信工程学院。由深圳中兴通信集团投资1600万元在校内建通信工程实训基地，提供行业培训资源，负责专业课和专业实践课教学，并安置学生面向移动、网通等通讯企业就业。

——巨思特物流学院。由北京巨思特管理顾问有限公司投资物流学院共有2期的项目投资规划，其中一期包括3D运输模拟试验区、东北亚互动投影沙盘实训区、专业实训国际物流管理平台和在线服务平台，2012年共投资277万元；二期共规划了6个功能区，包括物流仓储配送实训区、物流运输实训区、港口实训区、生产物流实训区、连锁超市实训区和国际物流实训区，计划投资450万元。负责专业课和专业实践课教学，并安置学生面向物流行业、企业开展顶岗实习及就业。

（3）建立“校中厂”、“厂中校”模式

学院不断探索改革、创新校企合作模式，引厂入校、把学校办到工厂的探索取得了初步成果。

——引厂入校，建立校中厂。与沈阳汇鑫华机电科技有限公司签订了共建模具实训工厂的协议。学校提供实训厂房与部分实训设备，企业提供资金、设备、生产项目和技术人员，校企合作共建模具设计与制造专业教学实训工厂，为学生提供真实生产场景下的实习实训条件，多、快、好、省地培养高技能实用型的专业人才。校企双方共同制订、落实模具设计与制造专业实践教学计划，推进项目导向式实践教学模式。在真实生产环境中进行教学，根据模具设计、制造、组装全过程逆向设计教学内容和实训环节，使学生在工程技术人员和专业教师的共同指导下，利用1年时间学会模具设计、制造、组装等基本知识与技能，再安排学生在乙方及其他企业顶岗实习1年，实现实用性技能型人才的专业培养目标。为保障校企双方的共同利益，实训工厂的生产、经营与管理由企业负责，学校的专业教师参与到企业产品的研发、设计、制造过程中。形成了校企深度融合，实现了校企共赢的局面。

——把学校延伸到工厂，建立厂中校。我校会同沈阳市于洪区政府联建机床城产学研中心，成为我校实习实训基地。在实训、实习基地的教学指导工作分别由企业技术人员和学校的专业教师来完成，真正把学校延伸到了企业，把课堂延伸到了车间，使学生在学习期间就能够身临其境的感受到企业的管理模式，接受企业文化的熏陶，对学生的职业素质和职业道德的培养更直接有效。

3. “向管理要效能，”实现顶岗实习与就业一体化

我校“2+1”人才培养模式与高职院校普遍存在的一年顶岗实习期间学校松散式管理不同，提出了“两段式”顶岗实习的新思路，即在一年的顶岗实习时间里，前半年是基于教学的顶岗实习，后半年是基于就业的顶岗实习。在日常管理中，做到每名学生都有教师管理，每名教师都有管理任务。第一阶段基于教学的顶岗实习，学院充分利用校企合作机制，推行成建制顶岗实习制度，开发用工量大和知名度高的实习单位，按专业分配实习岗位，岗位与专业对口率达100%。第一阶段按照专业、结合岗位有针对性地开展教学活动，着力解决学生在实习过程中表现出来的所欠缺的某方面理论知识，校企专兼职教师发挥各自优势合作完成教学任务，收到了良好的教学效果；第二阶段是基于就业的顶岗实习。教学内容从强化专业知识、岗位技能转为以就业指导为主。经过第一阶段的实习，学生进一步明确了个人的就业方向，管理教师在实时跟踪管理过程中了解每名学生

的具体情况，进行有针对性的就业指导，使学生在第二阶段顺利的由实习转就业，实现毕业即就业的零距离，实现了顶岗实习与就业一体化，有效地提高了就业率。

4. 向项目要资金，改善办学条件，提升教学质量

成立八年来，我校得到了国家、省市各级政府的大力支持，12 个专业得到了国家及省财政的重点支持，使我校的办学软硬件得到了改善，教学改革深入开展，教学质量得到提升，进一步增强了我校的办学实力。

（1）世界银行贷款项目。2011 年我校获得世界银行贷款 875 万美元的资金支持，建设期为 5 年（2011—2015）。我校以世行教改项目为抓手，以工学结合为牵引，以突出职业能力培养为主线，集中财力重点打造数控技术、焊接技术及自动化等 6 个重点专业，修订完善了专业人才培养标准；与企业共同探讨课程体系建设，完成了 12 门核心课程标准建设，并开展了与课程标准相适应的项目化教学改革；开发和采购了 10 门高质量的能力本位模块化的课程、教材、教学软件及其他教学资源；组织教学管理人员及专业带头人国内外参加培训，通过到德国、美国、澳大利亚、新加坡等职业教育先进国家参加培训，开阔了视野，提升了现代高职教育理念；同时加强了学校的硬件建设，在世行项目支持下，6 个专业的校内实训基地均得到了加强和改善，提升了实践教学质量。

（2）示范校项目。2013 年我校获得了省职业教育改革示范校称号，得到 1200 万元资金支持，建设期为 3 年（2013—2015）。示范校项目资金用于机械制造、汽车检测与维修等 6 各专业建设，在人才培养模式改革、课程体系及优质课程建设、专业教学团队及实训条件改善等方面，深入改革，加快建设，全面提升办学实力。

（3）中央财政项目。2012 年我校焊接、电气专业获得中央财政项目，两个专业分别获得 260 万元的资金支持，校内实训基地进一步得到加强和提升，实训条件堪称省内一流，同时内涵建设不断深入，2013 年年底，通过验收合格。2013 年，我校嵌入式专业获得中央财政项目 130 万元的资金

支持，必将使该专业得到全方位提升。

（4）省级创新型实训基地项目。我校数控专业、模具专业、物流专业获得了省级创新实训基地项目和产业集群职业教育省级示范专业建设项目。每个专业获得120万元的资金支持，进一步加强和改善了实训基地建设，为专业教学改革，提高学生的实践技能，提供了有效的支持。

5. 发挥高职教育功能，为地区经济发展服务

（1）成立职教联盟，为辽宁职教发展服务。按照省教育厅要求，我校积极牵头组建装备制造职教集团，探索形成省内紧密型的校际联盟、校研联合、校企合作，共同谋求辽宁地区职教发展方向。

（2）校外实训实习基地——沈阳机床城，为辽沈地区培养高技能人才服务。沈阳机床城成为了全国青年高技能人才培养示范基地、机床装备高技能人才培训基地、沈阳市普惠制就业培训基地等“五大基地”和青年技师协会成功入驻，为产业园区企业输送和培训高素质技能人才、提供技术服务。今年与于洪区总工会携手举办了沈阳市青年技工技能大赛，收到了很好的效果。

（3）校内实训基地，为企业生产服务。利用校内实训设备，以来料加工、订单生产等方式开展广泛的横向技术服务。这样既解决学生实习问题，也创造一定经济效益，学生在生产中学到真正技能，学校又节省大量实训耗材。技术服务开展得好，学校受益，学生受益，企业也受益。要开展技术服务，寻找到大量适合学生生产的产品加工任务是成功的关键，有效地组织生产是必要的前提。这项工作做得好，对提高学生技能，降低教学成本有很大帮助。学院实习实训中心通过与企业合作，开展横向技术服务，使校内实训消耗降低了一半以上。

6. “向实干要成果”，高职教育办学取得可喜成绩

（1）获得荣誉：2013年我校被评为“省职教改革发展示范校”、“省毕业生就业工作先进单位”、“省直目标绩效管理先进单位”、“省大学生心理健

康教育示范校”等荣誉称号，学生就业率、专业对口率及就业质量在全省名列前茅，为辽宁装备制造业发展和老工业基地振兴作出了重要贡献。

（2）教改成果：2014 年在辽宁省职业教育和成人教育教学奖励中，我校《沈阳经济区装备制造业高技能人才培养过程中的立体化课程体系构建与实践》等 3 项教学成果获二等奖，《现代职业教育理念下的机电一体化技术专业建设及教学改革实践》等 5 项教学成果获三等奖。该奖项的获得，是对我院近年来开展教学改革工作所取得成绩的充分肯定，同时也激发了我院教师参与教学改革工作的热情。

（3）技能大赛：近几年我校组织各专业学生参加国家级、省、市各级大赛，均取得了优异成绩。特别是我校移动通信专业学生代表辽宁省高职院校参加了在天津举行的全国职业技能比赛，获得“基站建设维护与数据网组建”赛项二等奖，模具专业学生代表辽宁省参加全国注塑模具 CAD/CAE 与主要零件加工大赛，取得三等奖的好成绩；汽车检测与维修专业学生多次参加由全国机械职业教育教学指导委员会、汽车流通协会主办的全国汽车技能大赛中取得一、二、三等奖的好成绩。

（4）教学团队：我校有数控技术、机电一体化、材料加工、模具 4 个省级优秀教学团队；1 名省级大师，1 名省级教学名师，6 名省级专业带头人。

（5）实训基地：我校有机械制造、模具设计与制造 2 个省级创新型实训基地；有数控技术、物流管理 2 个对接产业集群辽宁省级示范专业；有焊接技术及自动化、电气自动化 2 个中央财政支持的实训基地。这些实训基地建设提升了我校专业服务产业的发展能力。

三、高职教育与开放教育互动提升，协调发展

为贯彻落实高职教育与开放教育一体化办学方针，我校大刀阔斧地开展了学院制机构改革，实现一体两翼，资源共享。以国家开放大学两个共享专业——电气自动化技术、焊接技术及自动化专业为突破口，通过共享专业建设过程，实现了高职教育与开放教育互动提升，协调发展。

（一）高职焊接和电气两个专业办学特色及定位

1. 焊接专业的专业定位和职业面向

（1）专业定位。焊接专业面向辽沈地区压力容器制造行业，独具特色的开设了特种设备结构分析、焊接工艺及设备、金属熔化焊基础、典型结构件检测技术、金属材料的选用、典型结构件表面处理技术、压力容器制造技术、焊接自动化技术、焊接专业英语等十余门专业课程，课程采取案例法、项目化教学模式，通过“2+1”的人才培养模式，分“三阶段”实现学生从“入门级”到“精品级”的转变，满足东北老工业基地装备制造业企业对焊接相关岗位人员的人才需求。

（2）职业面向。焊接专业毕业生的职业面向主要有焊接操作人员、焊接技术人员、焊接检验人员和其他可拓展岗位。具体岗位如下：

焊接操作人员：焊接操作、维护焊接设备、产品维修等；

焊接技术人员：车间技术员（焊接生产、成本核算等）、焊接工艺员，焊接试验员和焊接工艺评定人员等；

焊接检验人员：焊接质量检验员、产品检验员、质量检验工艺员、无损检测人员等；

可拓展岗位：生产管理员、焊材管理员、理化试验员、产品资料员、产品销售员等。

2. 电气专业的专业定位和职业面向

（1）专业定位。电气专业人才培养围绕辽宁省装备制造业对电气自动化人才的需求，重点培养学生以现代工控设备为基础的控制系统的设计、安装、调试、维护维修能力；培养具有对传统电气设备自动化改造能力的高技能专门人才；具有工业生产线系统安装、调试、运行的技术与管理能力的高技能专门人才；具有工厂供配电系统的设计、安装、管理、维护维修能力的高技能专门人才；具有良好工作态度、责任意识和团队精神，具备自主学习、创新发展的能力的高技能专门人才。

（2）职业面向。电气专业毕业生的职业面向主要有机械制造、机电机床、电力能源、仪器仪表、电子通讯、楼宇、家电等行业企业。具体岗位如下：

主要就业岗位：电气设备的维修与改造、自动化设备的运行、维护、安装、调试工作；

次要就业岗位：电气设备的销售与技术服务、生产技术管理等工作；

其他就业岗位：电气设备的营销和物资采购。

（二）共享专业建设的初衷和预期效果

共享专业是在“教育全球化”背景下对教育资源的整合与共享。国家开放大学（中央广播电视大学）于1999年获批牵头组织全国电大、相关合作高校和单位探索构建面向在职成人的现代远程教育，2002年起与省级电大合作开展共享专业建设。

1. 共享专业建设的初衷。是对全社会教学资源的优化和整合，即教学活动中一切可以利用起来的、为实现教育目的服务的各种事物和条件，既包括有形的人力资源（教师、管理人员、技术人员、科研人员等）、物质资源（校舍、设备、专业、课程等）、财力资源和信息资源，也包括教育思想、办学理念、办学特色以及教学品牌等无形的资源。国家开放大学与省级电大在合作建设过程中，签订合作协议，明确职责分工、专业与课程建设经费投入与利益分配等相关事宜。共享专业的相关教学教务管理及教学实施工作，按照国家开放大学有关规定执行。

2. 预期效果。国家开放大学与省级电大合作开展共享专业建设实现互惠互利、优势互补。对于国家开放大学来说，共享专业建设弥补了自己在相关专业师资力量不足、教学经验不多等办学条件的短板，丰富了自己的专业设置；对于省级电大来说，共享专业建设借助国家开放大学的平台提升了自己的专业知名度，提高了教学资源的利用率，双方经济效益也显著提高。因此，我校领导班子正是看准这一时机提出将办学条件出色和办学效果优秀的焊接专业与电气专业推向全国，成为国家开放大学共享专业。利用国家开放大学的平台提升专业品牌意识，进而提高整个学校的影响力，同时也可以实现专业的自我创收，通过资金反馈，进行专业建设的再次开发，实现良性循环。

（三）高职教学成果成为共享专业建设的基石

我校焊接专业与电气专业能够成功申办成为国家开放大学的共享专业，正是基于高职教育这两个专业出色的办学条件和优秀的办学成果。因此，在共享专业建设过程中，我校以一体化办学方针为指导，在办学定位、办学理念、教育资源、队伍建设等方面探索融合点，充分利用高职教育办学成果，使高职教育教学成果成为了共享专业建设的基石。

1. 发展定位一体化——高职与开放教育专业定位高度一致

高职在办学定位上一直将培养高素质技能型人才作为培养目标，确定了学生未来就业面向为可持续发展的一线技术工人。为此各专业均进行了长时间的探索、分析、研究、论证，形成了比较成熟的教学改革思路和成果。如焊接专业根据东北地区区域经济发展的要求，将本专业定位于为辽沈地区压力容器制造行业企业中焊接相关岗位从业人员提供人力支撑。因此，在设计教学计划时，充分调研了相关企业焊接岗位对从业人员的能力需求，按照知识能力、技术能力和素质能力进行拆分，同时根据典型工作流程设计课程设置，将三种能力分解到不同课程中，从而完善教学体系的构建；在课程内容设置方面，进行项目化授课，将各门课程的知识点融入到不同的典型案例中，通过案例的讲解传授知识点内容；对每门课程的考核按照焊工中级工的要求，实现考试内容与技能鉴定的对接。

开放教育共享专业也将专业定位于服务于新型产业工人的培训和发展，即2014年实施的助力计划项目。为迎合行业企业对新型产业工人在岗位能力和从业资格方面的要求，共享专业逐步开始落实进行“课证结合”、“双证融通”等人才培养模式改革，探索学历教育和非学历教育并举，使专业建设发展和行业企业对人才的需求相一致。课程学习内容与职业技能鉴定相结合，学生学习完证书课程并考核合格之后，除了得到学历教育中的学分之外，还能得到相关专业的技能证书或岗位能力证书，即非学历教育。

2. 办学理念一体化——高职教育和开放教育办学理念的趋同一致

开放教育在办学理念和培养目标上与高职教育是趋于一致的。两种教育体系专业设置上都以社会需求为原则，紧跟社会经济发展趋势，设置社会紧缺的和需求量大的前沿专业，培养的都是高素质技术应用型专门人才。从这一点上来讲，高职已经成熟的教改成果可以完全为开放教育所利用。如根据不同的岗位需求，高职在课程体系上已经形成了公共必修课、职业基础课、职业技术课和任意选修课组成的“体系模块”，满足不同企业对不同岗位的能力需求。远程开放教育的培养目标从根本上讲和高职是一致的，也属于职业教育，面向产业工人。可根据在职成人的实际情况，提供可供选择的、适应当前工作需要的专业和课程，实现私人定制的学习模式。同时，高职教育在职业技能鉴定与课程教学内容、考试内容互通融合方面有着丰富的经验，这些均为开放教育课证融合、学分替代奠定基础。

3. 教育资源一体化——高职精品课教学资源转化升级为开放教育网络课程资源

（1）精品课程建设素材成为网络课程资源建设基石。2010 年焊接专业和电气专业同时得到了中央财政资金的支持，每个专业得到了 260 万元的建设资金。其中焊接专业利用项目建设的契机，将专业定位与区域经济发展相结合，建设了独居特色的《焊接工艺及设备》《典型结构件检测技术》《焊接自动化技术》《金属熔化焊基础》和《焊接识图》五门课程，电气专业建设了《工厂供配电技术》《工业组态技术》《电动机与变压器》

《检测技术及应用》和《自动化生产线》五门课程。这10门课程分别建设了电子教案范本（2学时为一个电子教案）、二维动画、三维动画、教学视频、插图、教学课件PPT（2学时为一个教学课件）、试题库等教学资源，以及课程标准、授课计划、学习指南、考核要求等主要教学文件，同时建设了文献资料、辅助教材、参考教材等辅助教学文件，每门课程搭建了课程网页。丰富的高职课程建设成果为开放教育网络课程资源素材建设提供了建设基础。

（2）同门课程转型升级实现对接。在进行共享专业建设过程中，通过优势互补、资源整合将高职优秀的教学资源成功转化为开放教育网络课程基本教学资源。如焊接专业中《焊接工艺及设备》和《金属熔化焊基础》两门课程的动画、视频等教学资源与共享专业中同名课程实现了对接，焊接专业中的《焊接自动化技术》《典型结构件检测技术》和电气专业中的《电动机与变压器》三门课程的教学资源充实到共享专业中的《焊接自动化技术及工装设计》《焊接检验与质量管理》和《电机拖动应用技术》课程中。

（3）高职教材建设作为基础。在辽宁装备制造职业技术学院焊接专业和电气专业多年来一直推行项目化教学，组织专业教师编写了一系列的校本特色教材，如焊接专业编写了《焊接识图》《金属熔化焊基础》《压力容器制造》《焊接实训》等六本教材，电气专业也编写了《电气控制与PLC》《交流变频调速应用技术》两本教材，这些教材经过多年的试用、修改，在体例上、内容上比较适合职业教育专科层次学生使用。因此对于此类教材，在两个共享专业文字教材编写过程中采取修改后正式出版的形式进行，要求原主编根据开放教育的特点进行修改，组织专家重新论证，达到中央电大出版社的要求后推荐给全国使用。

（4）共享专业教材建设实现提升。开放教育各种教学资源中文字教材是最基本、也是必不可少的教学资源，是开课的基本条件。考虑到文字教材是在全国出版发行，在编写体例、编写内容上要求较高，辽宁广播电视大学对两个共享专业的文字教材编写高度重视，针对不同情况采取了不同的编写措施。其中，焊接专业《焊接工艺及设备》《焊接结构生产》等七门课程与电气专业的《电机拖动应用技术》一门课程的文字教材采取外包的形式组织编写，即邀请了沈阳工业大学、南昌航空大学等国内知名专家学者担任教材主编，聘请大连交通大学、沈阳大学、沈阳理工大学、沈阳农业大学等学者作为教材主审，全方位保证文字教材的质量。同时考虑到开放教育专科层次的教材应具有的实用性、必须、够用原则，便于学生自学的特点，推荐在高职校本教材编写方面具有丰富经验的教师加入到各门课程的编写组中，保证教材编写的方向性。

4. 队伍建设一体化——高职省级优秀教学团队成功转型为开放教育专业教学团队

（1）师资队伍建设与转型。焊接专业和电气专业经过多年的建设发展，通过引进、培养等形式，各自形成了一支年龄结构合理、职称结构合理、业务水平高、学历高的双师型教学师资队伍，先后被评为省级优秀教学团队。其中，焊接专业通过出国培训、高校学历提升等形式培养专业带头人 1 名，该带头人 2014 年被聘任为辽宁省焊接专业带头人，通过企业短期锻炼、国内培训等形式培养了青年教师多名，并从新东北电气沈阳高压开关有限公司和沈阳三一重型装备有限公司引进高职称企业业务骨干 2 名。电气专业也通过系列的职业教育师资培训，培养专业带头人 1 名，骨干教师多名。两个专业带头人的培养为共享专业的顺利申报和建设奠定了人力资源基础。

（2）专业教学团队负责制。2014 年辽宁广播电视大学在开放教育教学管理、专业建设方面推行专业教学团队负责制。焊接专业和电气专业在辽宁装备制造职业技术学院师资队伍的基础上，鼓励年轻教师和教学经验丰富的教师参与到开放教育共享专业建设工作中，实行“一岗双责”。学校首先推荐高职两个专业的带头人同时担任两个共享专业建设的负责人、专业带头人，颁发正式聘书，并减免了两名带头人的基本工作量，同时也对参与共享专业建设的其他教师在工作量减免、评奖评优等方面给予政策倾斜，对共享专业建设过程中涉及的人、财、力给予最大量的支持。高职教师参与到共享专业建设既解决了开放教育师资力量不足的问题，同时也提高了高职教师自身对信息化教学的认识，更加有利于高职教师进行高职精品资源共享课的建设。

（四）高职教育与开放教育的互动发展

在一体化办学的过程中，不仅开放教育把高职教育的职业性、实用性特点和教改成果应用到了专业建设过程中，高职教育还充分利用开放教育的平台，实现其大众化和社会化的办学理念，为构建学习型社会，促进终身教育体系形成发挥了有效作用。

1. 利用开放教育平台推广高职专业品牌

“向宣传要影响”，利用开放教育平台推广高职专业品牌。在一体化办学过程中，我校选择将办学条件成熟的焊接专业和电气专业推向全国，成为国家开放大学共享专业，是学校扩大影响的重要举措。焊接专业和电气专业2013年经申报成为国家开放大学共享专业后，立刻引起了其他省市电大的注意。2013秋在辽宁省内和吉林省长春市进行试点招生，招生规模就达到近600人，而在高职学院这两个专业一年才招生250人（开放教育为一年两次招生）。2014年春季，两个共享专业又成为了国家开放大学助力计划重点建设专业，之后天津、青岛、甘肃等省市纷纷表示要进行这两个专业的招生，各地也都通过对这两个专业的了解，进而熟悉辽宁装备制造职业技术学院的办学情况。可以预见，未来随着专业建设的成熟，教学资源的完善，必将拉动两个专业在全国的知名度，同时也会提高辽宁装备制造职业技术学院在全国的地位。

2. 开放教育资金回馈助力高职专业建设

“向项目要资金”，开放教育资金回馈助力高职专业建设。共享专业建成后，通过利益分配，每年可得到国家开放大学资金返还。这些资金可以再次投入到专业资源建设中，并通过资源共享而提供给辽宁装备制造职业技术学院高职学生和辽宁广播电视大学开放学生使用，实现专业建设的良性循环。目前，我校已经完成焊接共享专业7门课程和电气共享专业3门课程文字教材的编写工作，与国家开放大学出版社签署了书稿发行量利益分配合同，每销售一本教材，学校就会收到一份回笼资金。可以预见，随着全国招生的大面积展开，仅教材款一项就会给学校带来非常可观的收益，为后续动画、视频、网络课程等教学资源建设提供了财力保障。

3. 开放教育助推高职信息化建设和教学团队建设

（1）信息化建设。目前，教育部提出大力发展教育信息化建设，逐步提高和丰富教育手段，也符合现代高职教育要求，而现代远程教育的教学手段是以网络远程教学为主，各种媒体资源丰富，表现形式灵活，学生乐于接受，尤其在建设虚拟的、仿真的、具有较高技术含量的虚拟实训基地建设方面是对高职教育的有效补充。

（2）教学团队建设。共享专业招生后，各地的责任教师和导学教师都对专业教学计划、教学大纲、文字教材、教学资源等进行使用和反馈，集体的力量是无穷的，集百家之长补己之短，有利于更好地进行专业建设。因此，高职教育教学团队建设，应发挥开放性和社会性作用，充分利用社会资源，让遍布全国的专业教学师资队伍成为高职专业隐形的兼职教师队伍。

我校在实现由广播电视大学向开放大学转型、由传统高职向现代高职教育转型过程中，通过实践探索，提出了一体化办学办学工作方针，并在一体化方针指导下，形成了两种教育的互动提升和协调发展的良好局面。实践证明，一体化办学工作方针，无论是对于开放教育还是对于现代高职教育的发展，都具有方向性的指导意义，尤其是对于现行开放教育与高职教育合署办学的开放大学建设，均有借鉴和参考价值。

一体化办学工作方针在学校自学考试教育中的实践与探索

高等教育自学考试是对自学者进行以学历考试为主的高等教育国家考试，是个人自学、社会助学和国家考试相结合的高等教育形式。自学考试制度已成为落实《宪法》关于“鼓励自学成才”、落实《教育法》关于公民“依法享有平等的受教育机会”等条款的有力措施，成为我国高等教育的一项基本制度，成为发展中国家办大教育的有效途径，成为继续教育、终身教育的良好形式，体现出明显的继续教育和开放性、兼容性、职业性、多样性发展特征。自学考试调动了社会各种教育资源开展形式多样的教育教学活动，形成了我国规模最大的开放式、社会化高等教育模式。

辽宁广播电视大学（辽宁装备制造职业技术学院）在开放教育与高职教育一体化办学工作方针的指导下，对作为校内开放教育“社会化导向”多元发展的重要一元的自学考试教育进行积极地实践探索，挖潜拓展，规模日益壮大，内涵逐渐丰富，与开放教育和高职教育资源共享，与开放教育和高职教育互动提升，取得了长足的发展。

一、自学考试教育在辽宁广播电视大学的发展现状

自学考试教育在辽宁广播电视大学（辽宁装备制造职业技术学院）的起步晚于其他教育形式，但在开放教育与高职教育一体化办学工作方针的指导下，以服务社会为使命，以为企业培养高素质技能型人才为目标，充分凭借学校优质教育资源，仅用几年时间，便迎头赶上，并有后来居上之势。

(一) 精耕细作　多元发展

我校充分挖掘自学考试教育的发展空间，把握自学考试教育的发展机会，形成了一主多元，精耕细作的发展模式，既有专科教育，又有本科教育；既有业余教育，又有套读（高职学生读本科）教育；既有系统助学教育，又有直属办学教育；多措并举，齐头并进，多点开花。

1. 自学考试专科教育的兴办

根据《国家中长期教育改革和发展规划纲要》关于“健全宽进严出的学习制度，办好开放大学，改革和完善高等教育自学考试制度。”的要求，我校积极与省考委协商，开办自学考试专科教育形式，搭建终身学习“立交桥”，为我省老工业基地产业转型升级做贡献。2010 年 7 月，经国家考委备案、省考委批准，以辽宁装备制造职业技术学院（辽宁广播电视大学）作为主考学校，以辽宁广播电视大学继续教育学院作为项目运行管理部门，以培养高技能应用型人才为目标，兴办自学考试专科（高技能专科）教育，先后开办数控技术应用、焊接、汽车维修与服务、计算机硬件维护、连锁经营管理、文秘与办公自动化六个专业。

辽宁广播电视大学系统作为开放式大学，办学辐射到省内 19 所市级电大（学院）、40 所县级电大（教学部），构建了“天网、地网、人网”三网合一、覆盖城乡的办学体系，自学考试高技能专科教育依托电大办学体系，形成了区域服务中心、助学服务中心、直属办学中心“三位一体”的办学系统，合纵连横，多渠道发展。

2. 自学考试本科教育的联办

为充分发挥我校的资源优势，拓展服务社会功能，2009 年 7 月，经辽宁省考委批准，辽宁广播电视大学（辽宁装备制造职业技术学院）先后与东北大学、沈阳工业大学、辽宁石油化工大学、辽宁工业大学、大连工业大学等多家高校联合开办自学考试本科教育，先后开设数控技术、机械设计制造与自动化、汽车维修与检测、计算机软件、土木工程、工程管理、市场营销等近20个本科专业。

（二）完善办学形式　发展意义明显

《国家中长期教育改革和发展规划纲要》指出：促进各级各类教育纵向衔接、横向沟通，提供多次选择机会，满足个人多样化的学习和发展需要。自学考试教育在辽宁广播电视大学（辽宁装备制造职业技术学院）的开办，符合《国家中长期教育改革和发展规划纲要》的要求，意义明显。

1. 从辽宁广播电视大学（辽宁装备制造职业技术学院）的办学功能来看，自学考试教育的兴办，扩展了电大现有的办学形式（开放教育、网络教育、成人教育、中职教育），使得电大的“开放教育”变得完整起来，更好地履行了电大的教育社会化、终身化的职责，更有利于辽宁开放大学的建设。

2. 从辽宁广播电视大学（辽宁装备制造职业技术学院）办学定位来看，自学考试教育的兴办，很好地契合了学院的办学定位（服务于国家装备制造业振兴战略，为振兴东北老工业基地培养高等技能型人才，为我国产业结构调整提供智力支持），拓展了学院的办学领域，推动了中职教育与高职教育的互通融合与共进，促进了地方区域经济建设，很好地担当了服务社会的高校责任与使命。

（三）社会经济效益兼顾　教育成果丰厚喜人

自学考试教育在辽宁广播电视大学（辽宁装备制造职业技术学院）近五年的发展过程中，兼顾了社会效益与经济效益，取得了可喜的教育成果。

1. 生源数量激增。自学考试高技能专科教育生源数量，连续实现跨越式增长，从最初的600人，发展到现在的2万多人；自学考试本科教育生源数量，一直稳步增长，从最初的400人，发展到现在的6000多人。

2. 培养大批技能型、应用型人才。自学考试高技能专科教育毕业生现有8000多人，自学考试本科毕业生现有3000多人，均在各市地的企业中，凭借所学知识与技能，发挥着积极的作用。

3. 完成标准化考点建设。为解决我校自学考试考生就近参加考试，降低考生参加考试的安全隐患，同时加强我校助学考务管理工作，特向市考办申请在辽宁装备制造职业技术学院建设标准化考点（省内第一家作为全省第一家拥有超广角电子监考专用高清网络半球摄像机的考点）。考点于2014年10月初建成并于当次考试时投入使用，受到了省市考办的关注与好评。

4. 经济收入增加。自学考试教育总体经济收入，从最初的100多万，递增到1000万元以上。

5. 社会效益显著。自学考试专、本科教育的开办，扩大了学校的社会影响力，满足了社会个人多样化学习的需求，培养出大批的技能型、应用型人才，为企业带去了经济效益，繁荣了地方区域经济建设。

6. 促进了辽宁省高等教育自学考试的发展。我校自学考试教育的发展，拓宽了自学考试教育的专业领域，扩展了自学考试教育的办学方式，激活了各市自学考试教育市场，扩大了自学考试考生的数量，实践与理论报考科次，已居全省前三位，为辽宁省自学考试教育的规模发展，内涵建设，贡献了积极的力量。

二、开放教育与高职教育一体化办学工作方针的指导意义

开放教育与高职教育一体化办学工作方针的提出，对于辽宁广播电视大学（辽宁装备制造职业技术学院）的工作有着里程碑的意义，尤其是在向辽宁开放大学转型这一重大机遇期来临之际，更是起到了“方法论”般的极其关键的作用。

（一）一体化办学工作方针科学内涵的理解

一体化办学总体工作方针的内涵是“以开放大学建设创新，构建开放大学‘社会化导向’人才培养模式为中心，以实施开放教育与高职教育‘一体两翼、资源共享、多元发展、互动提升’思想理念为着眼点，以贯彻‘八向八要’工作原则为切入点，推进开放大学建设更具特色、更加开放的创新发展，使开放大学形成更具规模、更具综合的办学实体潜能，为构建终身教育体系奠定基础。”从中可以看出，“一个中心”、“两个基本点”是一体化办学工作方针的核心阐述，“一体两翼、资源共享、多元发展、互动提升”工作方针为其核心理念，这是辽宁广播电视大学（辽宁装备制造职业技术学院）一切工作的行动纲领，具体工作的行动指南。

（二）一体化办学的基本工作方针的指导意义

为实现一体化办学目标，根据现实与发展需求，学校提出了“八向八要”一体化办学的工作原则，即“向思路要出路、向改革要发展、向管理要效能、向服务要质量、向资源要政策、向项目要资金、向实干要成果、向宣传要影响”。其核心理念是“知行合一，互动提升”。“八向八要”工作原则是研究一体化办学工作方针的基础，是校内各部门开展具体工作的依据，明确了校内各办学项目要开拓创新，锐意改革，外要政策，内重管理，强化服务，突出宣传，勤恳实干，务实进取的发展思路，指明了质量立校，管理强校，项目育校，实干兴校的发展方向。

三、自学考试教育与开放教育和高职教育的资源共享

自学考试教育在辽宁广播电视大学（辽宁装备制造职业技术学院）的发展获得了开放教育和高职教育优质资源的支撑，实现了教学资源、管理

资源、文化资源和就业资源等的共享。

（一）强调以教为本　共享教学资源

自学考试强调个人自学、社会助学的教学模式，实现社会助学需要教学资源，而辽宁广播电视大学（辽宁装备制造职业技术学院）的开放教育和高职教育的教学资源为我院自学考试教育提供了共享保障。一是教学空间、设备、设施共享。辽宁广播电视大学（辽宁装备制造职业技术学院）各教学楼的教室，教学设备、设施为自学考试教育助学的提供了强有力的保障，解决了考生们利用业余时间参加助学听课、辅导的教学硬件问题。二是师资共享。辽宁广播电视大学（辽宁装备制造职业技术学院）各专业教师，为自学考试教育的理论课教学、大纲编写、命题、实践环节考核、论文答辩指导等教学与考试过程提供了强有力的支持。三是实训教学共享。辽宁广播电视大学（辽宁装备制造职业技术学院）的实训教学特色鲜明，实力雄厚。自学考试教育专、本科各专业的实践环节教学也受益于此，改变了单一学理论、拿文凭的传统自考教学形式，考生掌握了本专业相关课程的实践技能，增强了就业优势。四是教学成果共享。《国家中长期教育改革和发展规划纲要》指出要建立继续教育学分积累与转换制度，实现不同类型学习成果的互认和衔接。辽宁广播电视大学（辽宁装备制造职业技术学院）的专科教学计划中包含了自学考试本科各专业必考的公共政治课程；英语等级考试的组织使学生获得了英语 A 级证书；国家计算机等级考试的组织也使学生获得了国家计算机二级考试证书等，实现了与自学考试教育本科要求的“免考课程，学分互认”的目标，共享了教学成果。

（二）突出知行并举　共享管理资源

学校自学考试教育的部分专科与本科学生，来自于开放教育与高职教育，这部分学生同样接受辽宁广播电视大学（辽宁装备制造职业技术学院）的统一管理，明确管理制度要求，坚决遵守执行，共同创造文明和谐的学习、生活环境，共同分享安全放心，秩序井然，平安稳定的管理成果，做优秀、文明、守纪的大学生，做学有所长、学有所成的大学生。

（三）推进素质教育　共享文化资源

学校自学考试教育的人才培养目标是培养技能应用型人才，并不是让学生死读书，读死书，而是共同参加辽宁广播电视大学（辽宁装备制造职业技术学院）组织的校园文化活动，感受浓烈的校园文化氛围，拓展学生的综合素质教育，培养学生的沟通、组织、协调、策划等能力，引导学生拥有各自的特长。学生们积极参加“书香校园系列活动”、校园文化节系列活动、运动会、各类体育比赛等，拓宽了视野，增长了见识，提升了综合素质与能力。

（四）强化校企合作　共享就业资源

学校的自学考试教育主张学历与就业并重，在学生获得学历教育的同时，也依托辽宁广播电视大学（辽宁装备制造职业技术学院）的就业资源，对学生开展就业职业教育，引导学生加强专业技能的提升；并共享开放教育与高职教育的就业渠道，与企业合作，推进学生的就业安排，让学生学有所依，学有所用，享受到校企合作的丰硕成果。

四、自学考试教育与开放教育和高职教育的互动提升

自学考试教育在辽宁广播电视大学（辽宁装备制造职业技术学院）这个特定的“母体”环境下，自然的与开放教育和高职教育存在着“兄弟姊妹”般地互相推动、互为促进、互相提升、协同发展的“血缘”关系。

（一）契合办学定位　延伸责任使命

我校的自学考试教育延伸了开放教育和高职教育的责任使命；开放教育和高职教育的责任使命，丰富了自学考试教育的办学内涵。

我校的开放教育定位于搭建服务于全社会的继续教育体系，积极向开放大学转型，进而为构建终身学习教育体系、创建学习型社会而努力。自学考试教育属于继续教育的重要类型，丰富了辽宁广播电视大学开放教育的办学形式，使开放教育的定位更加到位，服务社会的功能更加全面。

我校的高职教育定位为服务于国家装备制造业振兴战略，为振兴东北老工业基地培养高等技能型人才，为我国产业结构调整提供智力支持。自学考试高技能专科教育的蓬勃发展，很好地契合了高职教育的办学定位，拓宽了学院的办学领域，增强了高职教育对于中职教育的辐射力与牵引力。在辽宁装备制造职业技术学院牵头组建辽宁职业教育联盟的过程中，自学考试高技能专科教育也必将发挥出积极的作用。

自学考试教育与开放教育和高职教育的齐头并进，搭建起终身学习“立交桥”，满足了个人多样化的学习和发展需要，促进了地方区域经济建设，很好地担当了服务社会的高校责任与使命。

（二）中高职教育有机互动　搭建起中高职立交桥

自学考试专科教育的开办，促进了中职教育与开放教育和高职教育的互动交流，搭建起中高职一体化立交桥。

教育部鲁昕副部长在2014年全国职业教育工作会议，做了“深化职业教育与继续教育改革”的主题讲话，明确指出，要加快推动现代职业教育体系建设。实施中等和高等职业教育人才培养衔接行动计划，深入推进中高职衔接，重点推动中高职课程衔接和学制改革，完善五年一贯制、5+2等方案，加强对技术技能人才的系统培养。我校自学考试高技能专科教育，与省内各中职学校开展紧密合作，尝试进行专业对接，实践技能延展，师资专业交流，共同培养高技能应用型人才，初步搭建起中高职一体化立交桥。提升了辽宁广播电视大学（辽宁装备制造职业技术学院）在省内各中职学校的影响力，为更好地推进中高职衔接奠定了坚实的基础，为中高职一体化教育发展模式进行了有益的尝试。

（三）依托专业平台　促进专业发展

我校自学考试教育的专业设置依托于开放教育和高职教育的专科专业；开放教育与高职教育的专业设置保障了自学考试教育的专业发展。

自学考试高技能专科教育现有的专业设置经过了广泛的社会调研与专家论证，但归根结底还是依托于辽宁广播电视大学（辽宁装备制造职业技术学院）开放教育和高职教育的现有专业设置与发展、师资力量、教学设施等情况，离开开放教育和高职教育的现有专业的支撑，便如同无源之水、无本之木一样。

自学考试本科教育专业的引进联办，一方面贴近高职教育的专科专业，与专科专业紧密衔接；另一方面贴近开放教育的专本科专业，与其数字化专业平台紧密结合，借力课程资源。

自学考试教育专业的设置，促进了开放教育和高职教育已有专业的外延发展，更好地发挥了已有专业资源的作用，形成了专业间互动联通的良好态势。

（四）考点建设完善　教学资源提升

自学考试教育的标准化考点建设推动了开放教育和高职教育教学资源标准化、现代化、科学化；开放教育和高职教育教学资源为自学考试专科教育的发展提供了坚强的后盾支持。

经国家考委批准，省市考办指导支持，辽宁装备制造职业技术学院建设了省内第一家高清网络监控系统的标准化自学考试考点，可同时容纳2000余人参加考试。标准化考点的建成，完善了开放教育和高职教育的教学质量监督体系，丰富了教学质量监督手段，促进了高职教学的标准化发展。同时，吸引了各地市考办、各兄弟省电大来校参观交流，吸纳了社会各类考试，扩大了社会服务范围，提高了开放教育与高职教育的影响力。

（五）教学相长互益　教师影响扩展

自学考试教育的教学工作受益于开放教育和高职教育专业教师团队；高职教育专业教师团队在参与自学考试教育教学工作扩大了社会影响，得到了多方面的提高。

1. 自学考试专科教育的专业考试命题（国家级或省级）得益于开放教育和高职教育专业教师团队的鼎力支持；高职教育专业教师团队在专业考试命题工作中获得了肯定与好评，提升了影响力。

2. 自学考试本科教育的专业论文答辩工作得到了开放教育和高职教育专业教师团队的大力指导；高职教育专业教师团队在专业论文答辩工作中有效地与主考本科院校的专家学者进行了沟通交流，获益良多。

3. 开放教育和高职教育专业教师团队在专业课程大纲编写、命题、论文答辩指导过程中凝练了专业知识、拓展了专业视野，促进了高职相关专业教学质量的深化与提升。

（六）互通互利互动　促进开大建设

辽宁广播电视大学（辽宁装备制造职业技术学院）的自学考试教育与开放教育和高职教育之间，实现了专业之间的互通共进，实现了发展前进的互利共存，实现了资源之间的互动共享，建立起宽进严出的学习制度，构成了完整的满足社会各类学习需求的综合教育体系，体现了《国家中长期教育改革和发展规划纲要》中搭建终身学习“立交桥”的构想，夯实了学校开放大学建设的教育项目主体基础，丰富了学校开放大学建设的继续教育的内涵与形式。

五、自学考试教育对于“八向八要”工作原则的运用实践

自学考试教育在辽宁广播电视大学（辽宁装备制造职业技术学院）之所以能够发展地又快又好，完全得益于开放教育与高职教育一体化办学工作方针的指导，受益于对于“八向八要”工作原则的理解、运用与实践。

（一）创新教育思路　明确发展目标

按照一体化办学工作方针中的“八向八要”工作原则提出的“向思路要出路”，继续教育学院广泛调研辽宁省自学考试教育开办及发展情况，发现专科与本科发展失衡，本科教育一片欣欣向荣，专科教育却已萎靡不振、专业凋零、生源稀少。于此，我们群策群力、积极思考、反复研讨，决定逆势而动，开办自考专科——高技能专科教育项目，以培养高技能应用型人才为目标，借力电大系统办学优势，寻求中职学校合作，构建自考专科教育办学系统，力争将自考专科教育做成省内第一。经实践检验，这一目标经过四年的不懈努力，已经成功实现。

思路决定出路，眼界决定世界。如果在看到省内自考教育的现状，没有逆向思维而是随波逐流，定位于发展本科教育，不去开发专科教育项目，那么自学考试教育在辽宁广播电视大学（辽宁装备制造职业技术学院）开放教育和高职教育的发展中只能是微不足道的绿叶，而不是占有一席之地的红花。

（二）以改革为动力　以发展为要务

按照一体化办学工作方针中的“八向八要”工作原则提出的“向改革

要发展”，继续教育学院以改革为动力，全面推进高技能专科教育发展。改革了传统自学考试教育的办学路径，依托电大系统资源，把握政策时机，与中职学校密切合作，搭建中高职一体化教育“立交桥”，形成了区域服务中心、助学服务中心、直属办学中心“三位一体”的办学体系，很好地解决了生源渠道这一教育项目的关键问题；课程设置上，改变了理论课过多的现状，增大实践课的比重，加大实践教学的指导与验收；改革了单一学历教育的自学考试固有模式，关注自考学生的就业职业教育问题，凭借校企合作优势，为考生提供就业岗位，形成良性循环，塑造良好教育品牌形象。

因循守旧，走别人走过的路，注定只能成为别人的追随者；打破传统，锐意改革，走别人不曾走过的路，力争成为引领者。发展并可持续发展，才是硬道理。

（三）加强内涵建设　提高综合素质

按照一体化办学工作方针中的“八向八要”工作原则提出的“向管理要效能”，继续教育学院立足于加强内涵建设，健全管理体系，细化管理流程，注重自学考试的环节过程管理，比如高技能专科教育的实践环节考核，教材征订、考核大纲下发、实训教学过程指导、现场考核验收、成绩汇总上报等每个环节都有专人把控，务必保证实践教学质量，务必保证实践环节考核实事求是，切实以提高考生的实践动手能力为根本，为就业提供保障。管理是人参与的管理，人员的素质高低与项目的发展休戚相关。学院通过业务培训、业务竞赛、读书活动、礼仪讲座、参观交流等形式，有针对性地提高全体工作人员的业务素质与综合素质，确保自学考试教育的健康可持续发展。

管理是无形中又有形，只有优化的管理，才能为学校、为项目带来高效能；管理是一面镜子，既能映照出管理团队的成败与优劣，又能映照出项目前景的光明与黑暗。

(四) 提高服务软实力 增强核心竞争力

按照一体化办学工作方针中的“八向八要”工作原则提出的“向服务要质量”，继续教育学院竭尽全力提高服务软实力，将服务变成项目发展的核心竞争力。产品越来越同质，如何吸引消费者，凭借的多是服务质量(软实力)；教育项目越来越趋同一致，学生选择的关键点会越来越关注到服务质量上来。学院以考生为本位，实行首问负责制，制定考生一站式服务解决方案，建立考生服务档案，畅通信息服务渠道，专业而敬业，高效而便捷，贴心为每一位考生服务，实现“口口相传”的口碑效应，促进项目发展的良性循环，进而塑造优质的服务品牌形象，增强项目品牌的核心竞争力。

服务不是简单的口号，而是脚踏实地地为服务对象着想；服务不是简单的问候，而是热忱周到、贴心用心的态度；服务不是简单的制度，而是以一贯之、深入人心的理念。

(五) 借力各方资源 以政策促发展

按照一体化办学工作方针中的“八向八要”工作原则提出的“向资源要政策”，继续教育学院认真分析校外校内资源，争取有益的利于自学考试教育发展的政策。校外，我们向市考办、省考办提出合理的专业教材调整建议、考区分布建议、考点建设建议等，争取从上而下的办学政策；我们也向联办的本科学校提出加强论文指导、答辩，实践环节考核验收，学位申请等自考本科教育发展的建议，争取主考学校的政策支持。校内，我们向开放教育、高职教育借用教学资源、师资资源、实训设备设施、管理资源、文化资源、校企合作资源等，争取强有力的内部政策扶助，全力发展自学考试专本科教育。可以说通过积极沟通，我们争取到省市区考办的政策支持最大化；通力合作，实现高校办学项目最优化；一主多元、交融互补确保学校利益扩大化。

资源不被使用，叫作资源闲置；资源被不合理使用，叫作资源浪费（或过度使用）；资源只有被合理使用，才叫作优质资源，必须要主动挖掘资源价值，争取政策支持，不能等也不能靠，要善于借力而行，乘势而为。

（六）挖潜壮大科学发展　保障提升经济效益

按照一体化办学工作方针中的“八向八要”工作原则提出的“向项目要资金”，继续教育学院在自学考试教育项目中，挖潜壮大各个子项目，保障提升经济效益。我院的自学考试教育项目既有高技能专科系统教育项目，也有应用本科高职套读教育项目，还有面向社会有志青年的直属办学教育项目，可谓三箭同发，齐势而出。每一个项目，学院都精耕细作，扩大办学渠道，增加生源数量，加强考生服务质量，创造了很好的经济效益（现在共有生源近三万人，每年实现经济收入过千万）。

资金来自于实实在在的项目运作，一个项目科学地运作，就会充满生命力，成长为参天大树，经济效益、社会效益就是它结出的果实。

（七）凝心聚力迎难而上　真抓实干收获成果

按照一体化办学工作方针中的“八向八要”基本方针提出的“向实干要成果”，继续教育学院自学考试教育管理团队一贯强调实干的工作作风，注重脚踏实地的付出，反对虚浮夸大的形式主义。积极拓展生源渠道，注重系统建设，规范教学服务环节，细化教务支持过程，凝心聚力迎难而上，领导有带头，干部有示范，职工有反馈，方法有创新，过程有监督，结果有考核，达标有激励，上下齐心，真抓实干，实现了社会效益与经济效益的双丰收。

实干兴邦，于国有益；实干兴校，于校有利。成绩在实干中取得，来不得半点虚假。

（八）以活动促项目品牌　以宣传增社会效益

按照一体化办学工作方针中的“八向八要”工作原则提出的“向宣传要影响”，继续教育学院通过高技能专科系统培训会，实践环节考核验收，高校专家学者座谈，校企合作助力考生就业之星成长，自学考试本科教育优秀毕业生评选等活动，促进自学考试教育项目品牌的成长；通过建立平台网站，与媒体合作，加大对先进助学单位、先进助学个人事迹的典型宣传力度，打造自强之星，自学之星，营造加强自主学习、终身学习的社会氛围，加大了对于自学考试专、本科教育的宣传，树立办学品牌形象，增加社会效益。

酒香也怕巷子深，墙里开花墙外不一定会香，适当地开展富有特色的活动，加强与媒体之间的合作，进行典型宣传，扩大社会影响，必将有利于品牌的成长发展。

大学体制下的任何一种教育形式都不会孤立地成长与发展，必然会与其他教育形式有着千丝万缕的联系，而联系的亲密度与契合度却与学校的办学指导思想与工作方针的制定与执行情况紧密相关。辽宁广播电视大学（辽宁装备制造职业技术学院）以其开放并包的开拓胸襟、兼收并蓄的创新智慧，海纳着各类教育形式，并以开放教育与高职教育一体化办学工作方针为统领，将其有机组合，使其血脉相通，蓬勃发展。以上关于自学考试教育与开放教育和高职教育关系的阐述，便可见一斑。

开放教育与高职教育一体化办学工作方针给予了自学考试教育发展与实践强有力的指导；自学考试教育共享了开放教育和高职教育的资源，增进了三者间的多维互动与提升；自学考试教育践行了“八向八要”工作原则，获得了切实的持续发展的韬略，赢得了切实的政策指导利益，取得了切实的社会效益与经济效益；为辽宁广播电视大学（辽宁装备制造职业技术学院）向辽宁开放大学转型、构建终身学习教育体系贡献了应有的智慧与力量。

一体化办学工作方针在学校实习实训一体化教学中的实践与探索

随着我国经济的快速发展，装备制造业的迅速崛起，技术技能人才的需求日益加大。企业需要大量具有不断学习补充新知识能力、通过不断继续教育、技能培训熟悉新技术、掌握新技能的应用型人才队伍，而现有的的人才队伍无论数量还是质量，已远不能满足企业快速发展的需求。开放教育、职业教育是培养技术技能人才的主体，实习实训是其教学体系的重要组成部分，是体现应用型人才培养不可或缺的教学环节。更好地融合开放、高职现有的实训资源，实现一体化教学，更大限度地发挥实习实训教学的潜能，以更低成本、更高效益培养社会急需的高素质技术技能型人才，在构建终身教育、服务社会的过程中，发挥更大作用，是广播电视大学向开放大学、传统高职向现代高职转型时期面临的重要课题。

一、实习实训一体化教学的提出背景

面对经济转型和产业升级换代的特殊时期，国家把加强对技能人才培养列入重要日程，对广播电视大学、传统高职的转型提出具体要求；同时作为老工业基地的辽宁，经济振兴亟须技术技能人才的支撑；作为开放、高职合署办学的辽宁广播电视大学目前处于由“广播电视大学向开放大学、传统高职向现代高职”转型升级的关键时期。可以说，经济发展与市场需求，对现行的开放教育、高职教育提出更高的人才培养要求，两种教育的培养目标更加突出技术、技能、应用型的特质。在此背景下，学校以科学的态度，创新的思维，创造性地提出“开放教育、高职教育一体化办学的理论”并全面进行探索实践。实习实训教学在现有条件下，对一体化教学的必要性、可行性及实施保障等方面进行了充分论证、实践并取得了一定成效。

二、实习实训一体化教学的必要性

开放教育与高职教育实习实训一体化教学，培养具备适合经济发展需求的技术技能型人才，是国家对开放教育、高职教育转型升级的要求，是我国经济转型、装备制造业快速发展的需求，同时也是我校转型升级发展的需要。

（一）国家开放教育、职业教育转型发展的需要

国家积极推进广播电视大学向开放大学转型，教育部把广播电视大学系统转型升级列为2014年重点任务之一，转型升级意味着“开放大学由大众化高等学历教育继续教育转变为全民终身教育，既包括学历继续教育，也包括非学历继续教育”，这一转型意味着开放大学将承担起为全民终身教育和学习型社会建设服务的历史使命，意味着开放大学必将成为高度开放、独具特色的新型高校。党的十八届三中全会提出“加快现代职业教育体系建设，深化产教融合，校企合作，培养高素质劳动者和技能型人才”。2014年国务院召开全国职教会议并颁布了《关于加快发展现代职业教育的决定》，这标志着现代职业教育将进入快速发展阶段。

由此可见，中国的高等教育将随着国家产业结构的需求变化发生革命性转变，国家对开放大学建设和职业教育发展越来越重视，教育改革的思路越来越清晰。广播电视大学向开放大学转型升级、传统高职向现代高职的转型升级，意味着开放教育和高职教育将承担着更多的终身教育、职业培训任务，即培养生产一线的技术技能型、应用型人才任务。实习实训是培养技术技能的重要手段，开放教育和高职教育的转型发展，势必需要更多开放的、共享的实习实训教学资源。

（二）适应经济发展培养技术技能人才的需要

辽宁老工业基地经过近十年的发展，如今已进入了统筹推进、攻坚克难的新阶段，作为全球范围内重要的装备制造业基地，辽宁老工业基地的再振兴离不开装备制造发展的再振兴，装备制造业的振兴离不开装备制造业高技术技能人才的支撑。辽宁装备制造业人才比例需求呈现出“两头小、中间大”的特征：高级研发人才和高级技师是最紧缺的人才，但比较而言需求数量与应占比例不大（约占10%—20%）。中级技能型人才（可操作、维护、修理技术工人）需求量最大，应约占人才需求总量的60%。其中，通用设备制造业所需中级技能型人才需求量为第一，约占整个装备制造业中级技能型人才需求总量的50%。普通初级技能型人才（单项操作工人）需求量也较大，应约占人才需求总量的20%—30%。

人才需求所占比例最大的中级技能型人才，恰恰是开放教育或高职教育的培养目标。高职教育是培养技能型人才，而开放教育是面向技能人才实施教育。面对当前装备制造业技术人才队伍与企业发展需求不相适应，学校培养的人才技术应用能力、技能操作水平与企业要求差距较大的现状，实施开放教育与高职教育实习实训一体化教学，发挥现场教学与网络教学的优势，增加实习实训教学的深度与广度，实现实习实训教学与企业需求之间的有效对接是辽宁经济发展的需要。

（三）学校转型升级发展的需要

辽宁广播电视大学经过30多年的发展，现在正面临向开放大学转型时期；辽宁装备学院从2006年建校至今8年时间里，成绩显著，如今正在进入一个由传统高职向现代高职转型的快速发展时期，可以说，“两个转型”标志着学校发展进入关键时期。因此，作为内含高职院校的辽宁广播电视大学，如何进行开放大学建设创新和现代高职教育战略创新，整合开放教育与高职教育资源，形成构建符合我国国情与需求的终生教育体系的主体教育结构，是我校亟须解决的关键问题。

实习实训教学作为高技能人才技能、素质培养的重要教学环节，整合现有的开放教育、高职教育实训资源，更大限度地利用高职现有的较好的实习实训资源，实现开放、高职教育实习实训一体化教学，达到“互动提升”的教学效果和社会影响，既具有现实意义，也是非常有必要的。

三、实习实训一体化教学的可行性

开放教育与高职教育虽然分属不同的教育类型，但二者的培养目标却有趋同性，高职教育人才培养“强调面向生产一线培养工程师、高级技工、高素质劳动者等技术技能型人才”，强调人才的技术技能性、应用性；开放教育是素质教育、终身教育，其培养目标是“适应21世纪社会经济发展和信息化社会需求，具有创新能力和较高综合素质的应用型高级专门人才”。相近的人才培养目标，使其实习实训教学有借鉴与相容的可能。课题组通过大量查阅资料，对国内开放教育、高职教育实习实训教学现状进行比较，并对我校实习实训条件进行分析，认为开放教育、高职教育实习实训一体化教学是完全可行的。

（一）国内同类院校实习实训教学的普遍现状

课题组从生源及其学习方式、实习实训基地设施、实习实训教学资源、实习实训师资数量与水平、实习实训教学管理模式等方面，对国内同类院校进行了比较。

1. 生源及学习方式

开放教育是在知识经济时代背景下顺应人们教育终身化和学习大众化的要求，以及现代信息技术的不断发展而产生的一种新型的教育形式。这种教育形式决定了其生源有较大的差异性，学生的起点和实践经验参差不齐，个人素质和经历背景各不相同。学生多为在职人员，学习通过网络进行开放式教育完成，统一集中实习实训难度大。

高职教育生源绝大多数来自高中毕业生，少部分来自中职升级的学生，无论哪种形式招上来的学生，均为高中毕业（或相当于高中毕业）生，其起点、经历相同，来源均为在校生。学生为全日制专科学生，通过在校课堂完成学习，实习实训安排较为容易。

2. 实训基地设施

开放教育的教学性质，决定了其教学大部分采用多种媒体及现代化信息技术手段，实训教学多以机房仿真模拟为主，真实实训条件远不及近年来国家投入较大的高职实训条件，更无法满足开放大学培养技能应用型人才的要求。而实训基地与场所的建设不仅需要投入大量的资金，还需要一定规模的场所。目前，对大部分开放教育来说，实训教学场所条件是其薄弱点，也是其适应学生技能培养亟须解决的关键问题。

高职实训基地，由于近年来国家对发展高职教育的重视与支持，为高职学校提供了很多资金和设备的支持，因此，高职院校通常都有规模的校内实训基地及校外校企合作实习基地、完善的、较为先进的实训设备与仪器。

3. 实训教学资源

开放教育由于师生处于准永久分离状态，实训设备相对缺少，现场实训教学资源相对较少。

高职院校由于具备较好的实训条件，学生为全日制在校生，经过几年的发展，高职现场实训教学逐渐形成了较为全面的教学资源，但对于校外实习指导的网络实训资源相对匮乏。

4. 实训师资数量与水平

受实训条件限制，开放教育指导学生现场实训的专职实训教师较少；

而高职院校由于有较多的校内实训课程，实训教师相对多些，加之很多高职院校从企业生产一线聘请了部分高技能人才作为本校专职或兼职实训教师，高职教育实训教师的师资水平与数量较比开放教育的要好很多，但也存在对开放教育网上实训教学指导不熟悉的问题。

5. 实训教学管理

高职教育现已具有较为完整、系统的实训教学管理模式，实训教学管理参照企业安全、现场、生产管理模式，通过实训教学可以培养学生基本的职业习惯与素质；开放教育由于生源特点及实训条件较差，这方面相对薄弱。

（二）我校实习实训教学现状

近年来，我校高职实训基地建设得到政府的大力支持，获得中央财政、辽宁省财政、世界银行等方面资金支持，现校内外已有一定规模、多个工种的实习实训基地，拥有较为先进高端、与企业生产同步的实训设备及积累了一定实训教学经验的师资队伍。

1. 实习实训基地

校内外实习实训注重产教结合，以校、政、行、企深度融合为根本途径，实现学校发展与区域经济建设的融合，进而推动实训基地建设发展。我校实训中心现已成为全国青年高技能人才培养示范基地实训中心、辽宁省普惠制就业培训基地、沈阳市普惠制就业培训基地、机床装备高技能人才培训基地和于洪区装备制造业职工培训基地。沈阳市青年技师协会业已在此落户。

校内具有较好的实习实训环境，校内建有3个实训厂房，分别为7020平米的生产教学一体的机加工厂房、10300平米的校企合作汽车实训厂房、450平米的焊接实训厂房。具有机械加工、焊接与材料、汽车组装维护、电气控制等实训实验室53个，其中中央财政支持的实训室4个、省级财政支持实训室7个。

2. 实习实训设备

校内现有价值6000多万元的高端实习实训设备，仅实训中心一个教学部门，目前拥有的机械加工类设备就达到100余台套，材料成型设备90余台套，可以说实训设备数量多、品种全、档次高，既有五轴连动龙门加工中心、三坐标测量机、日本原装焊接机器人、福尼斯焊接培训系统等多台高、精、尖数控生产、检测、焊接设备，又有基础实训所需卧式车床、立式铣床、各类常用焊机等设备及钳工、钣金等实训工作台。

3. 实训教学能力

校内实训中心可承担数控车床、数控铣床、加工中心、机床拆装、普通钳工、模具钳工、焊条电弧焊、二氧化碳气体保护焊、氩气保护焊、冷作钣金等项目的实训任务，同时可容纳500人实训，每年完成15000余人次的实训任务。

近年来，实训中心除开展实训教学外，还积极培训指导参与各种技能比赛，面向社会开展各类技能培训和鉴定，回馈社会。

4. 实训师资水平

实训中心现有教师27人，绝大部分具有企业生产实践经历。学校注重实训教师的企业工作经历，先后从中国航空工业沈阳飞机工业集团（有限）公司、中国汽车工业丰田金杯有限公司等多家大型装备制造企业引进技术能手和能工巧匠，充实实训教师队伍。现实训教师队伍中，有“全国技术能手”、“中国航空工业钳工大王”1人；沈阳市“五一”劳动奖章获得者、“沈阳市铣工大王”1人；省、市级技术能手5人。

（三）我校实习实训一体化教学的有利条件

开放教育与高职教育在其办学方向和人才培养目标上具有共同的价值取向，同属于终身教育体系。因此，我校在向开放大学转型的过程中，明确提出“向思路要出路、向改革要发展、向管理要效能、向服务要质量、向资源要政策、向项目要资金、向实干要成果、向宣传要影响”八向八要工作原则，全面推进“两校融合”，对学校的开放教育和高职教育实行一体化管理改革，将开放教育和高职教育的教学管理部门和师资配置有机地融合为一个整体，实行“一体两校、一岗双责”一体化管理体制，整合学校现有教育资源，形成办学合力。实习实训教学在此有利条件下，在高职已有的实训教学经验基础上，充分融合开放教育网络教学优势，积极开展一体化教学，是完全可行的。

四、实习实训一体化教学理论研究与实践探索

在“一体两翼、资源共享、多元发展、互动提升”办学理念指导下，按照学校“开放教育与高职教育一体化办学”总体思路，课题组深入开展开放教育与高职教育实习实训一体化教学的理论研究与实践探索，在理论与实践方面均取得了一定成效。

（一）理论层面的探索

本着“将开放教育开放的理念、技术与手段引入高职教育，同时将高职实习实训成功的经验、管理方式与实训资源引入开放教育，确保‘一体化’后的开放教育与高职教育实习实训教学质量更优、效率更高、成本更低”这样一个原则，课题组积极探索开放教育、高职教育实习实训实行一体化教学的途径及所需要的保障措施，研讨开放教育、高职教育实习实训

一体化教学的实训教学标准，摸索开放教育、高职教育实习实训一体化教学的有效管理手段，提出以下基本观点。

1. 开放教育与高职教育实习实训教学一体化，需优化实训教学模式。根据开放与高职学生与教学特点，尝试“仿真模拟与实际操作结合”、“弹性实训与集中实训相结合”、“网上指导与现场指导相结合”、“教学实训与生产实习相结合”的实习实训教学模式，实现开放教育与高职教育的优势互补，加强对高职校外顶岗实习学生的远程实训教学指导及开放学生的现场实训教学指导。

2. 开放教育与高职教育实习实训教学一体化，需实行统一教评标准。对于系统内部各开放、职业院校同一层次、同一工种、同一技术等级的实训教学内容、实训周期、考核方式与考核内容需制定统一标准，为后续系统内各校际间开放教育与高职教育实习实训一体化教学做前期准备。

3. 开放教育与高职教育实习实训教学一体化，需建立必要保障制度。开放教育高职教育实训教学一体化，需构建一体化实训教学制度框架，根据开放教育和高职教育学生学习方式与学习时间不同的特点，分别制定不同的实习实训方式与实训周期，对开放教育学生探索在规定时段内实行弹性实训制度及系统内部实训教学学分互认制度。

4. 开放教育与高职教育实习实训教学一体化，需科学统筹现有资源。根据开放教育、高职教育教学的不同特点，利用高职现有实习实训场所、设备与师资及开放的网络教育平台，优化设计适于现场弹性实训的项目，完善仿真模拟与网上指导部分内容，合理配置现有实习实训资源，最大限度地发挥实习实训资源效能。

5. 开放教育与高职教育实习实训教学一体化，需完善教学管理手段。针对实习实训一体化教学，建立有效的实训过程管理、过程评价体系；制定科学的、可量化评价的管理方法与考评机制。

6. 开放教育与高职教育实习实训教学一体化，需建立高水平师资队伍。建立一支具有不断学习新知识能力、有较强技术运用能力和较高技能水平，同时又熟悉开放教育特点、技术和规律，能够兼任开放教学指导的实训教师队伍。

（二）实践活动及取得的成效

在理论探索的同时，尝试开展小规模的一体化教学实践活动，采取边实践边总结，不断完善提高的做法，具体做了以下工作：

1. 分类统计现有实训资源及实训教学已取得的业绩，为后续规模开展实训一体化教学及发挥社会培训功能，做好前期准备工作。

利用开放教育平台，将高职现有实训基地规模、师资、实训条件、实训教学能力及学生参加各类技能比赛所取得的成绩上传平台，推广宣传高职实训基地的实力，提高实训教学知名度，为将来开放教育、高职教育能够承担更多社会服务职能奠定基础。

2. 发挥校外实训基地作用，推进实训教学一体化实施，提高实训教学质量。

充分利用高职校外实训基地（沈阳机床城），为在职开放教育学生的综合实训、高职学生的顶岗实习及两类学生后续岗位技能提高培训，提供生产性实践岗位。我校与沈阳市于洪区政府、沈阳特种机床装备城联合创建的“中国沈阳特种机床装备人才培训基地”，作为我校校外实训基地，为低年级高职教育学生及对从事工作与学习专业非对口的开放教育学生提供认知实训，形成职业认知；为高年级高职教育学生及所学专业与工作对口的开放教育学生，提供生产性实习实训，聘请企业一线熟练技术工人和管理人员到实训基地兼职任教。学生通过生产岗位的实际操作，不仅能够有效地提高操作技能，还可以亲身体验企业文化，对本身职业有更深入、更真实的了解。

通过关注学生的生产性实习，学校能够准确把握行业、企业的需求及技术技能的发展趋势，实训部门对于开放学生后续技能培训需求、高职学生校内实训的重点等信息能够及时得到反馈，并适时的吸纳到实训教学的各个教学环节，在教学中不断总结归类，以促进开放教育、高职教育实习实训一体化教学更加贴近企业职业、岗位需求，实用性更强。

3. 发挥开放教育、高职教育资源互补的优势，注重实训教学资源信息化建设，进行网络实训课程尝试，开展开放教育、高职教育实训教学一体化的实践工作。

开放教育具有利用多媒体开展网络学习优势，高职教育具有开放所不具备的实训资源，充分发挥两类教育资源的优势，开展实训教学资源信息化建设，将实训教学过程制作成视频资料，上传教学平台，供更多人学习参考，形成更大的教学能力。2013 年，高职教育与开放教育教师共同承担并完成了中央电大“CAD/CAM 应用、数控编程与操作综合实训、数控加工编程与操作、数控机床加工工艺”四门课程录像教材的录制工作，以其中的“数控编程与操作综合实训”课程为例，实训操作部分由实训教师在实训现场操作演示、数控编程理论部分由理论教师讲授，二者合并后共同完成教材录制，这种两类教育参与、两类教师合作共同完成的实训课程一体化教学模式的尝试，为更多的实训课程一体化提供了有益借鉴。

4. 积极利用社会学习资源，充分应用多媒体技术和网络技术，构建多形式、多功能、有特色和虚实结合的实践教学平台，满足开放教育、高职教育学生及社会人员学习需求，更好地发挥服务社会功能。

在已有前期录制实训课程经验的基础上，将更多高职基础实训典型教学过程，完整制作成微课、视频材料上传开放教育平台，用于高职、开放学生实训前仿真教学和实训期间的辅助教学，以减少开放教育实训教学时间，提高高职实训教学效果。同时，对于开放教育来说，既避免重复购置实训设备，节省实训设备场地，也弥补了开放教育实践教学环节现存的设备不足、难以集中实训、师资力量薄弱等问题，有效缓解开放教育实训资源不足的现状。

探索将企业的生产过程、工作流程、先进工艺技术等进行远程信息开发，建设开发实习实训数字信息化学习资源，搭建多样化学习平台，拓展延伸实习实训学习空间，构建终身学习“立交桥”，提高实习实训网络信息资源的利用率。同时注重实训网络信息资源与校内外实习实训的有机结合，最终建成一个兼有网络平台与实体实训场所的专业技能实训基地，向社会开放，扩大教学服务对象，服务全社会。

5. 充分考虑开放教育、高职教育教学特点，深化实训教学项目设计、教学方法、教学管理、评价方式的改革，为一体化实训教学全面展开做好准备。

设计新型实训项目。实训教学项目按照企业工作流程及岗位要求，设计教学模块，依据教学内容选取教学方法，突出学生主体位置，开展兴趣教学、小组合作教学，培养学生团队精神和创新思维。充分利用校内实训工厂及校外实训基地，设计拆分、组和及需多工种合作完成的应用型项目，增加实训教学的深度，即可满足高职学生递进阶段实训，又可兼顾将来实行分段实训、累加实训时间的开放教育学生的形成性实训考核要求。

开展过程管理研究。注重一体化实训教学的过程管理，将实训过程管理细化。一是实训安全实行三级管理——“入实训厂、工种岗前及实训过程”；二是日常实训实行三段管理——“上课初期、实训过程、实训结束”；三是实训周期实行三层管理——“常规秩序、关键环节、周期结束”。实训教学采取多层次、全方面管理并行的方式，将实训教学管理要求制度化，为将来一体化实训教学提供质量保障。

完善考核评价方式。注重高职、开放通用原则，同时兼顾考核技能与素质是否同步提升。实训评价考核方式涵盖职业安全、职业习惯、技能水平（包括形成性与结果性）、职业素养等方面，特别强调影响技能提高的关键环节，增设关键技能要点考核环节（过程形成性考核），与实训结束时的结果考核共同构成考核结果。实训评价方式的改革，为将来大范围的实现开放教育与高职教育实训教学一体化打下了良好基础。

6. 服务社会，积极开展非学历教育职业培训及技能大赛，扩大我校实训教学能力的社会影响，树立我校良好社会形象。

2012 年为中国有色集团沈阳市冶金机械修配厂开展非学历职业教育培训活动，为准备参加中国有色集团职工技能竞赛活动的在岗职工参赛选手进行机修钳工赛前技能培训和技术指导，选手在竞赛过程中取得了优异的成绩。2014 年暑期，学院与于洪区政府合作，共同举办了“沈阳‘百万职工岗位技能提升工程’暨于洪区装备制造企业职工职业技能大赛”，取得了良好社会效益。

7. 进一步加强实训师资队伍建设，通过本校引进与培训和聘任企业高技能兼职教师，建立一支具有有知识、高技能、高素质的实践教学师资队伍。

师资队伍建设是人才培养的关键，实训教师的动手能力技能水平更是直接影响实训效果的因素。按照开放教育与高职教育实践教学一体化的要求，实践教学的教师应不仅具备现代教育理念与扎实的理论知识及较强教学能力，同时还要掌握实操技能，具有丰富的实践工作经验。目前我校实训教师虽均有企业工作经历，但大部分青年教师技能水平仍有待提高，职业经验仍不足，特别是对开放教育的教学方法不熟悉。针对这种现状，学校及实训部门制定了以老带新、专项训练、阶段考核、专人负责的培养方案，对这部分青年教师进行实践技能培养及职教能力培训，目前所有实训教师均已获取相应岗位的中级以上职业技能资格证书。为促进开放教育与高职教育实训一体化教学的开展，组织开放教育相关教师与高职实训教师交流学习，加强二者之间的沟通，便于其在教学上更好合作，取得更好地实训教学效果。

五、实践中存在的问题与今后的研究设想

（一）存在问题

开放、高职教育实习实训一体化教学的探索与实践，目前只是在校内个别专业小范围尝试性进行，很多方面还只限于理论研究与前期准备阶段，全面高质量的展开还有一些具体问题需解决。

1. 开放教育、高职教育实习实训一体化教学，在操作层面需尽快制定相关制度，用制度规范一体化教学，保障实训教学质量。

2. 除辽宁电大为一体两翼模式外，辽宁省内很多电视大学内含高职学院，如何将这些院校实训资源统筹利用，实现实习实训教学资源共享，提高开放、高职实训教学设备利用率及教学效率，是今后需进一步研究的课题。

3. 实训师资队伍整体水平有待于进一步提高，实训教师数量明显不足。目前开放教育教师的实践经验和技能距离一体化教学的要求尚有差距；高职实训教师对开放教育业务陌生，现有实训教师中能够真正掌握行业企业里先进技术、高新技能的教师很少，难以高质量地开展以技能提高为主的培训。实现开放与高职实习实训一体化教学，实训师资队伍建设是当务之急。

（二）进一步贯彻一体化办学工作方针的设想

1. 建立集中与弹性实训相结合的实训方式。针对开放教育学生多为在岗员工，实践技能水平相差较大，集中实训困难较大的特点，建立弹性学制，采取基础实训集中、综合实训弹性但在规定时段内可累加学时的方法完成实训任务，以满足不同学生的实践教学需要。各校实习实训部门可根据高职实训教学安排，每学期初公示本部门弹性实训工种、实训层次与可实训时间段，供在职开放教育学生选择。同时采取工作预防和实时监控相结合，制定过程考核和完工考核方案，对弹性实训的学生予以考核，确保实训效果与质量。

2. 建立以赛促学，交流提高机制。充分发挥政府、行业协会及开放教育系统作用，适时举办各类各级实训教师、学生实践技能比赛，邀请行业、企业技能高手现场技能展示，技术指导，以赛促学，以赛促教，以交流促提高，拓展实训教师、学生的视野，搭建实训教师、学生与企业技能精英的交流平台，提高实训教学水平，提高实训质量。

3. 拓展职业培训渠道。随着装备制造业的崛起，新技术、新工艺以更快的速度不断涌现，企业要保持竞争实力，必须拥有一支成熟的、高技能的人才队伍。发挥开放教育和高职教育各自资源优势，积极推进终身教育非学历教育公共服务平台建设。

大力开展非学历技能提高培训。充分利用网络信息平台与实体实训资源，大力开发市场需求的非学历项目技能等级提高培训，为在职开放教育学生及有需求额社会人员提供技术技能提高途径与平台。

开展职业资格培训项目。面向无技能基础社会人员、企业转岗人员及无职业资格的开放教育学生，积极开展适合企业岗位需求的基本理论与熟练技能培训，与企业合作开发转岗培训项目及职业资格培训项目，根据上述人员需求为其开展初、中、高不同级别的技能鉴定服务，满足不同层次人员继续教育及终身学习的需求，服务社会。

4. 采用多种方式建立技能交流平台，加大对高技能绝活与成果的宣传推广。利用校内外实习实训基地，将校企合作单位及我校高职学院的技能大师、技术能手等拥有的技能绝活、技能培训过程，行业企业技能大赛中高手技能展示，企业先进的工艺技术展示（非保密项目）制成影像资料，利用开放教育网络平台，开展教学、交流，在满足开放教育和高职教育学生学习需求的同时，拓宽普通民众对先进技术、技能绝技的了解学习的渠道，引导社会民众对技能的重视，激发民众对学习技能的热情，更好地履行开放教育、高职教育服务社会的职责。

5. 注重资源整合、开发、利用，建立共享实习实训基地。全面统计和掌握辽宁广播电视大学系统中与电大合并设置的职业院校的实训资源，包括实训场地、设备种类数量及状态、开设的实训课程、实训师资力量等，了解各校实训基地利用情况，为统筹安排省内开放教育实训做准备。

6. 制定统一的实训教学框架。借鉴德国“双元制”教育方式，抽调系统及高职的优秀教师，聘请行业、企业专家及行业协会成员，按照国家职业技能鉴定标准，制定统一规范的实训教学框架，统一规范各类实习实训教学计划、内容、实训周期、考核方式及考核标准，并在系统内相互认可实习实训学分，待我校开放教育与高职教育实习实训一体化教学经验成熟时，为开放教育学生提供更多实习实训选择方案。

六、主要结论

（一）开放教育与高职教育实习实训一体化教学，是贯彻落实“开放教育与高职教育一体化办学工作方针”的实践成果。

（二）开放教育与高职教育实习实训一体化教学，不仅是必要的，而且是完全可行的。开放教育与高职教育实习实训一体化教学，可以有效解决开放教育实训资源不足，高职教育实训优势受众面窄（仅限于高职校内学生）的现状，全面融合开放教育、高职教育实习实训资源，更好地发挥实训资源的效能，达到“两者相加大于其和”的教学效果。

（三）开放教育与高职教育实习实训一体化教学的有效实施，需要必要的前提条件和保障手段，即以实训教评标准统一为前提，以健全的实训管理制度和高技能水平的师资队伍做保障。

（四）开放教育与高职教育实习实训一体化教学，可以使社会培训的针对性与实效性更强，更能满足企业用人需求，更好地发挥学校服务社会的功能，增强学校的社会影响力。

开放教育、高职教育的实习实训教学一体化研究与实践，创造性的整合与利用高职现有的实习实训教学资源及开放教育的网络辐射作用，更大限度地发挥了实训场所与设备的效能，节约教学成本。这一研究成果不仅是对本校的开放教育、高职教育的实习实训教学模式的有益探索实践，还为区域和省内外同样具有高职的电大开放教育的实践教学，提供了有益的借鉴并发挥了示范引领作用。

附录二

参考文献

[1] 国家中长期教育改革和发展规划纲要（2010—2020年），《人民日报》2010年3月1日。(5.6.7.)

[2] 国家开放大学建设方案（中央广播电视大学2010年5月20日），中央广播电视大学网。

[3] 袁贵仁：《深化教育领域综合改革 加快推进教育治理体系和治理能力现代化》，《中国高等教育》2014年第5期。

[4] 鲁昕：《加快构建以就业为导向的现代职业教育体系为促进经济提质增效升级提供人才支撑》，在2014年度全国职业教育与继续教育工作会议上的讲话，2014年3月25日。

[5] 郝克明：《抓住机遇，以信息化引领教育理念和教学模式创新》，《北京广播电视大学学报》2013年第6期。

[6] 葛道凯：《认清形式 把握方向 突出重点 以改革的思路推进现代职业教育》，《中国职业技术教育》2014年第13期。

[7] 杨志坚：《国家开放大学建设：改革与创新》，《中国远程教育（综合版）》2013年第4期。

[8] 杨志坚：《转型升级与体系建设——中国广播电视大学系统调研报告》，中央广播电视大学出版社2014年版。

[9] 严冰：《探索体现终身教育思想和开放大学特色的职业教育人才培养模式》，见 http：//dianda. china. com. cn/news/2014 – 05/14/content

_ 6923038. html。

［10］ 张海波：《从战略转型视角考量开放大学社会化导向人才培养模式》，《辽宁广播电视大学学报》2013 年第 3 期。

［11］ 张海波：《关于开放大学建设创新理论体系的构思——辽宁广播电视大学系统转型升级的理论与实践研究》，《辽宁广播电视大学学报》2014 年第 3 期。

［12］ 张伟远：《国际论坛：现代远程教育的理念与实践》（中英文版. 第二册），中央广播电视大学出版社 2004 年版。

［13］ ［英］阿兰·泰勒（Alan Tait）：《远程和数字化学习，社会公平和发展：通向开放大学使命的相关能力方法》，（张春华、谭璐 译），《北京广播电视大学学报》2014 年第 4 期。

［14］ ［英］德斯蒙德·基更：《今天的移动学习》，《北京广播电视大学学报》2013 年第 6 期。

［15］ ［美］伊莱·布林德：《教育与运气——Coursera 的使命与探索》，《北京广播电视大学学报》2013 年第 6 期。

［16］ 张建锋等：《开放大学中开放教育与高职教育融合的意义与路径》，《中国成人教育》2014 年第 2 期。

［17］ 檀祝平：《现代性：职业教育发展的理性思考》，《中国职业技术教育》2014 年第 3 期。

［18］ 钟志贤、黄林凯等：《远程教育的现状、挑战与发展——访远程教育专家 Michael G. Moore》，《中国电化教育》2014 年第 8 期。

［19］ 姜军、崔军山：《高职教育办学理念与实践模式研究》，《辽宁高职学报》2012 年第 6 期。

［20］ 刘云鹏、刘军、张小康：《浅析远程开放教育系统构成要素及社会功能》，《江汉石油职工大学学报》2001 年第 2 期。

［21］ 李青：《电大开展现代远程开放教育的发展趋势》，《南京广播电视大学学报》2009 年第 4 期。

［22］ 范生军：《浅谈开放教育的功能定位及行政管理模式》，《南京

广播电视大学学报》2013 年第 2 期。

［23］ 冯凌云：《高等职业技术教育和开放教育教学模式比较研究》，《中国校外教育：理论》2008 年第 11 期。

［24］ 贾义敏：《国际高等教育开放课程的现状、问题与趋势》，《现代远距离教育》2008 年第 1 期。

［25］ 潘天华、唐祥金、易向阳等：《现代远程开放教育与高职教育的沟通和合作》，《镇江高专学报》2004 年第 2 期。

［26］ 周蔚：《远程开放教育人才培养模式改革研究》，安徽人民出版社 2002 年版。

［27］ 李波：《终身教育视野中的远程开放教育》，《吉林广播电视大学学报》2009 年第 4 期。

［28］ 郭庆、余善云：《“两校一体”：中国开放大学办学模式的理想选择——以重庆广播电视大学为例》，《中国远程教育》2014 年第 8 期。

［29］ 杨晨、顾凤佳：《国外学分银行制度综述》，《中国远程教育》2014 年第 8 期。

［30］ 李林、曾艳龄等：《构建各级各类人才培养的“立交桥”之略见》，《云南电大学报》2011 年第 1 期。

［31］ 胡新生、武剑等：《国外学分互认制度对我国中高职与开放教育衔接的启示》，《天津电大学报》2014 年第 1 期。

［32］ 卢玉梅、王延华等：《英国资格与学分框架（QCF）标准体系探究》，《网络教育与远程教育》2013 年第 10 期。

［33］ 关晶：《从 NQF 到 QCF：英国资格框架改革的新进展》，《江苏技术师范学院学报》2009 年第 10 期。

［34］ 刘建生、周志钢、卢跃生：《互融合相得益彰双模式促进发展——重庆广播电视大学开放教育、高职教育双模式办学的实践探索》，《重庆广播电视大学学报》2013 年第 4 期。

［35］ 娄梅、杨继龙：《远程开放教育与高等职业教育资源共享机制研究》，《广东广播电视大学学报》2012 年第 3 期。

［36］ 毛文燕：《远程开放教育与高等职业教育互动发展研究》，《理工高教研究》2007 年第 6 期。

［37］ 董步学：《“国际教育标准分类”理解我国“高等职业教育”内涵》，《理论与应用研究》2005 年第 5 期。

［38］ 李西风：《现代远程开放教育资源建设面对的问题与选择》，《现代远距离教育》2003 年第 3 期。

［39］ 鹏坤明：《中国特色现代远程教育发展环境分析》，《中国广播电视大学学报》2005 年第 1 期。

［40］ 李国渝、朱肖川：《远程开放教育与高等职业教育人才培养模式比较研究》，《中国远程教育》2010 年第 5 期。

［41］ 杨敬杰：《远程开放教育与高等职业教育的沟通研究》，《湖北广播电视大学学报》2009 年第 11 期。

［42］ 张娟：《电大开放教育数控专业实践教学改革的研究》，《广州广播电视大学学报》2012 年第 5 期。

［43］ 严从、杨峰：《“开放式”高职人才培养模式的思考》，《江西广播电视大学学报》2012 年第 4 期。

［44］ 丁金昌、童卫军：《“三个合一”校内实训基地培养高技能人才的研究与实践》，《中国大学教育》2008 年第 1 期。

［45］ 张建锋：《开放大学两类教育融合的路径》，《教育评论》2014 年第 11 期。

［46］ 张建锋、马素萍：《开放大学中开放教育与高职教育融合的意义与路径》，《中国成人教育》2014 年第 2 期。

［47］ 陶元：《校园文化视域下高职教育与开放教育的互适性研究》，《中国远程教育》2013 年第 8 期。

［48］ 叶林虎、曹伟明：《远程开放教育与高职教育互动机制探讨》，《江苏广播电视大学学报》2012 年第 2 期。

［49］ 温国雄、李广林：《论电大远程教育和高职教育的同步协调发展——广东电大“一校两制，双机驱动”的办学模式探究》，《南方职业教育学刊》2012 年第 1 期。

后　记

本书是国家开放大学委托立项课题《开放教育与高职教育一体化办学工作方针理论与实践研究》的前期成果。出版此书，旨在为课题后期研究奠定基础，并继续深化课题的研究。书稿的写作过程中，不仅进一步厘清了课题研究的主要思路和论点，还将课题的研究方向扩展到开放大学与高职学院发展建设战略思想与实践方略研究，从而为制定开放大学与高职学院中长期发展规划奠定了理论与实践基础。

学校十几位同志参加了《开放教育与高职教育一体化办学工作方针理论与实践研究》课题组，课题组成员多次召开研讨会，从学理和实证的多个方面进行探讨和交流，不少观点既是对实际工作的总结，又是学术研究的创新，该书凝聚了课题组成员的辛勤劳动，也是课题组成员集体智慧的结晶，在此对承担研究任务的课题组成员以及为课题收集资料的同志表示感谢。

书稿形成后，与国家开放大学杨志坚校长进行了沟通，志坚校长从学历教育与非学历教育，以及开放大学系统建设的高度，对本书提出了宝贵建议，并亲自作序，在此深表谢意。

此外，本书在撰写和出版过程中，还得到了国家开放大学、辽宁省教育厅和兄弟高校的大力支持，得到了辽宁广播电视大学（辽宁装备制造职业技术学院）党政领导班子的高度重视，也得到了人民出版社的大力支持，在此一并表示感谢。

肖　坤

2014 年 12 月

责任编辑:王世勇

图书在版编目(CIP)数据

开放教育与高职教育一体化办学理念与实践/肖坤 著.
-北京:人民出版社,2015.1
ISBN 978-7-01-014436-8

Ⅰ.①开… Ⅱ.①肖… Ⅲ.①开放教育-研究②高等职业教育-研究
Ⅳ.①G728②G718.5

中国版本图书馆 CIP 数据核字(2015)第 018778 号

开放教育与高职教育一体化办学理念与实践

KAIFANG JIAOYU YU GAOZHI JIAOYU YITIHUA BANXUE LINIAN YU SHIJIAN

肖 坤 著

人民出版社 出版发行
(100706 北京市东城区隆福寺街 99 号)

环球印刷(北京)有限公司印刷 新华书店经销

2015 年 1 月第 1 版 2015 年 1 月北京第 1 次印刷
开本:710 毫米×1000 毫米 1/16 印张:19.75
字数:290 千字 印数:0,001-2,000 册

ISBN 978-7-01-014436-8 定价:52.00 元

邮购地址 100706 北京市东城区隆福寺街 99 号
人民东方图书销售中心 电话 (010)65250042 65289539